基金项目：

国家社科基金项目"舆情生态治理下的政务新媒体传播路径及效果研究"

项目编号：16BXW023

中国传媒大学科研培育项目"基于文本计算的中国媒体关注度研究"

项目编号：CUC17B26

中国传媒大学科研培育项目"'互联网+'时代政务新媒体语情监测数据库的构建与研究"

项目编号：CUC16B11

中国媒体关注度报告2018

组委会

主　任：侯　敏

副主任：邹　煜

委　员：（按音序排列）

陈作平　程南昌　何　伟　李怀亮　裴　鸣　隋　岩　孙　杰

滕永林　王四新　张春蔚

编委会

主　编：何　伟　邹　煜

编　者：（按音序排列）

陈玉龙　程南昌　崔振华　何　伟　李　权　邱哲文　滕永林

王海燕　王玉玲　于　震　张茹淇　赵　洁　邹　煜

策　划　国家语言资源监测与研究有声媒体中心

中国媒体关注度报告 2018

国家语言资源监测与研究有声媒体中心 组编

中国传媒大学出版社

·北京·

前言 Preface

一年一度的《中国媒体关注度报告》就像一部纪录片，从媒体的视角捕捉过去一年中的一张张面孔、一幕幕瞬间、一串串词汇、一个个焦点，印刻下我们走过的又一年足迹。

《中国媒体关注度报告2018》通过对中国媒体在2017年全年报道内容的梳理，得到了20个2017年中国媒体最关注的十大榜单，包括9个事件类榜单：十大新闻热点、十大"十九大关键词"、十大中国骄傲、十大新举措、十大共享经济、十大科技、十大社会舆情事件、十大围观、十大恐袭；5个人物类榜单：十大国际人物、十大经济人物、十大文化人物、十大体育人物、十大娱乐人物；2个语言类榜单：十大"习语"、十大潮语；3个影视类榜单：十大电影、十大电视剧、十大综艺；1个对比类榜单：《新闻联播》和《人民日报》最关注的十大话题。

这20个榜单从不同的角度刻画了2017年的中国影像，党的十九大描绘出决胜全面建成小康社会的蓝图，中国自主创造的尖端技术让国人骄傲，各项新措施的推行惠民便民，共享经济如火如荼，科技浪潮滚滚而来，当然前行的道路上也总会有问题、争议和伤痛。所有事件的核心都是人，我们关注国际人物、经济人物，也关注文化人物、体育人物、娱乐人物。我们用"习语"鼓舞干劲，用潮语表达自我。我们追逐影视剧，欣赏别人的故事；我们热衷于综艺节目，获得自己的快乐。我们好奇中国两大最权威的媒体有什么异同。《中国媒体关注度报告2018》留存了我们的骄傲、欢乐、争议、伤痛……

客观性和准确性是榜单的生命力。《中国媒体关注度2018》采用了媒体关注度这个客观的度量指标和自动文本计算方法，从海量的媒体文本数据中提取有效的信息，经过人工核查确定最终榜单，保证了榜单的客观性和准确性。

媒体关注度就是受到媒体关注的程度，通俗地说就是在媒体上的出镜率，使用概念频次表示。举例来说，词条"梅西"通常指的就是球星梅西，但也包括梅西百货和梅西大学。因此，要想得到球星梅西的媒体关注度就必须做减法，从"梅西"的总频次里排除"梅西百货"和"梅西大学"的频次，这样得到的就是球星"梅西"的概念频次，也是球星"梅西"的媒体关注度。

自动文本计算方法包括海量新闻文本的采集，自动分词与标注，词条的概念频次统计与排序，这些步骤都是由计算机来完成的，最后由人工分门别类挑选词条组成榜单。

　　在十大电影、十大电视剧、十大综艺三个榜单中增加了媒体褒贬度指标，进一步洞悉媒体报道中所蕴含的微妙态度与潜在立场。

　　《中国媒体关注度2018》由中国传媒大学国家语言资源监测与研究有声媒体中心组织撰写。中国传媒大学是传媒领域的高等学府，国家语言资源监测与研究有声媒体中心是中国传媒大学和国家语委共同建立的一个媒体语言研究机构，本着客观中立的学术立场，在连续多年发布"中国媒体关注度榜单"的基础上，对全年的中国媒体报道内容进行大数据分析，并对数据加以解读，最终撰写成文，既是将科研成果的具体转化和应用，也是我们为中国传媒事业的发展所贡献的一份绵薄之力。

何　伟
2018年7月19日

目录 Contents

2017年中国媒体关注度十大榜单总榜 ……………………………………… 001

2017年中国媒体关注度十大榜单解读 ……………………………………… 005
 2017年中国媒体关注度最高的十大新闻热点 ……………………………… 006
 2017年中国媒体关注度最高的十大"十九大关键词" ……………………… 017
 2017年中国媒体关注度最高的十大"习语" ………………………………… 028
 2017年中国媒体关注度最高的十大中国骄傲 ……………………………… 039
 2017年中国媒体关注度最高的十大新举措 ………………………………… 051
 2017年中国媒体关注度最高的十大共享经济 ……………………………… 062
 2017年中国媒体关注度最高的十大科技 …………………………………… 073
 2017年中国媒体使用最多的十大潮语 ……………………………………… 084
 2017年中国媒体关注度最高的十大社会舆情事件 ………………………… 095
 2017年中国媒体关注度最高的十大围观事件 ……………………………… 106
 2017年中国媒体关注度最高的十大恐袭 …………………………………… 117
 2017年中国媒体关注度最高的十大国际人物 ……………………………… 128
 2017年中国媒体关注度最高的十大经济人物 ……………………………… 139
 2017年中国媒体关注度最高的十大文化人物 ……………………………… 150
 2017年中国媒体关注度最高的十大体育人物 ……………………………… 161
 2017年中国媒体关注度最高的十大娱乐人物 ……………………………… 173
 2017年中国媒体关注度最高的十大电视剧 ………………………………… 184
 2017年中国媒体关注度最高的十大电影 …………………………………… 195
 2017年中国媒体关注度最高的十大综艺 …………………………………… 206
 2017年《新闻联播》《人民日报》最关注的十大话题 …………………… 217

附录 2016年中国媒体关注度十大榜单 ……………………………………… 228

总榜

1. 十大新闻热点

"一带一路"、十九大、人工智能、共享单车、比特币、全运会、雄安新区、金砖国家、朝鲜半岛、特朗普访华

2. 十大"十九大关键词"

新时代、新时代中国特色社会主义思想、全面建成小康社会、中华民族伟大复兴、中国梦、主要矛盾、不忘初心、新征程、"两个一百年"、牢记使命

3. 十大"习语"

不忘初心
构建人类命运共同体
文化自信
"四个意识"
撸起袖子加油干
房子是用来住的，不是用来炒的
压倒性态势
打铁还需自身硬
底线思维
钉钉子精神

4. 十大中国骄傲

C919、"复兴号"、"天舟一号"、可燃冰、国产航母、量子计算机、"墨子号"、"蛟龙号"、"中国天眼"、海水稻

5. 十大新举措

长途漫游费取消、分级诊疗、跨省就医、共有产权房、租购同权、"多证合一"、医药分开、居民身份证异地办理、"北向通"、隐私面单

6. 十大共享经济

共享单车、共享汽车、共享充电宝、共享雨伞、共享电单车、共享办公、共享停车、共享睡眠舱、共享快递盒、共享马扎

7. 十大科技

人工智能、大数据、无人机、5G、无人驾驶、摩拜单车、人脸识别、全面屏、增强现实、生物识别

8. 十大潮语

怼；厉害了，我的XX；freestyle；打call；diss；戏精；扎心了；尬聊；四海八荒；我可能X了假XX

9. 十大社会舆情事件

章莹颖失踪案、江歌案、APA酒店辱华事件、辱母案、官员请吃穿山甲事件、李文星陷传销致死、保姆纵火案、红黄蓝虐童事件、携程虐童事件、豫章书院虐待学生

10. 十大围观事件

柯洁对战阿尔法狗、贾跃亭资产被冻结、赵薇夫妇遭证监会处罚、"双一流"名单出炉、翟欣欣"骗婚"、国乒风波、白百何事件、薛之谦"人设"崩塌、鹿晗公布恋情、麦当劳改名金拱门

11. 十大恐袭

美国拉斯维加斯枪击案、俄罗斯圣彼得堡地铁爆炸事件、英国曼彻斯特体育馆爆炸案、西班牙巴塞罗那撞车事件、土耳其夜总会跨年恐袭、英国伦敦桥爆炸事件、英国议会大厦恐怖袭击、瑞典斯德哥尔摩暴力袭击、美国纽约曼哈顿卡车撞人案、埃及西奈半岛清真寺特大恐袭

12. 十大国际人物

特朗普、朴槿惠、奥巴马、普京、马克龙、默克尔、蒂勒森、杜特尔特、特蕾莎·梅、鲍威尔

13. 十大经济人物

贾跃亭、马云、孙宏斌、巴菲特、耶伦、董明珠、王健林、王石、刘强东、李彦宏

14. 十大文化人物

杨洁、韩寒、周梅森、诺兰、徐克、陈凯歌、霍金、周有光、唐杰忠、黄易

15. 十大体育人物

姚明、朱婷、周琦、马龙、孙杨、武磊、张继科、丁俊晖、丁宁、林丹

16. 十大娱乐人物

杨幂、成龙、鹿晗、赵薇、范冰冰、赵丽颖、周冬雨、吴京、薛之谦、郑爽

17. 十大电视剧

《人民的名义》《三生三世十里桃花》《楚乔传》《欢乐颂2》《择天记》《军师联盟》《我的前半生》《醉玲珑》《深夜食堂》《夏至未至》

18. 十大电影

《战狼2》《建军大业》《爱乐之城》《芳华》《敦刻尔克》《西游·伏妖篇》《悟空传》《乘风破浪》《二十二》《喜欢你》

19. 十大综艺

《歌手》《奔跑吧》《朗读者》《中国诗词大会》《中国有嘻哈》《明日之子》《快乐大本营》《高能少年团》《奇葩说》《吐槽大会》

20. 《新闻联播》《人民日报》十大话题

《新闻联播》：十九大、"一带一路"、俄罗斯、叙利亚、新时代、极端组织、特朗普、伊朗、脱贫攻坚、金砖国家

《人民日报》："一带一路"、十九大、新时代、人类命运共同体、经济全球化、优秀传统文化、新思想、社会主义现代化、人民军队、共享单车

2017年中国媒体关注度最高的十大新闻热点

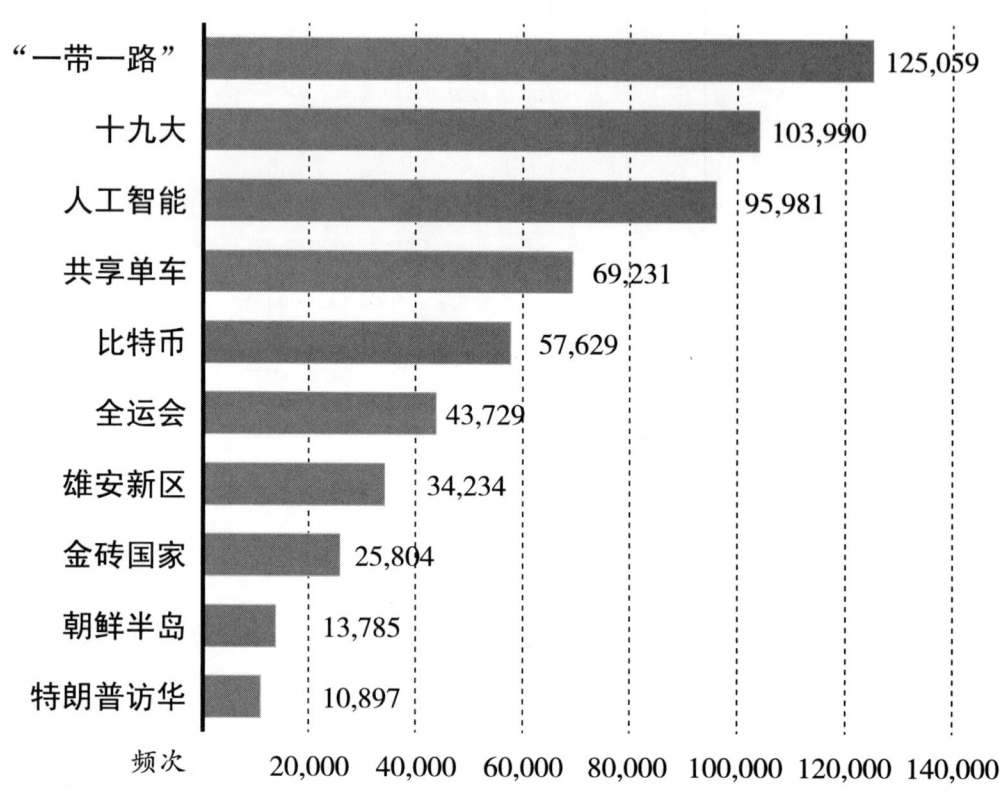

2017年中国媒体关注度最高的十大新闻热点是指在2017年的中国媒体上出现次数最多的新闻事件关键词。

2017年是收获满满的一年。千年之前,踏着古丝绸之路的轨迹,东西方文化在此交融;而如今,我国成功主办"一带一路"国际合作高峰论坛,乘着"一带一路"的东风,友好交流的故事依然在书写。十九大报告描绘出新时代的宏伟蓝图,号召大家"不忘初心、牢记使命"。阿尔法狗(Alphago)那场人机大战,让人工智能成为全球化话题,今年国务院印发《新一代人工智能发展规划》,指明了发展方向与目标。今年的全运会取消了金牌榜及奖牌榜,真正让体育回归本质。雄安新区横空出世,千年大计,国家大事。金砖国家厦门会晤,携手步入第二个金色十年。巨大收获同时伴随少许担忧:共享单车是公共素质的"照妖镜",也是公共管理的"显微镜",要想骑好必须管好;今年以来,比特币犹如"脱缰的野马",一路奔腾不息;朝鲜半岛核试验伴随口水仗,加剧紧张局势;特朗普问鼎白宫,"非常规"的总统来我国完成了第一次常规访问。

"一带一路"

合作之路、希望之路、共赢之路

"一带一路"是"丝绸之路经济带"和"21世纪海上丝绸之路"的简称,2013年9月和10月,中国国家主席习近平分别提出建设"丝绸之路经济带"和"21世纪海上丝绸之路"的合作倡议。

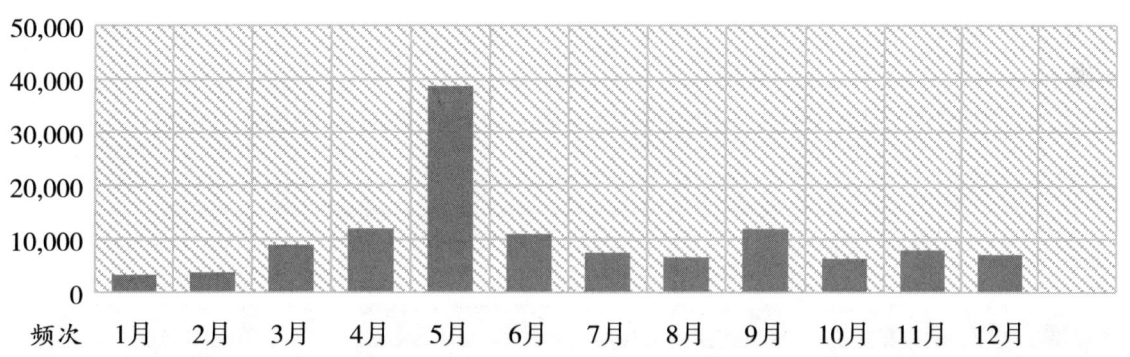

2017年"一带一路"媒体关注度逐月分布

2017年最受媒体关注的"'一带一路'"相关新闻

- 5月,国家主席习近平在北京与28个国家元首和政府首脑共聚"一带一路"国际合作高峰论坛,共商"一带一路"建设大计,共绘互利合作的美好蓝图。
- 9月,联合国大会通过的关于"联合国与全球经济治理"决议,把"一带一路"倡导的"共商共建共享"理念纳入其中。

十九大

不忘初心，牢记使命

中国共产党第十九次全国代表大会（简称党的十九大）于2017年10月18日至10月24日在北京召开。这次大会的主题是：不忘初心，牢记使命，高举中国特色社会主义伟大旗帜，决胜全面建成小康社会，夺取新时代中国特色社会主义伟大胜利，为实现中华民族伟大复兴的中国梦不懈奋斗。

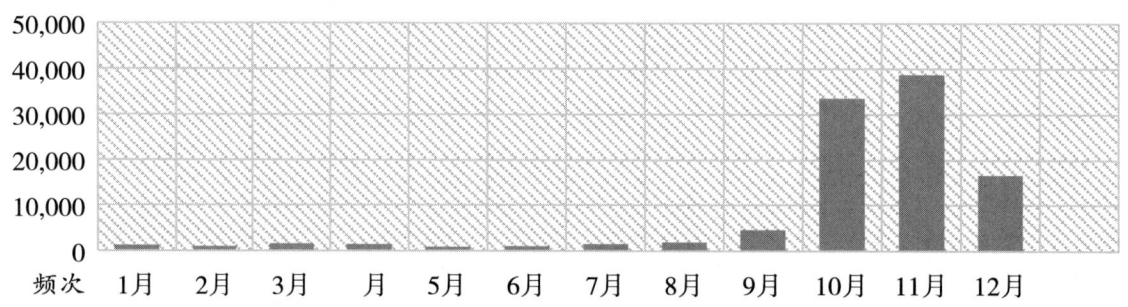

2017年"十九大"媒体关注度逐月分布

2017年最受媒体关注的"十九大"相关新闻

- 10月，中国共产党第十九次全国代表大会胜利闭幕，大会审议通过了党的十九大报告、中纪委工作报告和党章修正案，把习近平新时代中国特色社会主义思想写进党章。
- 11月，十九大代表陆续回到工作岗位，带头宣讲党的十九大精神。

人工智能

AI元年

人工智能是一门研究、开发用于模拟、延伸和扩展人的智能的理论、方法、技术及应用系统的新的技术科学。2017年7月20日，国务院印发《新一代人工智能发展规划》，战略目标分"三步走"：到2020年人工智能总体技术和应用与世界先进水平同步；到2025年基础理论实现重大突破，部分技术与应用达到世界领先水平；到2030年总体达到世界领先水平。

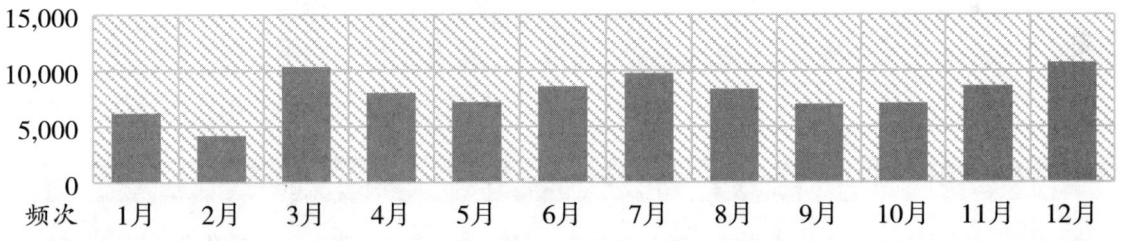

2017年"人工智能"媒体关注度逐月分布

2017年最受媒体关注的"人工智能"相关新闻

- 3月，在19日结束的第十届UEC杯世界围棋"机机大战"中，来自中国的腾讯围棋人工智能程序"绝艺"夺冠。
- 7月，国务院20日印发《新一代人工智能发展规划》，针对性地提出了"三步走"的阶段性发展任务，明确了未来我国人工智能产业战略目标。
- 12月，世界互联网大会召开，几乎所有人都在谈人工智能。

共享单车

要想"骑"好,必须"管"好

共享单车指企业在各种公共场所投放公用自行车辆,供公众进行短时租赁,是移动互联网时代共享经济的代表之一。其实质是一种新型自行车租赁业务,主要依靠载体为采用物联网和App技术的自行车,可以较好地满足城市交通短距离出行需求。

2017年"共享单车"媒体关注度逐月分布

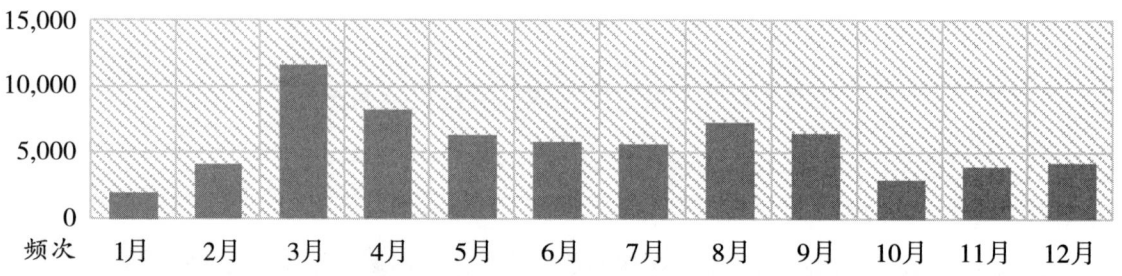

2017年最受媒体关注的"共享单车"相关新闻

- 3月,全球第一大智能共享单车平台摩拜单车与腾讯联合宣布,双方战略合作全面升级,摩拜单车将全方位接入全球第一大移动社交网络服务——微信。
- 4月,北京市交通委公布《北京市鼓励规范发展共享自行车的指导意见(试行)(征求意见稿)》,提出北京市鼓励发展共享单车,但要进行总量控制等。
- 8月,上海市交通委日前宣布,暂停共享单车新增投放。

比特币

"过山车"式行情

比特币是一种P2P形式的数字货币。比特币这种"无政府主义的狂欢"只是"投机主义暂存的快乐",还是可以永恒?诺贝尔经济学奖得主克鲁格曼说:比特币天然的通缩性质,使其类似于黄金,却又没有实物,很难适应日益变革的新经济。

2017年"比特币"媒体关注度逐月分布

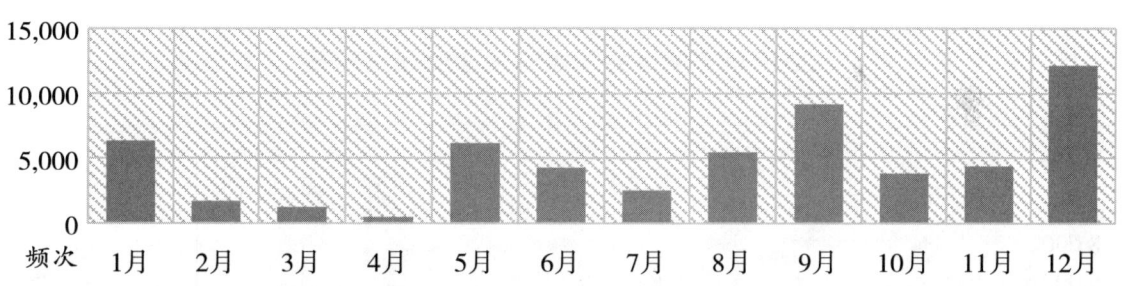

2017年最受媒体关注的"比特币"相关新闻

- 1月,新年伊始,比特币再次出现"昙花一现"的暴涨行情。
- 5月12日,全球99个国家和地区共遭遇超过7.5万次电脑病毒攻击,电脑在感染后即被锁定,用户还被要求支付价值300美元至600美元的比特币。
- 9月,比特币在国内的场内交易渠道几乎全被封死。
- 12月,比特币市场近期波动剧烈,引发投资者恐慌。

全运会

全民全运，健康中国

　　全运会全称是中华人民共和国全国运动会，是国内水平最高、规模最大的综合性运动会。2017年8月，第十三届全运会在天津隆重开幕。本届全运会推出多项创新举措——设立群众比赛项目，邀请高水平华人华侨运动员参赛，不设金牌榜、奖牌榜，邀请教练员与获奖选手一起登台领奖等，生动诠释了"以人民为中心"的办赛理念，翻开了"全民全运"的新篇章。

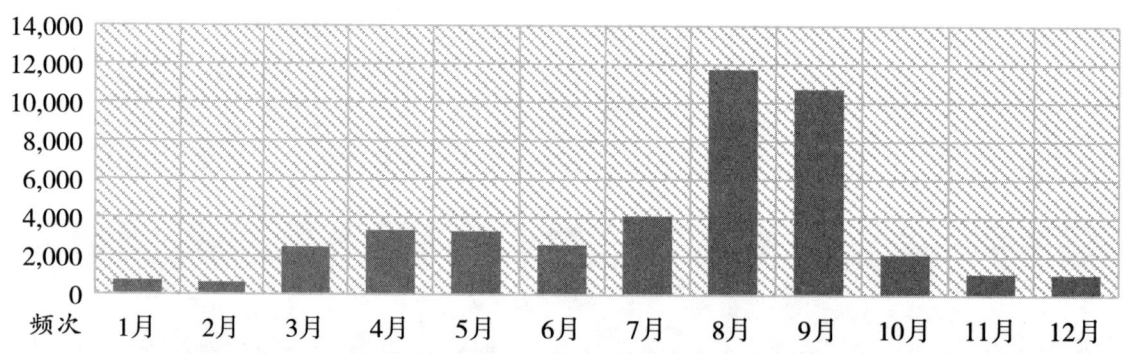

2017年"全运会"媒体关注度逐月分布

2017年最受媒体关注的"全运会"相关新闻

- 8月，第十三届全运会在天津隆重开幕
- 9月，第十三届全运会闭幕式在天津体育馆举行。

雄安新区

千年大计、国家大事

雄安新区位于中国河北省保定市境内，地处北京、天津、保定腹地，规划范围涵盖河北省雄县、容城、安新等3县及周边部分区域，对雄县、容城、安新3县及周边区域实行托管。

2017年4月1日，中共中央、国务院决定在此设立国家级新区。建设雄安新区是党中央、国务院疏解北京非首都功能、推进京津冀协同发展的一个重大战略部署。

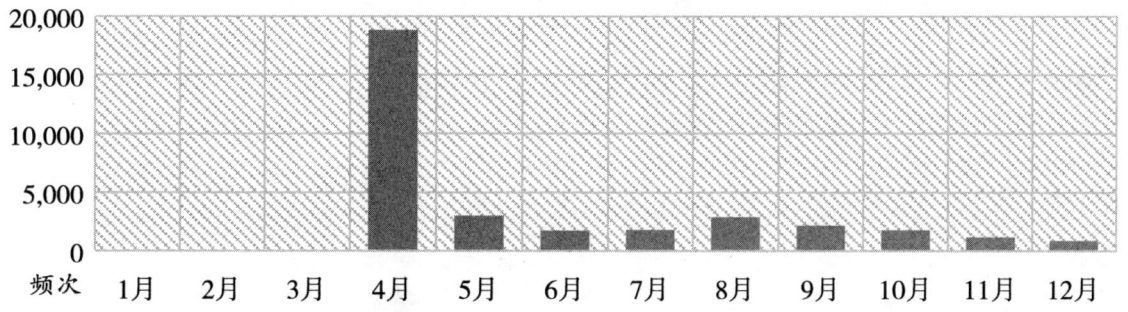

2017年"雄安新区"媒体关注度逐月分布

2016年最受媒体关注的"雄安新区"相关新闻

● 4月，中共中央、国务院印发通知，决定设立河北雄安新区。

金砖国家

第二个"金色十年"

　　金砖国家（BRICS）一词由巴西（Brazil）、俄罗斯(Russia)、印度(India)、中国（China）和南非（South Africa）的英文首字母组成。由于该词与英语单词的砖（Brick）类似，因此被称为金砖国家。金砖国家合作已有10年。10年来，金砖国家合作机制不断完善，助推金砖国家经济实现快速发展。今后10年，金砖国家之间的关系将更有活力。

2017年"金砖国家"媒体关注度逐月分布

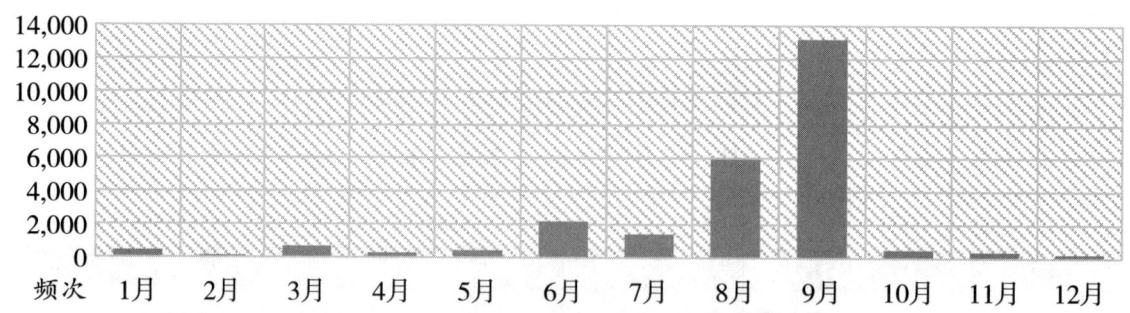

2017年最受媒体关注的"金砖国家"相关新闻

- 8月，金砖国家治国理政研讨会17日至18日在福建泉州举行。
- 9月，金砖国家领导人第九次会晤和新兴市场国家与发展中国家对话会9月5日在厦门落下帷幕。

朝鲜半岛

极度紧张、高位震荡

朝鲜半岛是位于东北亚的一个半岛,三面环海。朝鲜半岛东北与俄罗斯联邦相连,西北部隔着鸭绿江、图们江与中华人民共和国相接,西部与胶东半岛隔海相望,东南隔朝鲜海峡与日本相望。西、南、东分别为黄海、朝鲜海峡、日本海环绕。1953年7月27日签署《朝鲜停战协定》,沿三八线非军事区划分为两个以朝鲜民族(又称韩民族)为主体民族但政治体制不同的主权国家,即当今朝鲜与韩国。

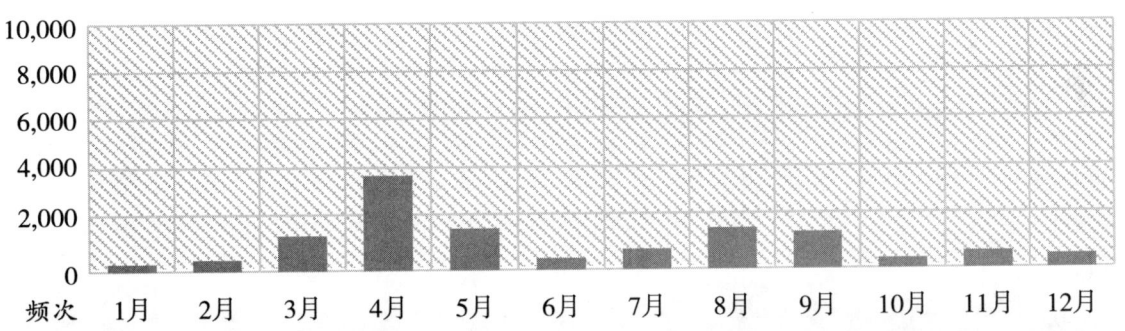

2017年"朝鲜半岛"媒体关注度逐月分布

2017年最受媒体关注的"朝鲜半岛"相关新闻

- 4月,美国下令"卡尔·文森"号航母打击群开赴朝鲜半岛附近海域。
- 5月,两架美国战略轰炸机与韩国空军进行训练演习期间飞越朝鲜半岛,朝鲜指控美国将朝鲜半岛逼至核战边缘。
- 8月12日,中国国家主席习近平应约同美国总统特朗通电话,双方就当前朝鲜半岛局势交换意见。

特朗普访华

"非常规"的总统，常规的中美关系

美国总统特朗普于2017年11月8日至10日对中国进行第一次国事访问。在其访华期间，中美双方达成了2,535亿美元的经贸合作大单，创造了中美经贸合作的纪录，同时也刷新了世界经贸合作史上的纪录。美国国务卿蒂勒森曾说自己是"非常规"的国务卿，而特朗普是"非常规"的总统。

2017年"特朗普访华"媒体关注度逐月分布

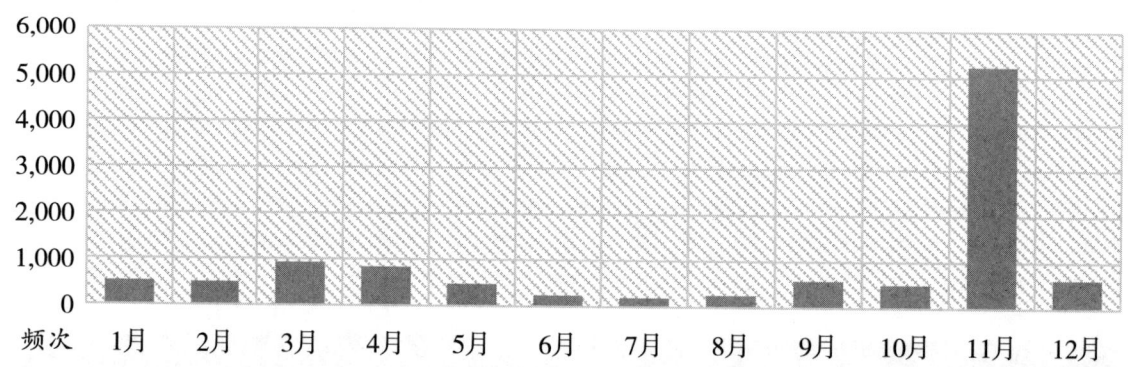

2017年最受媒体关注的"特朗普访华"相关新闻

● 11月9日，国家主席习近平在北京人民大会堂东门外广场举行欢迎仪式，欢迎美利坚合众国总统特朗普对中国进行第一次国事访问。

2017年中国媒体关注度最高的十大"十九大关键词"

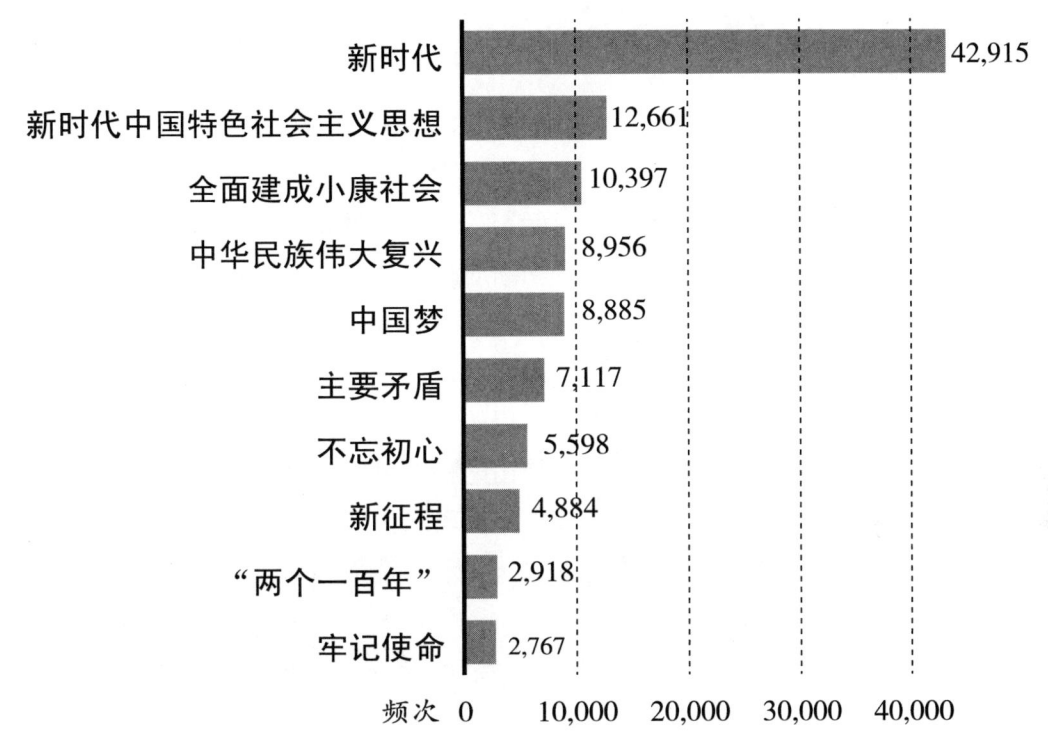

2017年中国媒体关注度最高的十大"十九大关键词"是指在2017年的中国媒体上出现次数最多的十九大报告关键词。

中国共产党第十九次全国代表大会（简称十九大）于2017年10月18日至10月24日在北京召开。这次大会的主题是：不忘初心，牢记使命，高举中国特色社会主义伟大旗帜，决胜全面建成小康社会，夺取新时代中国特色社会主义伟大胜利，为实现中华民族伟大复兴的中国梦不懈奋斗。十九大报告提出了中国发展新的历史方位——中国特色社会主义进入了新时代这一重大判断。这个新时代，是承前启后、继往开来、在新的历史条件下继续夺取中国特色社会主义伟大胜利的时代。为了更好地跨越到新时代，习近平总书记提出了新时代中国特色社会主义思想，明确坚持和发展中国特色社会主义，总任务是实现社会主义现代化和中华民族伟大复兴。在全面建成小康社会的基础上，分两步走实现"两个一百年"奋斗目标，在本世纪中叶建成富强民主文明和谐美丽的社会主义现代化强国；明确新时代我国社会主要矛盾是人民日益增长的美好生活需要和不平衡不充分的发展之间的矛盾，必须坚持以人民为中心的发展思想，不断促进人的全面发展、全体人民共同富裕。

新时代

中国发展新的历史方位

2017年10月18日，中国共产党第十九次全国代表大会在北京开幕。习近平总书记郑重宣示："经过长期努力，中国特色社会主义进入了新时代，这是我国发展新的历史方位。"进入新时代，是从党和国家事业发展的全局视野、从改革开放近40年历程和十八大以来5年取得的历史性成就和历史性变革的方位上，所作出的科学判断。这一宣示，概括了中华民族的伟大飞跃，坚定了中国共产党的时代使命；这一宣示，明确了旗帜，更预示了未来。

2017年"新时代"媒体关注度逐月分布

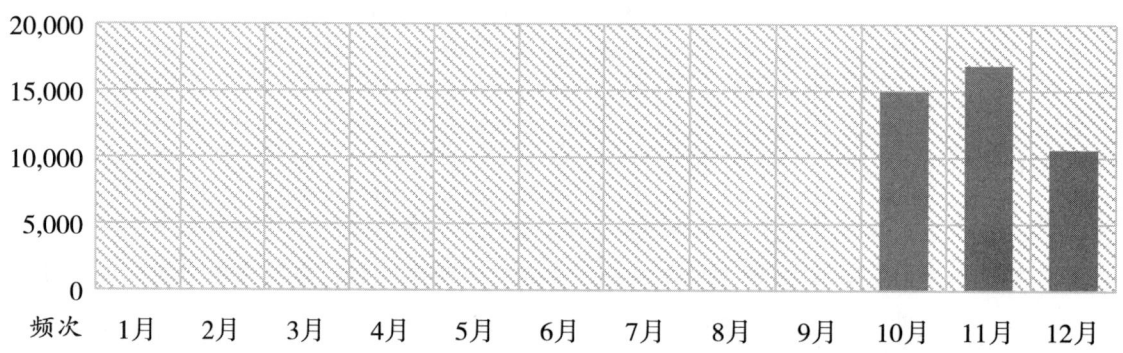

2017年最受媒体关注的"新时代"相关新闻

- 10月，习近平总书记在党的十九大上提出"经过长期努力，中国特色社会主义进入了新时代"。
- 11月，新华网发表社论《新时代"新"在哪里》。
- 12月，新时代入选"2017年度中国媒体十大流行语"、"汉语盘点2017"活动年度五大候选国内词。

新时代中国特色社会主义思想

全党全国人民的行动指南

2017年10月18日，在中国共产党第十九次全国代表大会上，习近平总书记首次提出新时代中国特色社会主义思想。新时代中国特色社会主义思想，是对马克思列宁主义、毛泽东思想、邓小平理论、"三个代表"重要思想、科学发展观的继承和发展，是马克思主义中国化最新成果，是党和人民实践经验和集体智慧的结晶，是中国特色社会主义理论体系的重要组成部分，是全党全国人民为实现中华民族伟大复兴而奋斗的行动指南，必须长期坚持并不断发展。

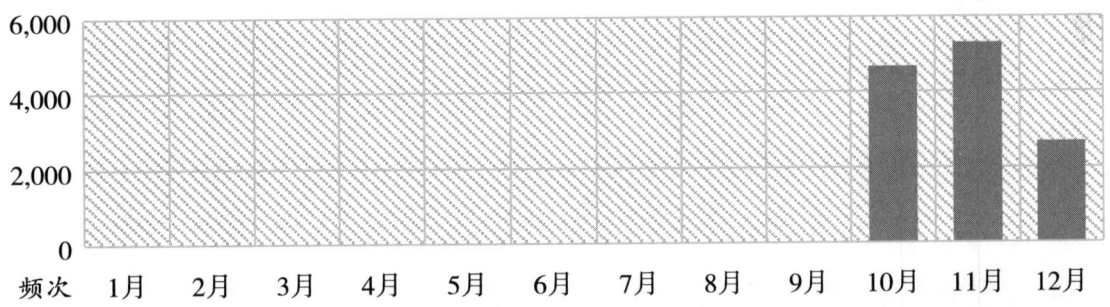

2017年"新时代中国特色社会主义思想"媒体关注度逐月分布

2017年最受媒体关注的"新时代中国特色社会主义思想"相关新闻

- 10月，在中国共产党第十九次全国代表大会上，习近平总书记首次提出新时代中国特色社会主义思想。
- 11月，《光明日报》发表社论《习近平新时代中国特色社会主义思想的重大意义》。

全面建成小康社会

实现第一个百年奋斗目标

党的十八大报告首次正式提出全面建成小康社会。2017年10月18日，习近平指出，我们既要全面建成小康社会、实现第一个百年奋斗目标，又要乘势而上开启全面建设社会主义现代化国家新征程，向第二个百年奋斗目标进军。从现在到2020年，是全面建成小康社会的决胜期。

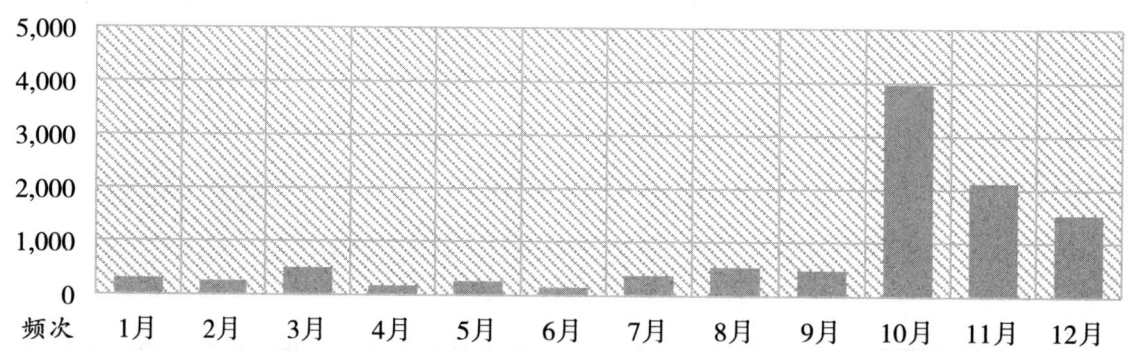

2017年"全面建成小康社会"媒体关注度逐月分布

2017年最受媒体关注的"全面建成小康社会"相关新闻

- 10月，习近平指出，我们既要全面建成小康社会、实现第一个百年奋斗目标，又要乘势而上开启全面建设社会主义现代化国家新征程，向第二个百年奋斗目标进军。
- 11月，人民网发表社论《问：如何理解全面建成小康社会决胜期？》

中华民族伟大复兴

中华民族最伟大的梦想

2017年10月18日,习近平同志在十九大报告中指出,实现中华民族伟大复兴是近代以来中华民族最伟大的梦想。我们党团结带领人民完成社会主义革命,确立社会主义基本制度,推进社会主义建设,完成了中华民族有史以来最为广泛而深刻的社会变革,为当代中国一切发展进步奠定了根本政治前提和制度基础。我们党团结带领人民进行改革开放新的伟大革命,破除阻碍国家和民族发展的一切思想和体制障碍,开辟了中国特色社会主义道路,使中国大踏步赶上时代。

2017年"中华民族伟大复兴"媒体关注度逐月分布

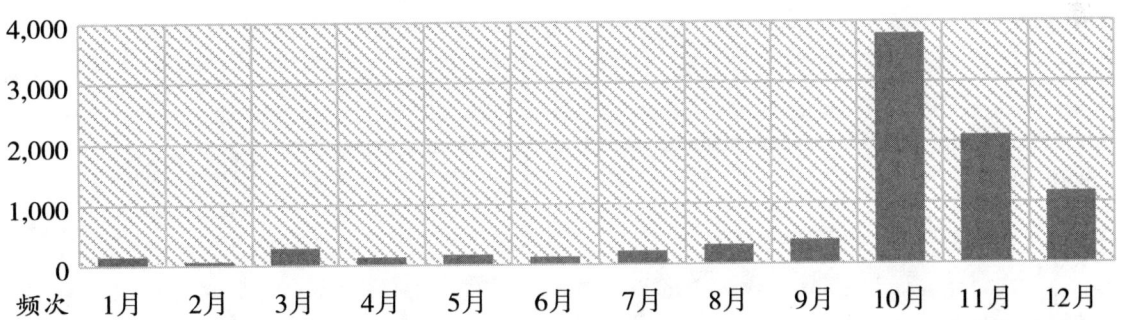

2017年最受媒体关注的"中华民族伟大复兴"相关新闻

- 10月,习近平同志在十九大报告中指出,实现中华民族伟大复兴是近代以来中华民族最伟大的梦想。
- 11月,《人民日报》发表社论《共创中华民族伟大复兴的美好未来》。

中国梦

实现每个人的梦

2017年10月18日，习近平同志在十九大报告中指出，实现中华民族伟大复兴是近代以来中华民族最伟大的梦想。中国共产党一经成立，就把实现共产主义作为党的最高理想和最终目标，义无反顾肩负起实现中华民族伟大复兴的历史使命，团结带领人民进行了艰苦卓绝的斗争，谱写了气吞山河的壮丽史诗。中国梦关乎中国未来的发展方向，凝聚了中国人民对中华民族伟大复兴的憧憬和期待；它是整个中华民族不断追求的梦想，是亿万人民世代相传的夙愿，每个中国人都是中国梦的参与者、创造者。

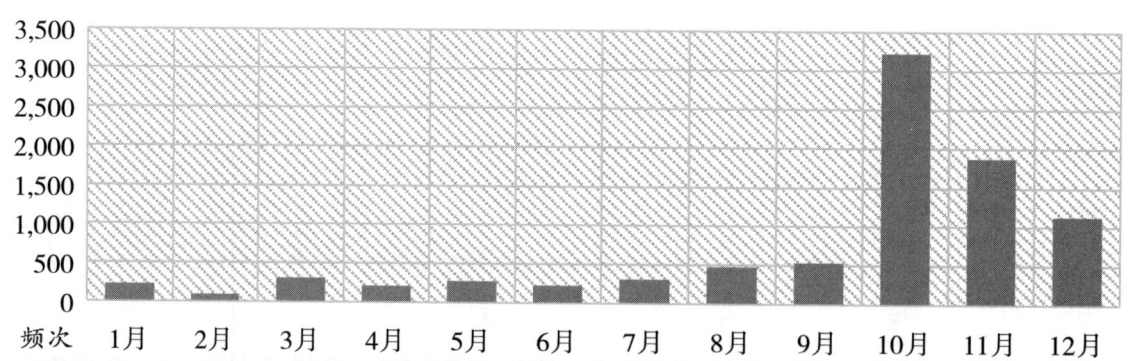

2017年"中国梦"媒体关注度逐月分布

2017年最受媒体关注的"中国梦"相关新闻

- 10月，习近平同志在十九大报告中指出，实现中华民族伟大复兴是近代以来中华民族最伟大的梦想。
- 11月，《学习时报》发表社论《实现中国梦的历史新起点》。

主要矛盾

突破不平衡不充分的发展瓶颈

2017年10月18日,习近平同志在十九大报告中强调,中国特色社会主义进入新时代,我国社会主要矛盾已经转化为人民日益增长的美好生活需要和不平衡不充分的发展之间的矛盾。我国社会主要矛盾的变化是关系全局的历史性变化,对党和国家工作提出了许多新要求。我们要在继续推动发展的基础上,着力解决好发展不平衡不充分问题,大力提升发展质量和效益,更好满足人民在经济、政治、文化、社会、生态等方面日益增长的需要,更好推动人的全面发展、社会全面进步。

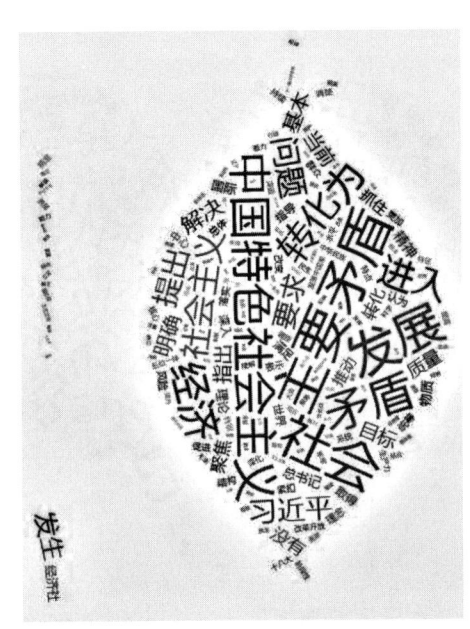

2017年"主要矛盾"媒体关注度逐月分布

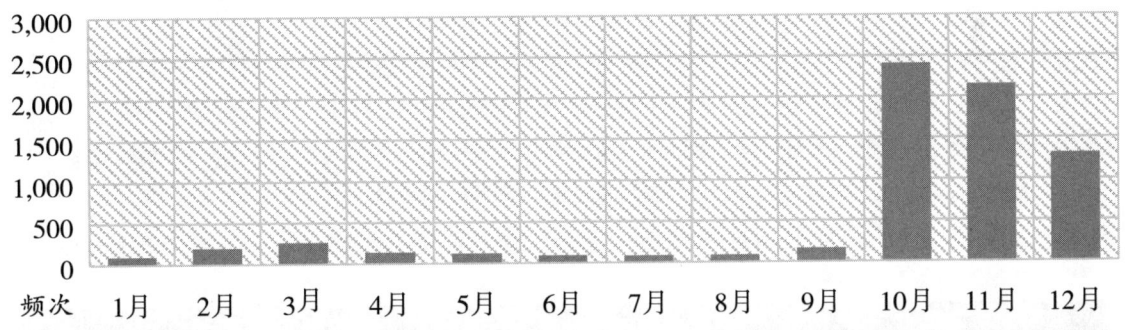

2017年最受媒体关注的"主要矛盾"相关新闻

- 10月,习近平同志在十九大报告中强调,中国特色社会主义进入新时代,我国社会主要矛盾已经转化为人民日益增长的美好生活需要和不平衡不充分的发展之间的矛盾。
- 11月,《人民日报》发表社论《深入理解我国社会主要矛盾转化的重大意义》。

不忘初心

走得再远，不忘为什么出发

2017年10月18日，中国共产党第十九次全国代表大会胜利召开，"不忘初心，牢记使命"成为大会主题的关键词。习近平总书记在报告中指出：中国共产党人的初心和使命，就是为中国人民谋幸福，为中华民族谋复兴。这个初心和使命是激励中国共产党人不断前进的根本动力。不忘初心，不能忘了"姓什么""为了谁""干什么""怎么干"。

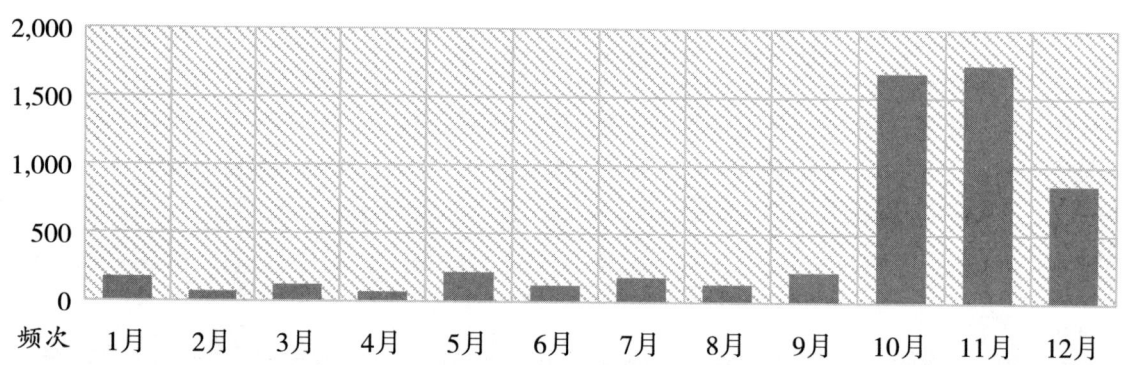

2017年"不忘初心"媒体关注度逐月分布

2017年最受媒体关注的"不忘初心"相关新闻

- 10月，中国共产党第十九次全国代表大会胜利召开，"不忘初心，牢记使命"成为大会主题的关键词。
- 11月，人民网发表社论《不忘初心，永葆青春》。
- 12月，《咬文嚼字》评出2017年度十大流行语，"不忘初心"位列其中。

新征程

路在脚下，砥砺前行

2017年10月18日，中国共产党第十九次全国代表大会在北京开幕。十九大报告提出新时代、新使命、新征程。习近平总书记在报告中深刻阐明新时代中国共产党的历史使命，系统阐述新时代中国特色社会主义思想和基本方略，面向未来提出党和国家事业发展的大政方针和行动纲领，开启全面建设社会主义现代化国家新征程。当代中国共产党人既要带领人民实现第一个百年奋斗目标，又要开启向第二个百年奋斗目标进军的新征程。

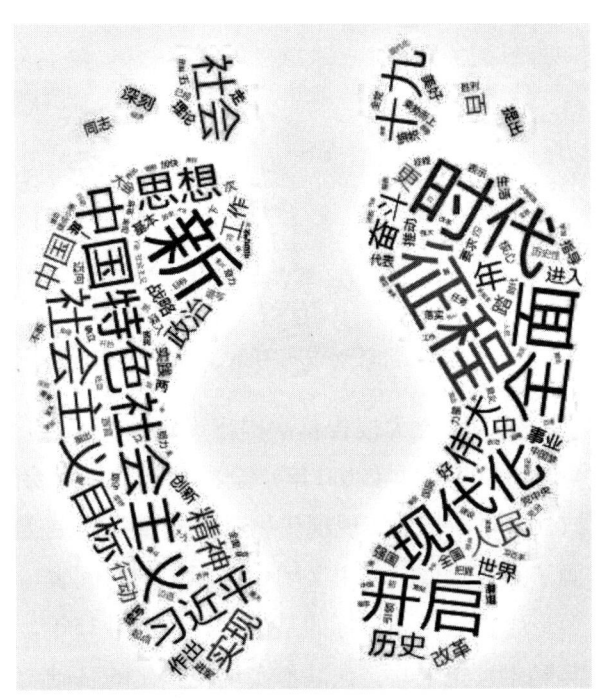

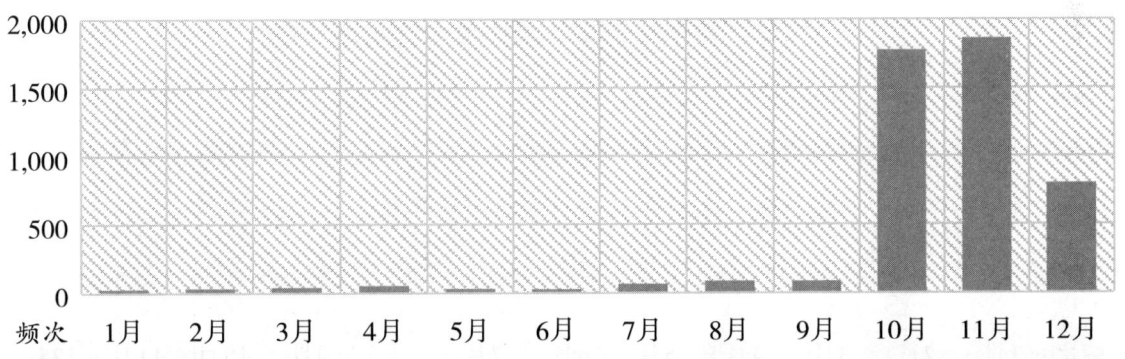

2017年"新征程"媒体关注度逐月分布

2017年最受媒体关注的"新征程"相关新闻

- 10月，中国共产党第十九次全国代表大会在北京开幕。十九大报告提出新时代、新使命、新征程。
- 11月，《人民日报》发表王岐山社论《开启新时代 踏上新征程》。

"两个一百年"

奔小康，谋复兴

党的十五大报告首次提出"两个一百年"奋斗目标：第一个一百年，是到中国共产党成立100年时（2021年）全面建成小康社会；第二个一百年，是到新中国成立100年时（2049年）基本实现现代化，建成富强民主文明的社会主义国家。党的十九大报告清晰擘画了全面建成社会主义现代化强国的时间表、路线图。在2020年全面建成小康社会、实现第一个百年奋斗目标的基础上，再奋斗15年，在2035年基本实现社会主义现代化。从2035年到本世纪中叶，在基本实现现代化的基础上，再奋斗15年，把我国建成富强民主文明和谐美丽的社会主义现代化强国。

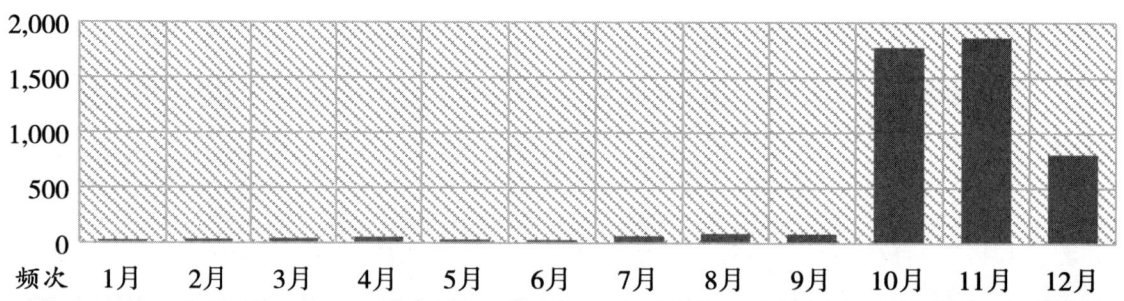

2017年"两个一百年"媒体关注度逐月分布

2017年最受媒体关注的"两个一百年"相关新闻

- 10月，习近平同志在十九大报告中提出，既要全面建成小康社会、实现第一个百年奋斗目标，又要乘势而上开启全面建设社会主义现代化国家新征程，向第二个百年奋斗目标进军。
- 11月，新华社发表社论《深刻把握"分两步走"的新目标》。

牢记使命

为人民谋幸福，为民族谋复兴

习近平同志在十九大报告上深刻阐述了新时代中国共产党的历史使命。中国共产党人的初心和使命，就是为中国人民谋幸福，为中华民族谋复兴。为决胜全面建成小康社会、夺取新时代中国特色社会主义伟大胜利、实现中华民族伟大复兴的中国梦、实现人民对美好生活的向往而继续奋斗！

2017年"牢记使命"媒体关注度逐月分布

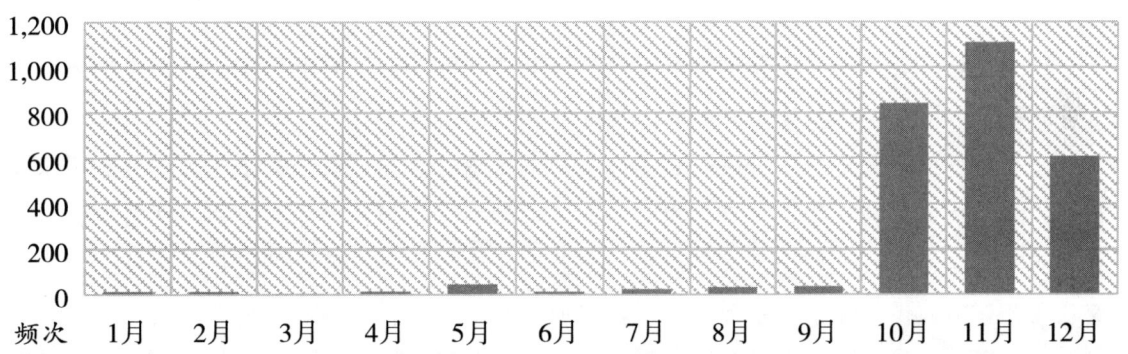

2017年最受媒体关注的"牢记使命"相关新闻

- 10月，中国共产党第十九次全国代表大会胜利召开，"不忘初心，牢记使命"成为大会主题的关键词。
- 11月，党建网发表文章《不忘初心再出发 牢记使命永向前》。

2017年中国媒体关注度最高的十大"习语"

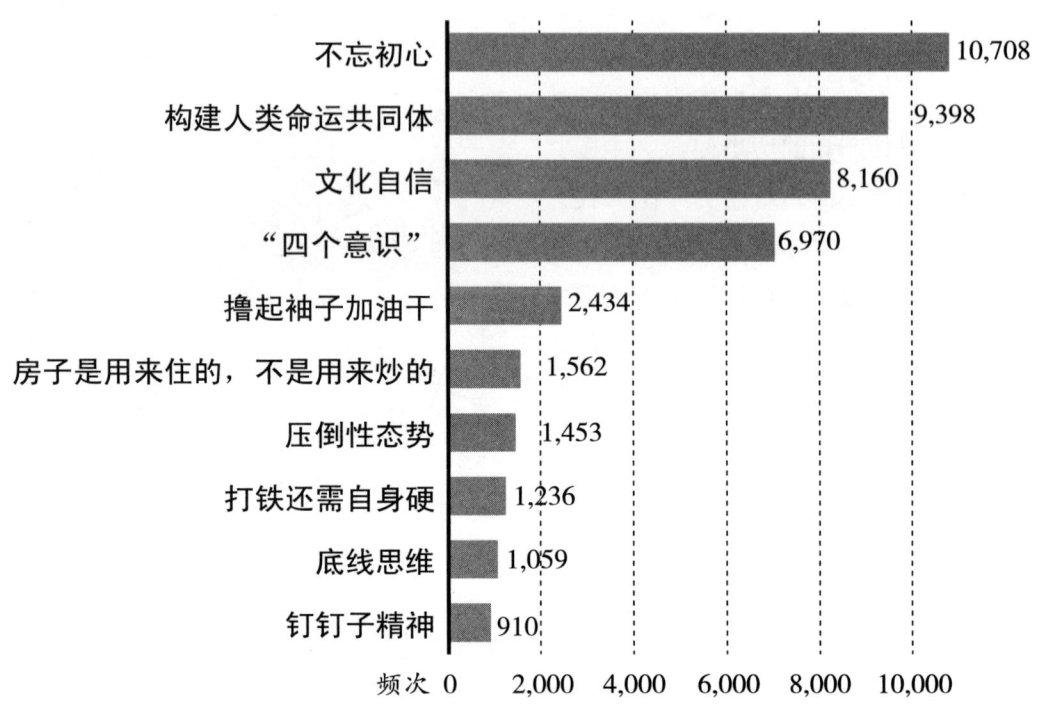

2017年中国媒体关注度最高的十大"习语"是指在2017年的中国媒体上出现次数最多的习近平总书记在讲话和文章中提出或使用的句子和词语。

语言是思维的物质外壳，解码独具风格的习式语言，能让我们真正体会到党和国家领导人治国理政的超人智慧。"不忘初心"，方得始终。中国共产党人的初心和使命，就是为中国人民谋幸福，为中华民族谋复兴。为此，全党同志一定要以"钉钉子精神"担当尽责，带领全国人民"撸起袖子加油干"。同时，也必须与世界各国人民同呼吸、共命运、心连心，推动"构建人类命运共同体"，实现人类共同发展。实现这一伟大的目标，既要严管党内，也要惠及百姓。一方面，要求全党坚持"底线思维"，做到居安思危；要求全党树立"四个意识"，坚定"文化自信"，坚定理想信念，努力兑现"打铁还需自身硬"的庄严承诺；要求全党继续保持反腐败斗争"压倒性态势"。另一方面，要坚持"房子是用来住的，不是用来炒的"定位，让老百姓体会到实实在在的获得感，带领人民不断创造美好生活。

不忘初心

走得再远，不忘为什么出发

2017年10月18日，中国共产党第十九次全国代表大会胜利召开，"不忘初心，牢记使命"成为大会主题的关键词。习近平总书记在报告中指出：中国共产党人的初心和使命，就是为中国人民谋幸福，为中华民族谋复兴。这个初心和使命是激励中国共产党人不断前进的根本动力。不忘初心，不能忘了"姓什么""为了谁""干什么""怎么干"。

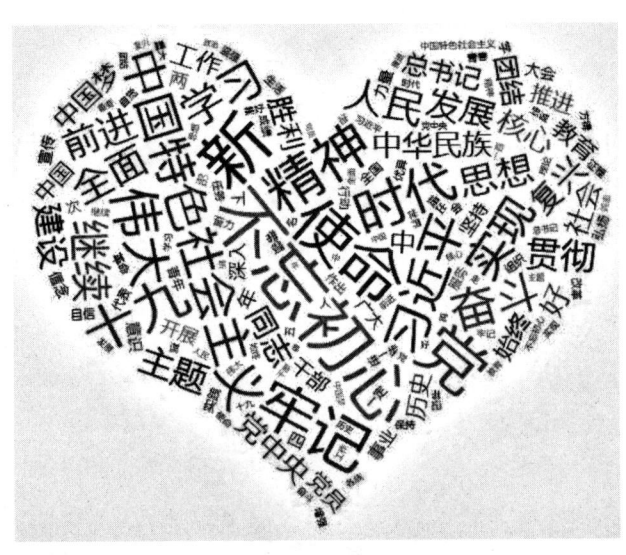

2017年"不忘初心"媒体关注度逐月分布

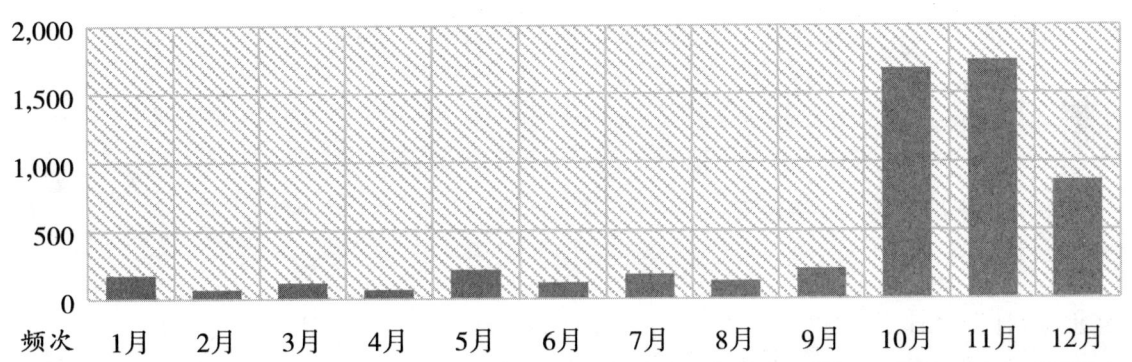

2017年最受媒体关注的"不忘初心"相关新闻

- 10月，中国共产党第十九次全国代表大会胜利召开，"不忘初心，牢记使命"成为大会主题的关键词。
- 11月，人民网发表社论《不忘初心，永葆青春》。
- 12月，《咬文嚼字》评出2017年度十大流行语，"不忘初心"位列其中。

构建人类命运共同体

同一个地球　同一个世界

在党的十九大报告中，习近平总书记高举和平、发展、合作、共赢的旗帜，统筹国内国际两个大局，明确中国特色大国外交要推动构建新型国际关系，推动构建人类命运共同体，对新时代外交工作进一步指明方向、作出部署，彰显了我们党对人类前途命运的思考、对世界和平与发展事业的担当。习近平指出，中国共产党始终把为人类作出新的更大的贡献作为自己的使命。世界命运握在各国人民手中，人类前途系于各国人民的抉择。中国人民愿同各国人民一道，推动人类命运共同体建设，共同创造人类的美好未来。

2017年"构建人类命运共同体"媒体关注度逐月分布

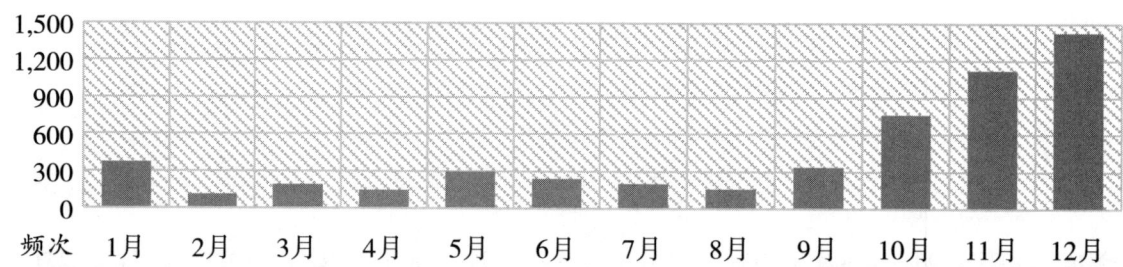

2017年媒体上的"构建人类命运共同体"

- 10月，我们呼吁，各国人民同心协力，构建人类命运共同体，建设持久和平、普遍安全、共同繁荣、开放包容、清洁美丽的世界。
- 11月，新时代中国外交的总目标和大方向是推动建设新型国际关系，推动构建人类命运共同体。
- 12月，习近平总书记提出的构建人类命运共同体，是一个大国责任担当的体现，也给世界解决各种困境提供了更多选择。

文化自信

一个国家、一个民族的灵魂

2017年10月，习近平在十九大报告中提出，要坚定文化自信，推进社会主义文化繁荣兴盛。文化是一个国家、一个民族的灵魂。古往今来，世界各民族都无一例外受到其在各个历史发展阶段上产生的精神文化的深刻影响。习近平指出："历史和现实都表明，一个抛弃了或者背叛了自己历史文化的民族，不仅不可能发展起来，而且很可能上演一幕幕历史悲剧。"今天，我们要进行伟大斗争、建设伟大工程、推进伟大事业、实现伟大梦想，都离不开文化所激发的精神力量。而要继承好、发展好自身文化，首先就要保持对自身文化理想、文化价值的高度信心，保持对自身文化生命力、创造力的高度信心。

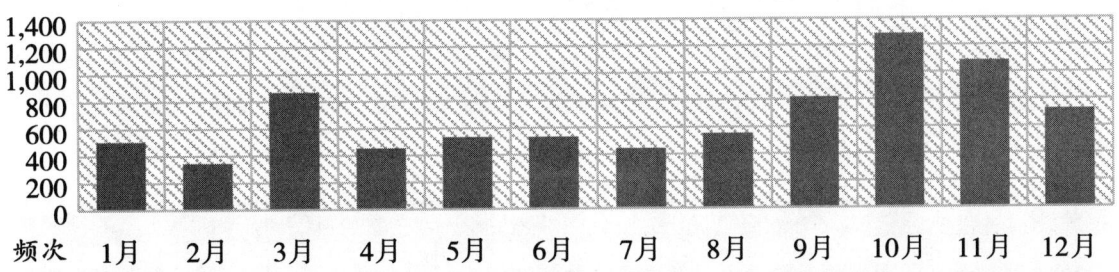

2017年"文化自信"媒体关注度逐月分布

2017年媒体上的"文化自信"

- 3月，历史文化传统决定道路选择，文化自信是对中国特色的最好诠释。
- 10月，党的十九大报告提出，要坚定文化自信，建设社会主义文化强国。

"四个意识"

政治意识、大局意识、核心意识、看齐意识

"四个意识"的提出，标志着中国政治、中国治理进入一个新阶段，党中央以及习近平总书记，将以更大的权威与担当，带给中国民众更多获得感。2017年《政府工作报告》强调要切实增强政治意识、大局意识、核心意识、看齐意识，坚决向党中央看齐，向习近平总书记看齐，向高标准努力。要始终做政治上的明白人，严守政治纪律和政治规矩，在思想上政治上行动上同以习近平同志为核心的党中央保持高度一致。

2017年"四个意识"媒体关注度逐月分布

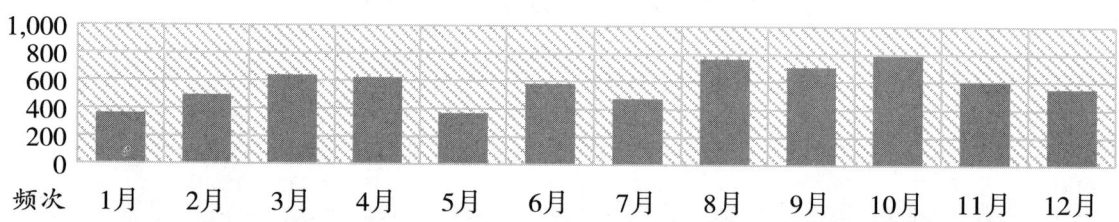

2017年媒体上的"四个意识"

- 8月，党员领导干部讲政治，讲的是在思想上牢固树立"四个意识"，同以习近平同志为核心的党中央保持高度一致。
- 9月，坚定理想信念，牢固树立"四个意识"，在思想上政治上行动上同以习近平同志为核心的党中央保持高度一致。
- 10月，我们要全面贯彻党的十九大精神，特别是习近平新时代中国特色社会主义思想，树立"四个意识"，坚定"四个自信"，坚定理想信念，忠诚干净担当。

撸起袖子加油干

撸起袖子加油干，一张蓝图绘到底

"撸起袖子加油干"是2017年中国的第一句流行语。在新年贺词中，习近平强调："上下同欲者胜。只要我们13亿多人民和衷共济，只要我们党永远同人民站在一起，大家撸起袖子加油干，我们就一定能够走好我们这一代人的长征路。"与习近平一贯的话风文风一样，这个说法短、实、新，朴实通俗却打动人心，具有很强的感染力、号召力和传播力。老百姓听得懂、听得进、喜欢听的话，最能提振士气。可以说，"撸起袖子加油干"既反映出中华民族走在伟大复兴路上的精神面貌，也将深刻地影响未来，在历史的长河中留下印迹。

2017年"撸起袖子加油干"媒体关注度逐月分布

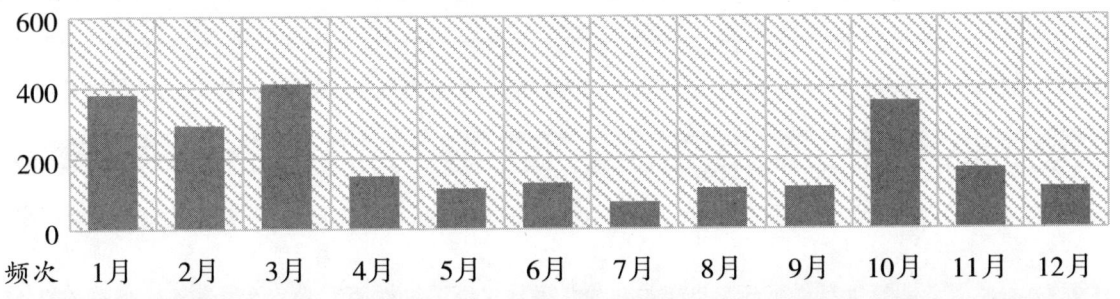

| 2017年媒体上的"撸起袖子加油干" |

- 7月，人民网发表文章《习近平治国理政关键词：撸起袖子加油干》。
- 10月，人们相信，在以习近平同志为核心的党中央坚强领导下，大家齐心协力，迎难而上，持续使劲，撸起袖子加油干，一定能够如期打赢这场摆脱绝对贫困的大决战。

房子是用来住的，不是用来炒的

全体人民住有所居

"房子是用来住的，不是用来炒的。"当习近平总书记在十九大报告中讲到这句话，场下响起一片热烈掌声。这一定位，具有极强的现实针对性和指导性。习近平总书记指出，要加快建立多主体供给、多渠道保障、租购并举的住房制度，让全体人民住有所居。这为我国住房制度改革指明了方向、路径、目标。

2017年"房子是用来住的，不是用来炒的"媒体关注度逐月分布

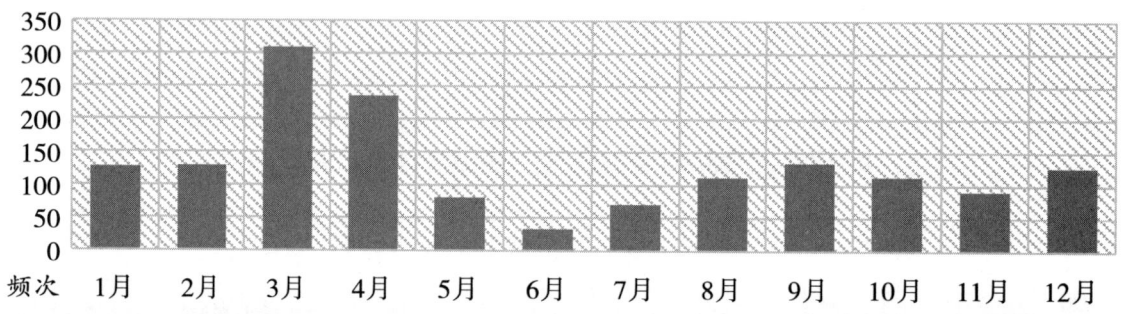

2017年媒体上的"房子是用来住的，不是用来炒的"

- 3月，中央提出"房子是用来住的，不是用来炒的"要求，各个城市将稳定房价作为重要的政治任务来抓。
- 4月，这一轮北京市规划明确指出，推动住房用地供给侧结构性改革，促进完善购租并举的住房体系，实现"房子是用来住的，不是用来炒的"要求。

压倒性态势

政治上的压倒、正气上的压倒

2017年1月8日,十八届中央纪委七次全会在京闭幕。会议公报提出引人注目的重大判断:反腐败斗争压倒性态势已经形成。同时,公报提出,2017年仍将保持反腐高压态势,力度不减、节奏不变。公报强调,民心是最大的政治,要把管党治党政治责任落实到基层,厚植党执政的政治基础。"全面从严治党永远在路上。我们将以更大的决心、更大的勇气、更大的气力,推动全面从严治党向纵深发展,不断向人民交出优异的答卷。"

2017年"压倒性态势"媒体关注度逐月分布

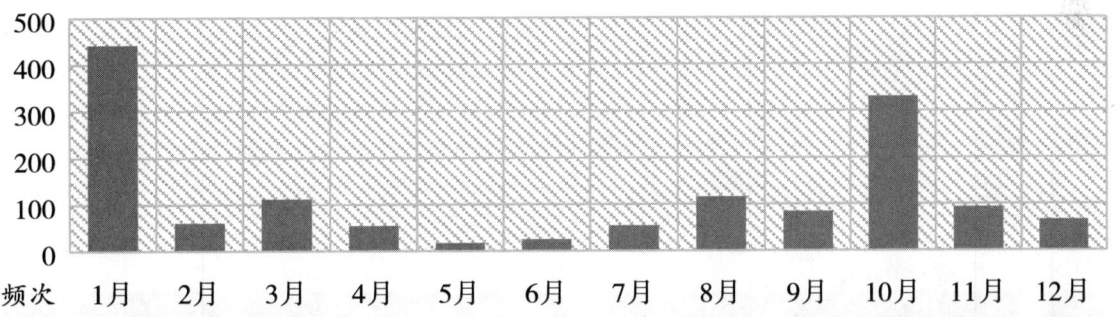

2017年媒体上的"压倒性态势"

- 1月,习近平指出:"经过全党共同努力,党的各级组织管党治党主体责任明显增强,中央八项规定精神得到坚决落实,党的纪律建设全面加强,腐败蔓延势头得到有效遏制,反腐败斗争压倒性态势已经形成。"
- 10月,十九大报告指出,当前,反腐败斗争形势依然严峻复杂,巩固压倒性态势、夺取压倒性胜利的决心必须坚如磐石。

2017年中国媒体关注度十大榜单解读 **035**

打铁还需自身硬

其身正，不令而行；其身不正，虽令不从。

2017年1月3日—5日在中央电视台综合频道每晚8点首播由中央纪委宣传部、中央电视台联合制作的反腐电视专题片《打铁还需自身硬》。"打铁还需自身硬"，这是对新时代全面从严治党目标和要求作出的总括式界定。如果把"打铁"比作改造客观世界，"自身硬"就是改造主观世界，二者辩证统一于新时代伟大斗争、伟大事业、伟大梦想和伟大工程的生动实践中。这是我们党对加强自身建设的高度自觉、郑重承诺与庄严宣示。

2017年"打铁还需自身硬"媒体关注度逐月分布

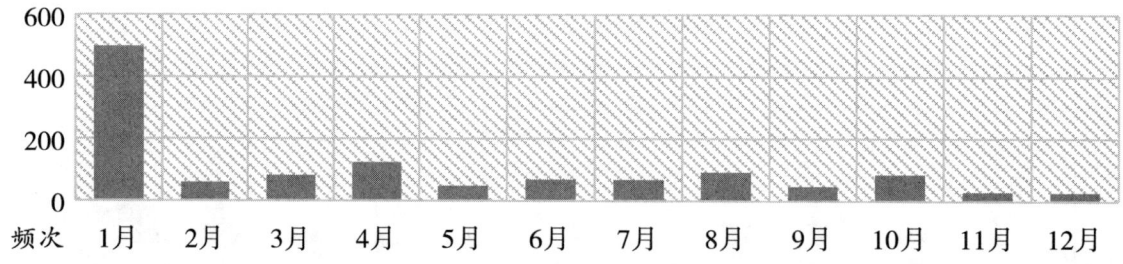

2017年媒体上的"打铁还需自身硬"

- 1月，纪检监察机关要按照打铁还需自身硬、信任不能代替监督的要求，切实加强自身建设，健全内控机制，全面提高干部思想政治水平和把握政策能力，主动接受党内监督和社会监督，努力建设一支让党放心、人民信赖、忠诚干净担当的队伍。

底线思维

把底线思维贯穿于各项工作中

所谓底线思维，就是以底线为基本导向，调控事物朝着预定目标发展的一种思维方法，体现了马克思主义唯物辩证法中主观能动性与客观规律性的关系、质变与量变的原理，是"有守"和"有为"的有机结合。习近平在谈到领导方法时指出：要善于运用底线思维的方法，凡事从坏处准备，努力争取最好的结果，做到有备无患、遇事不慌，牢牢把握主动权。

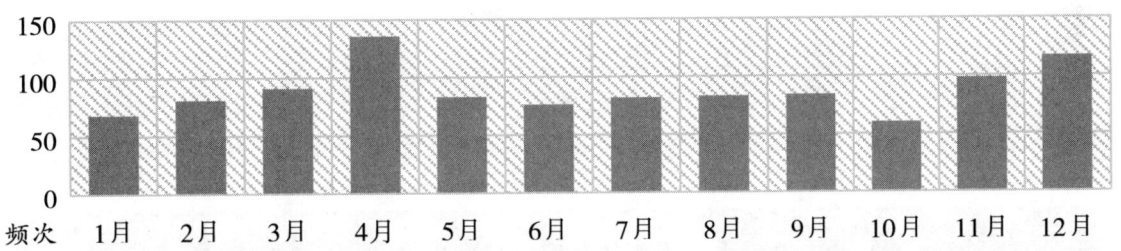

2017年"底线思维"媒体关注度逐月分布

2017年媒体上的"底线思维"

- 4月，国家发改委提出要树立底线思维，高度重视保障特殊病种群体、低收入群体特别是贫困家庭的利益，保障这些群体的基本医疗需求。
- 12月，坚持正确工作策略和方法，稳中求进，保持战略定力、坚持底线思维，一步一个脚印向前迈进。

钉钉子精神

发扬钉钉子的精神，久久为功、持之以恒

在学习贯彻党的十九大精神研讨班上，习近平总书记就领导干部履职尽责问题特别强调："必须做到责任过硬，树立正确政绩观，发扬求真务实、真抓实干的作风，以钉钉子精神担当尽责，真正做到对历史和人民负责。"这种钉钉子精神，既是一代代共产党人传承赓续的精神品格，也是我们党的领导干部应有的领导素质和作风，体现了新时代推进党的"四个伟大"工程的必然要求。

2017年"钉钉子精神"媒体关注度逐月分布

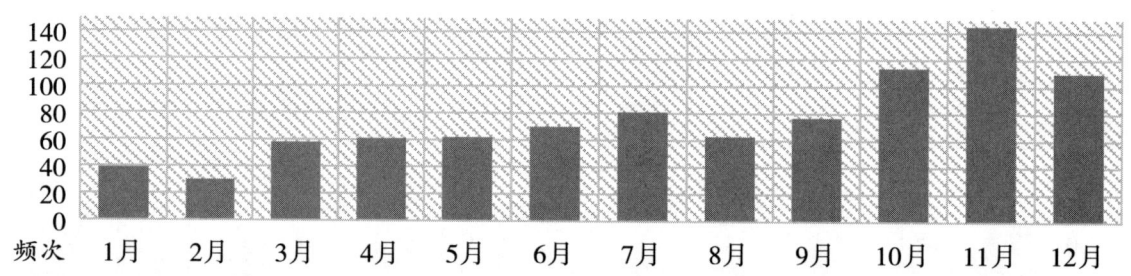

2017年媒体上的"钉钉子精神"

- 10月，要拿出实实在在的举措，一个时间节点一个时间节点往前推进，以钉钉子精神全面抓好落实。
- 11月，要发扬钉钉子精神，采取有针对性的举措，一件接着一件抓，抓一件成一件，积小胜为大胜，推动我国旅游业发展迈上新台阶。
- 12月，党的十九大闭幕后不久，中央出台《中共中央政治局贯彻落实中央八项规定实施细则》，释放出以钉钉子精神打好作风建设持久战的强烈信号。

2017年中国媒体关注度最高的十大中国骄傲

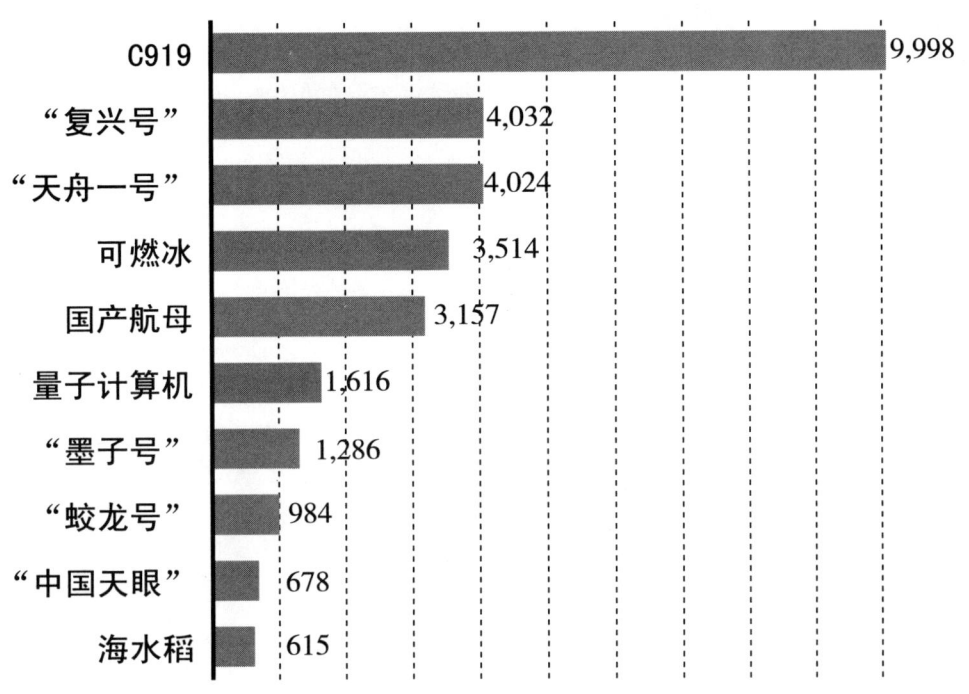

2017年中国媒体关注度最高的十大中国骄傲是指在2017年的中国媒体上出现次数最多的令国人感到骄傲和自豪的中国自主创造。

2017年的中国骄傲是国产制造、创造的骄傲。中国首个货运飞船——"天舟一号"完全由中国科学家自主研发、制造,将"快递"送向了"天宫",为未来的空间站生活提供了便利;"墨子号"量子卫星在太空中大放异彩,不仅圆满实现了4个月的测试任务,还完成了量子纠缠、星地双向量子通信等多项实验任务;C919作为中国首架具有自主知识产权的民用飞机,成功完成各种试飞任务,不久人们就可以坐上祖国的飞机环游世界;从太空到陆地,"中国天眼"佳绩不断,在浩瀚宇宙中发现了几十颗脉冲星,正一点点揭开夜空神秘的面纱;动车组列车再一次提速,"复兴号"作为提速代表,开创了高铁新时代,大大缩短了人们在路途中奔波的时间,为乘客提供了更优质的服务;同样,我国在计算方面也实现提速,量子计算机超越了早期经典计算机的计算能力,打破了美国谷歌、NASA的垄断;从陆地到海洋,海水稻的成功种植降低了盐碱对庄稼的影响,我国数亿亩盐碱地有望变成大粮仓,人们能吃到更营养的稻米;可燃冰的成功开采保障了我国的能源储备,有利于减少能源使用带来的废物排放,为人们提供一个干净良好的生活环境;国产航母作为国之重器,已在海上蓄势待发,捍卫祖国和人民安全;"蛟龙"探海,加深了人们对海洋的认识,为人类慢慢揭开一个个深海之谜。总体来看,2017年的十大中国骄傲以高端技术为基础,以为人民服务为宗旨,为人类共同体带来福祉,不仅彰显了我国高度的自主创新意识,还增强了我们的民族自信心。

C919

追梦大飞机，翱翔天际

　　C919即C919大型客机，其中C是China（中国）的首字母，第一个"9"寓意天长地久，"19"代表这架大型客机的最大载客量为190座。C919是中国首款具有自主知识产权的大型喷气式民用飞机，于2017年5月5日在上海浦东机场成功首飞。2017年11月8日，C919试飞爬升到8,000米高空，创下试飞以来的最高纪录。

2017年"C919"媒体关注度逐月分布

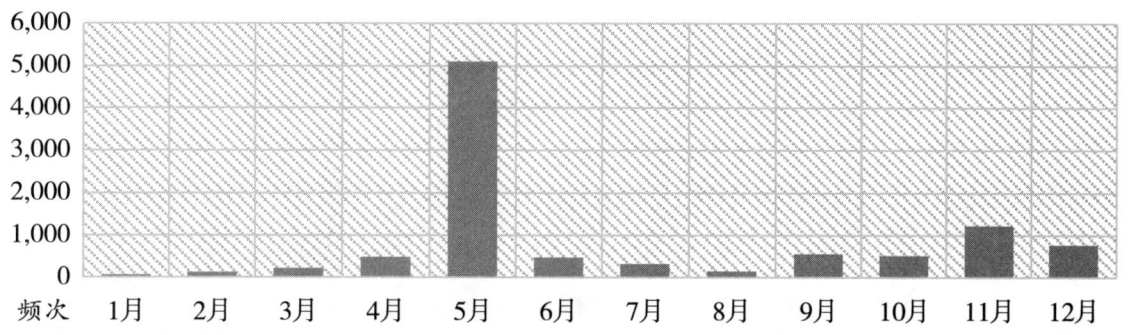

2017年最受媒体关注的"C919"相关新闻

- 5月，C919的首飞是中国民航的重要里程碑，意味着中国将跻身美国、英国等少数几个能够自主制造大型客机的国家行列。
- 11月，试飞过程中，C919一度爬升到8,000米高空，创下试飞以来的最高纪录。

"复兴号"

开创高铁新时代

  "复兴号"即复兴号动车组列车,是中国标准动车组的中文名。"复兴号"是由中国铁路总公司牵头组织研制、具有完全自主知识产权、达到世界先进水平的动车组列车,适应于高速铁路(高铁)、快速铁路(快铁)、城际铁路(城铁)。在350公里时速下,"复兴号"与"和谐号"380相比,总能耗下降了10%。2017年6月26日11时05分,"复兴号"在京沪高铁两端的北京南站和上海虹桥站双向首发,意味着中国标准动车组时代来临。

2017年"复兴号"媒体关注度逐月分布

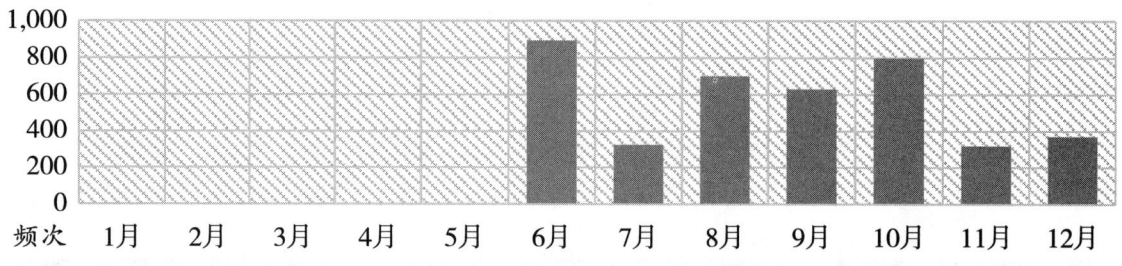

2017年最受媒体关注的"复兴号"相关新闻

- 6月,中国标准动车组被命名为"复兴号",从京沪高铁两端双向首发。
- 9月,京沪高铁"复兴号"迎来提速,有7对动车组率先以时速350公里开跑。
- 10月,国庆是"复兴号"动车组列车提速后的第一个长假。时速350公里,从北京到上海只需要不到4个半小时,全列提供免费Wi-Fi,"复兴号"成了"网红",游客乘列车拍照片发朋友圈也成了标配。

"天舟一号"

太空"快递",天舟"配送"

"天舟一号"即天舟一号货运飞船。它是中国首艘货运飞船,具有与"天宫二号"空间实验室交会对接、实施推进剂在轨补加、开展空间科学实验和技术试验等功能。"天舟一号"于2017年4月20日19时41分35秒在文昌航天发射中心由长征七号遥二运载火箭成功发射升空,并于4月27日成功完成与"天宫二号"的首次推进剂在轨补加试验,标志着"天舟一号"飞行任务取得圆满成功。

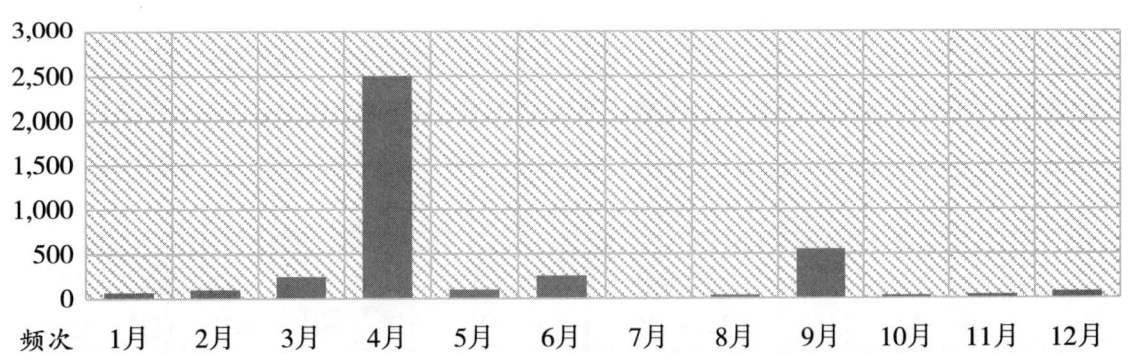

2017年"天舟一号"媒体关注度逐月分布

2017年最受媒体关注的"天舟一号"相关新闻

- 4月,我国首艘货运飞船"天舟一号"完成对"天宫二号"的推进剂在轨补加试验任务,标志着"天舟一号"飞行任务取得圆满成功。
- 9月,"天舟一号"与"天宫二号"对接机构接触,完成对接试验,整个过程历时约6.5小时。

可燃冰

冰与火之歌，唱响中国新能源梦

可燃冰是一种天然气水合物，因其外观像冰而且遇火可以燃烧，所以被称作"可燃冰"。可燃冰燃烧后几乎不会产生任何残渣，我国可燃冰的远景资源量可达800亿吨油当量，主要分布在近海海域与冻土区。2017年5月，中国首次海域可燃冰试采成功。2017年11月，国务院正式批准将可燃冰列为新矿种。

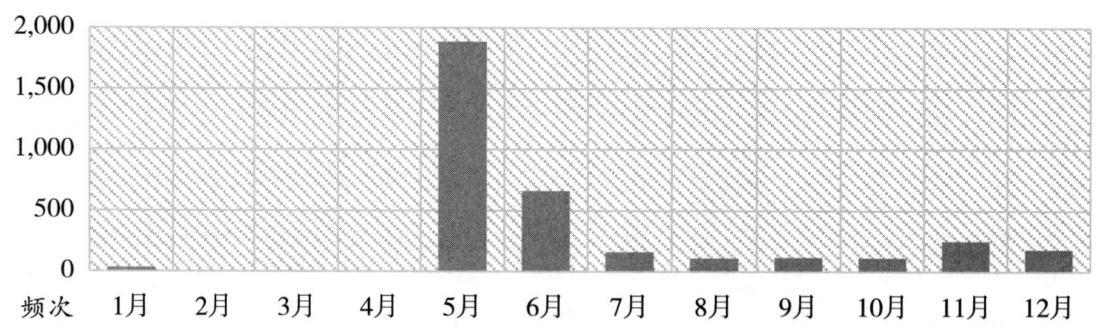

2017年"可燃冰"媒体关注度逐月分布

2017年最受媒体关注的"可燃冰"相关新闻

- 5月，我国首次海域可燃冰试采成功，中共中央、国务院发贺电。
- 6月，在南海神狐海域开采的可燃冰是一种泥质粉砂类型，也是未来最具商业价值的一种。

国产航母

卫海之兵，即将出鞘

001A型航空母舰是我国首艘自主建造的航母。该航母基于对苏联库兹涅佐夫级航空母舰和辽宁号航空母舰的研究，由我国自行改进研发而成，是我国真正意义上的第一艘国产航空母舰。2017年4月，001A型航空母舰涂上标准的海军灰色，脚手架也在陆续拆除中，预计很快"下水"。

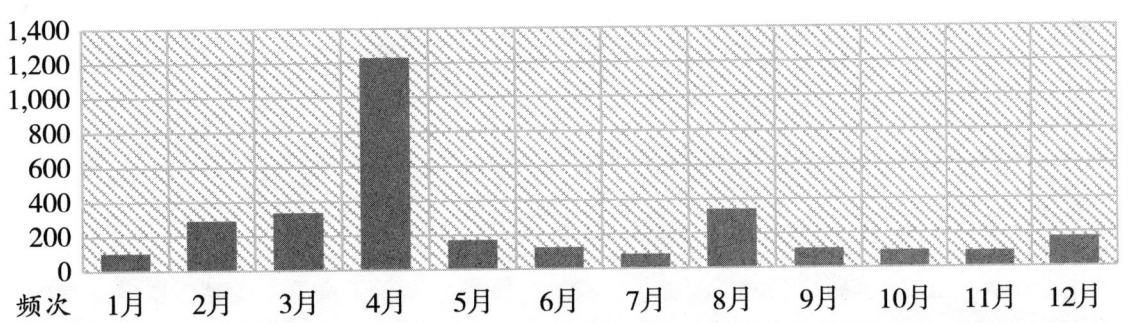

2017年"国产航母"媒体关注度逐月分布

2017年最受媒体关注的"国产航母"相关新闻

- 3月，网络上陆续曝光了001A型航空母舰的照片
- 4月，首艘国产航母下水，标志着我国国防科技水平再获飞跃。海军战斗力大跨越的脚步行将落地，打胜仗的底气进一步积蓄。
- 8月，中国第一艘国产航母有了新进展，目前已经开始动力系统的测试工作，即将进入系泊试验阶段。

量子计算机

量子提速，超越经典计算

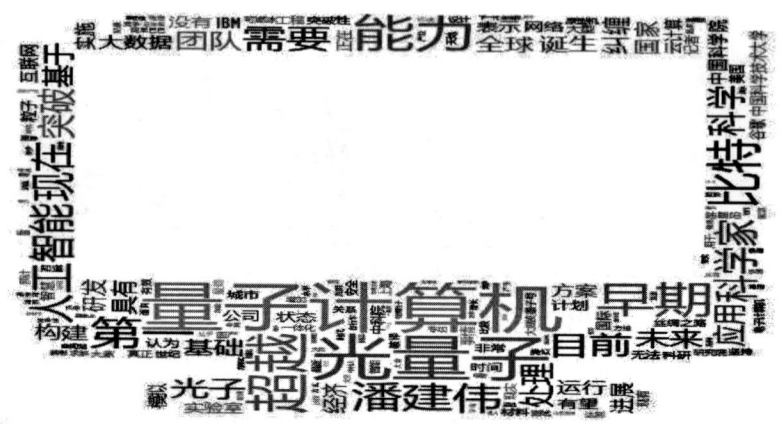

　　量子计算机是一类遵循量子力学规律进行高速数学和逻辑运算、存储及处理量子信息的物理装置。当某个装置处理和计算的是量子信息，运行的是量子算法时，它就是量子计算机。2017年5月，中国科学院建造出世界上第一台超越早期经典计算机的光量子计算机，在这个原型机上运行一些量子算法，它的速度比国际上第二名快24,000多倍，打破了此前美国谷歌、NASA等实现的9个超导量子比特的高精度操纵。

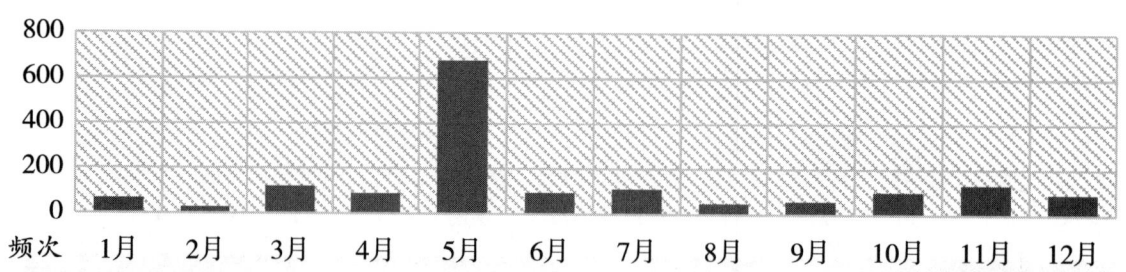

2017年"量子计算机"媒体关注度逐月分布

2017年最受媒体关注的"量子计算机"相关新闻
● 5月，世界首台超越早期经典计算机的光量子计算机在中国诞生。

"墨子号"

太空中大放异彩的"新星"

"墨子号"是人类历史上第一颗用于量子通信研究的卫星,将配合多个地面站实施星地量子密钥分发、星地量子纠缠分发和星地量子远程传态等量子通信领域的实验。2017年1月18日,中国发射世界首颗量子科学实验卫星"墨子号"。2017年6月16日,中国"墨子号"量子卫星在世界上首次实现千公里量级的量子纠缠,这意味着量子通信向实用迈出一大步。

2017年"墨子号"媒体关注度逐月分布

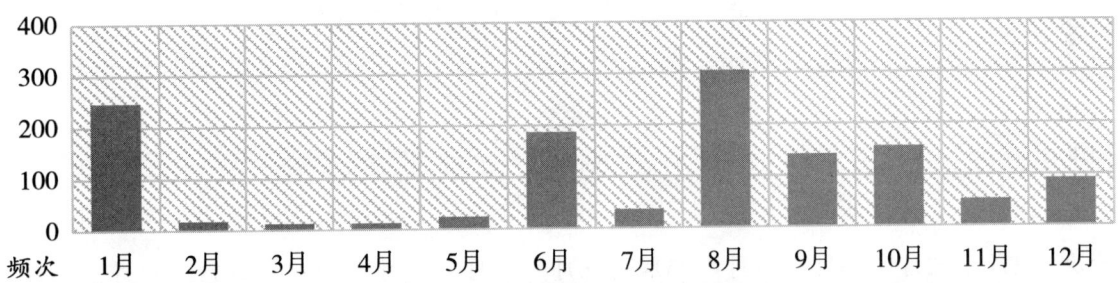

2017年最受媒体关注的"墨子号"相关新闻

- 1月,世界首颗量子科学实验卫星"墨子号"完成"大考"——经过4个月的在轨测试,"墨子号"超越了设计指标,可以满足实验任务的需求,正式交付用户单位使用。
- 6月,中国"墨子号"量子卫星在世界上首次实现千公里量级的量子纠缠。
- 8月,"墨子号"量子卫星成功实现千公里级的星地双向量子通信。

"蛟龙号"

"蛟龙"探海，揭开海底之谜

"蛟龙号"是由我国自行设计、自主集成研制的载人潜水器，也是目前世界上下潜能力最深的作业型载人潜水器。"蛟龙号"可在占世界海洋面积99.8%的广阔海域中使用，对于我国开发利用深海资源有着重要的意义。"蛟龙号"具有针对作业目标稳定的悬停、先进的水声通信和海底微貌探测能力，可以高速传输图像和语音，探测海底的小目标。2017年5月23日，"蛟龙号"完成在世界最深处下潜，潜航员在水下停留近9小时，海底作业时间3小时11分钟，最大下潜深度4,811米。

2017年"蛟龙号"媒体关注度逐月分布

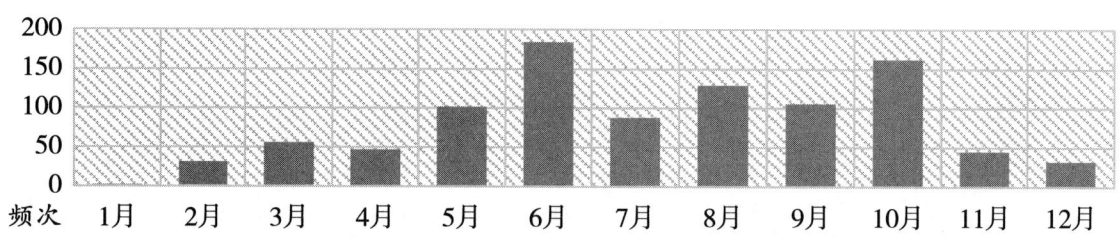

2017年最受媒体关注的"蛟龙号"相关新闻

- 6月，"蛟龙号"载人潜水器顺利完成大洋38航次第三航段最后一潜（总第152次下潜），这标志着"蛟龙号"试验性应用航次全部下潜任务画上了圆满的句号。
- 10月，在"砥砺奋进的五年"大型成就展上，十九大代表唐嘉陵站在"蛟龙号"载人潜水器模型前当起讲解员，介绍我国深海事业的飞速发展。

"中国天眼"

国之重器，频创佳绩

  世界最大的单口径球面射电望远镜（FAST），又被形象地称作"中国天眼"，是由国家科教领导小组审议确定的国家九大科技基础设施之一。它是采用中国科学家独创设计，利用贵州南部喀斯特洼地的独特地形条件建设的500米口径球面射电望远镜。2017年10月，"中国天眼"发现2颗新脉冲星，距离地球分别约4,100光年和1.6万光年。这是中国射电望远镜首次发现脉冲星。2017年12月，"中国天眼"发现3颗新脉冲星，目前这3颗脉冲星已分别得到认证。

2017年"中国天眼"媒体关注度逐月分布

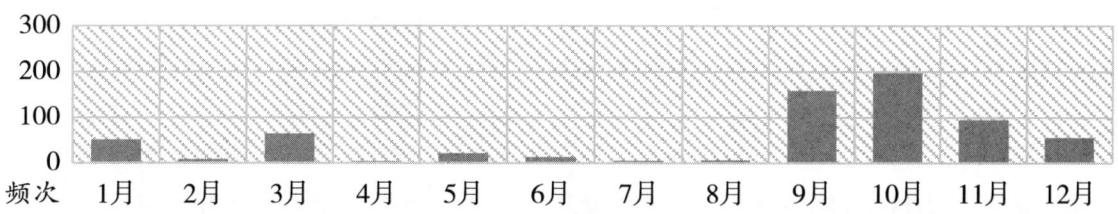

2017年最受媒体关注的"中国天眼"相关新闻

- 9月，"中国天眼"首席科学家兼总工程师、中国科学院国家天文台研究员南仁东因病于15日逝世，享年72岁。南仁东被誉为"中国天眼"工程的发起者及奠基人。
- 10月，中国科学院国家天文台宣布，"中国天眼"——500米口径球面射电望远镜经过一年时间的紧张调试，确认发现多颗新脉冲星。

海水稻

盐碱地变大粮仓，人人食得好口粮

海水稻是耐盐碱水稻的形象化称呼，是在海边滩涂等盐碱地生长的特殊水稻，其生长地并非海里，而是不惧海水的短期浸泡。海水稻不需施肥、抗病虫、耐盐碱的独特生长特性，对资源节约型绿色农业生产大有裨益。2017年秋，袁隆平主持的青岛市海水稻研究工程产出的海水稻最高亩产近621公斤。

2017年"海水稻"媒体关注度逐月分布

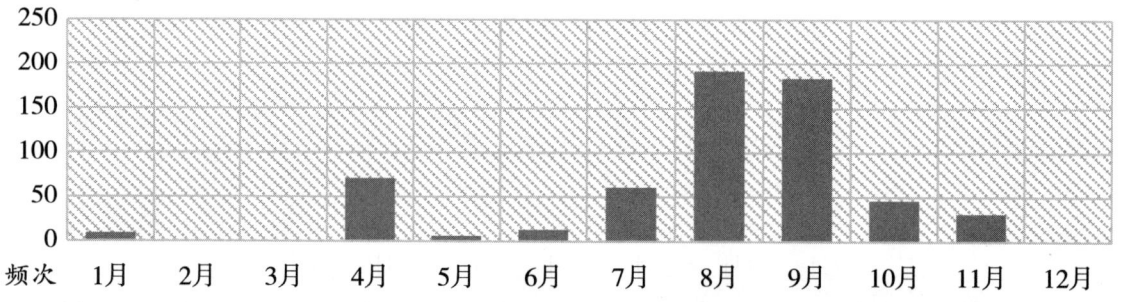

2017年最受媒体关注的"海水稻"相关新闻

- 8月，今年5月试种的234份不同品类的海水稻陆续进入扬花期，生长最快的将在下个月迎来收获。
- 9月，我国高产海水稻试种成功，最高亩产可达620.95公斤，数亿亩盐碱地有望成为大粮仓。

2017年中国媒体关注度最高的十大新举措

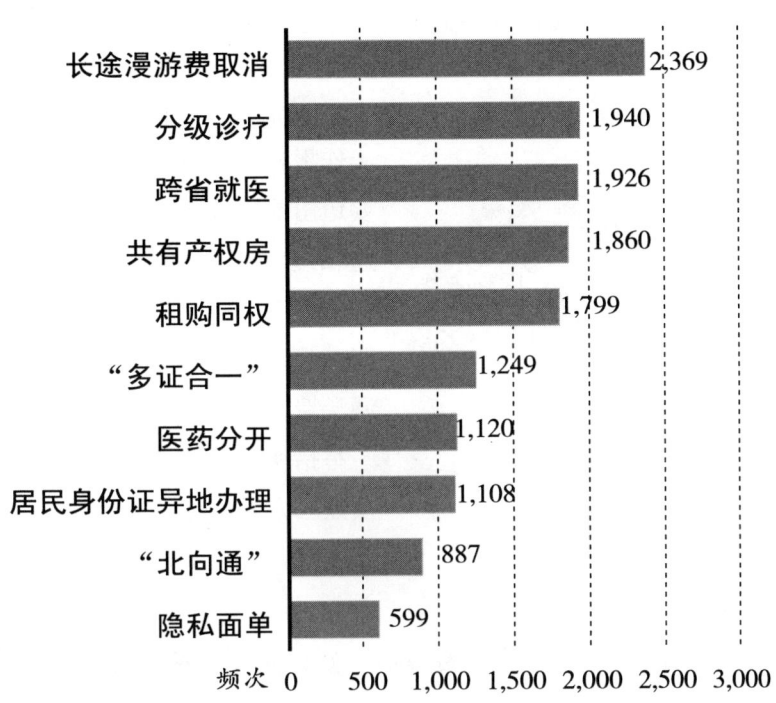

2017年中国媒体关注度最高的十大新举措是指在2017年的中国媒体上出现次数最多的新政新规关键词。

2017年，是国家实施"十三五"规划的重要一年，是供给侧结构性改革的深化之年。这十大新举措说到底也是社会各领域的改革举措。2017年的改革举措仍然坚持以人为本，关注民生。位列榜首的"长途漫游费取消"政策，降低了通信资费价格，使人民得到了实惠。紧随其后的医疗改革同样引人注目：作为中国特色基本医疗制度之首的"分级诊疗"制度使得不同级别的医疗机构承担了不同程度的疾病治疗，促进了医疗卫生服务的均等化；而"跨省就医""医药分开"切实戳到了老百姓"看病贵"的痛点，异地就医不再难。位列榜单第四位和第五位的"共有产权房""租购同权"保障了低收入群体和外来人员的利益，让城市变得更加温暖。"居民身份证异地办理"消除了身份证办理的地域限制，着力解决无户口人员的落户问题。"多证合一"，集多证于一证，进一步营造了便利宽松的创业环境，为中小企业进入市场提供了极大便利。随着网购热潮的涌现和物流业的飞速发展，"隐私面单"保护消费者的个人信息免遭泄露。而在财经领域，位列榜单第九位的"北向通"成为中国债券市场对外开放的重要举措。

长途漫游费取消

提速降费新举措

李克强总理在2017年两会期间的《政府工作报告》中明确提出，今年网络提速降费要迈出更大步伐，年内全部取消手机国内长途和漫游费。2017年8月30日，中国电信、中国联通、中国移动三大运营商接连发布声明，从9月1日起，全面取消手机国内长途和漫游费，并且用户无须申请，自动生效。这一举措实实在在降低了用户的通信资费，惠及数亿人民。

2017年"长途漫游费取消"媒体关注度逐月分布

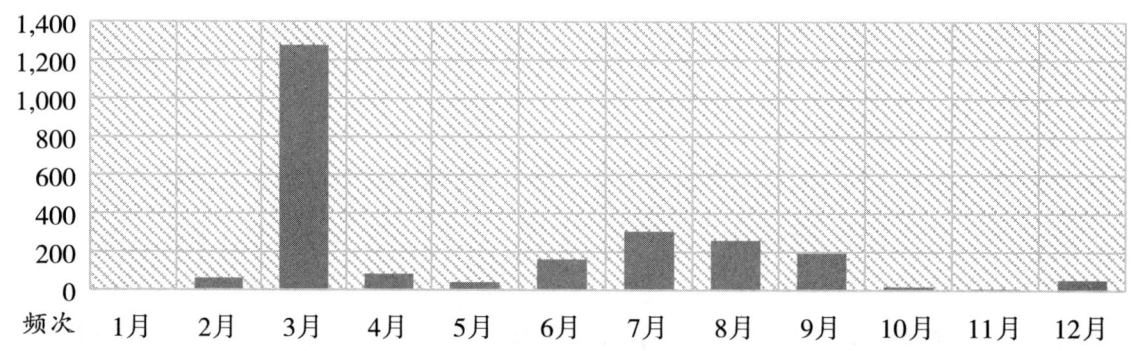

2017年最受媒体关注的"长途漫游费取消"相关新闻

- 3月5日，国务院总理李克强在《政府工作报告》中提出，今年网络提速降费要迈出更大步伐，年内全部取消手机国内长途和漫游费。
- 7月27日，中国电信董事长杨杰在天翼智能生态产业高峰论坛上表示，中国电信将全面取消国内长途和漫游费用。
- 8月30日，三大运营商宣布自2017年9月1日起，全面取消手机用户国内长途和漫游费（不含港澳台地区），比原计划的10月1日提前一个月完成。

分级诊疗

中国特色基本医疗制度之首

所谓分级诊疗制度，就是按照疾病的轻重缓急及治疗的难易程度进行分级，不同级别的医疗机构承担不同疾病的治疗。建立分级诊疗制度，是合理配置医疗资源、促进基本医疗卫生服务均等化的重要举措，是深化医药卫生体制改革、建立中国特色基本医疗卫生制度的重要内容，对于促进医药卫生事业长远健康发展、提高人民健康水平、保障和改善民生具有重要意义。

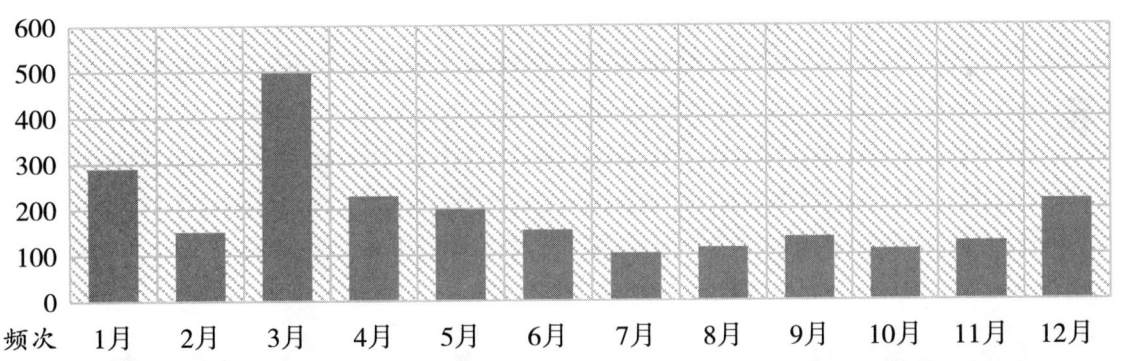

2017年"分级诊疗"媒体关注度逐月分布

2017年最受媒体关注的"分级诊疗"相关新闻

- 1月，中共中央政治局委员、国务院副总理刘延东考察北京市基层医疗卫生工作，强调扎实推进分级诊疗。
- 3月，分级诊疗试点和家庭签约服务扩大到85%以上地市。
- 12月，分级诊疗体系初步建立，以基层为重点，配置医疗资源，80%以上的居民15分钟内就能到达最近的医疗点。

跨省就医

异地结算不是梦

跨省就医也可称为异地就医，即参保人在其参保统筹地区以外发生的就医行为。异地就医问题由来已久，原因是医疗服务的享受者和费用支付者不是同一主体，人员参保地和医疗服务发生地不是同一地区。2017年开始逐步解决跨省异地安置退休人员住院医疗费用直接结算问题，年底扩大到符合转诊规定人员的异地就医住院医疗费用直接结算。跨省就医及时结报，免去了人员往返的麻烦，减少了医疗费用的支出，是一项切实惠及民生之举。

2017年"跨省就医"媒体关注度逐月分布

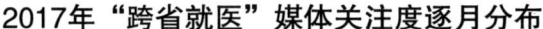

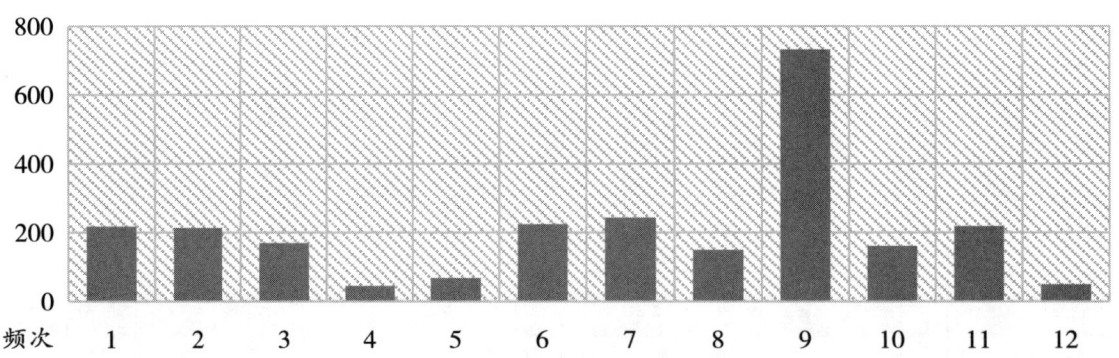

2017年最受媒体关注的"跨省就医"相关新闻

- 7月，截至本月19日，全国已有4,055家医疗机构开通跨省异地就医住院医疗费用直接结算。
- 9月，全国首批第三代社保卡发放，标志着我国跨省异地就医住院医疗费用直接结算成为现实。

共有产权房

低收入群体不再无家可归

共有产权房，是地方政府让渡部分土地出让收益，然后低价配售给符合条件的保障对象家庭所建的房屋。保障对象与地方政府签订合同，约定双方的产权份额以及保障房将来上市交易的条件和所得价款的分配份额。即中低收入住房困难家庭购房时，可按个人与政府的出资比例，共同拥有房屋产权。房屋产权可由政府和市民平分，市民可向政府"赎回"产权。产权分割降低了房价，圆了一部分低收入群体的"安居梦"，但如何确保将政策落到实处，最大限度保障人民利益仍然是关键所在。

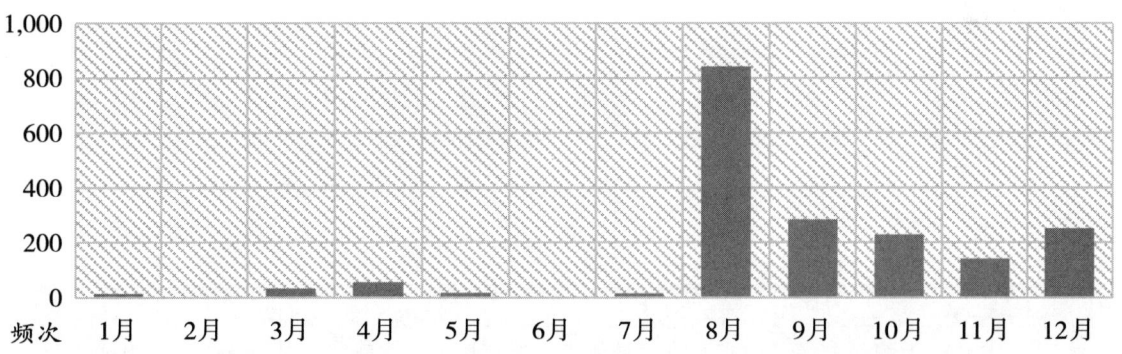

2017年"共有产权房"媒体关注度逐月分布

2017年最受媒体关注的"共有产权房"相关新闻

- 8月，北京市出台共有产权住房配套措施。
- 9月，北京自住房项目累计入市93个，共计8.5万套，已销售6.2万套，剩余的2.3万套和未来要建设的20多万套自住房都要转为共有产权房。
- 12月，政府在部分一、二线城市开设房屋租赁的试点，北京也开设了共有产权房的试点。

租购同权

大城市变得更加友善

所谓租购同权，实际上是一种对租房者的确权，让符合条件的承租人子女享有就近入学等社会公共服务权益。2017年7月17日下午，广州市政府正式发布的《广州市人民政府办公厅关于印发广州市加快发展住房租赁市场工作方案的通知》明确规定，赋予符合条件的承租人子女就近入学等公共服务权益，保障租购同权。住房租赁市场的有序、快速发展，或许能够给租房者带来更多的安全感和认同感，尽管现阶段，在一些人口大规模流入的城市完全做到租购同权还不太现实，但租房确权本身代表着城市变得更加友善。

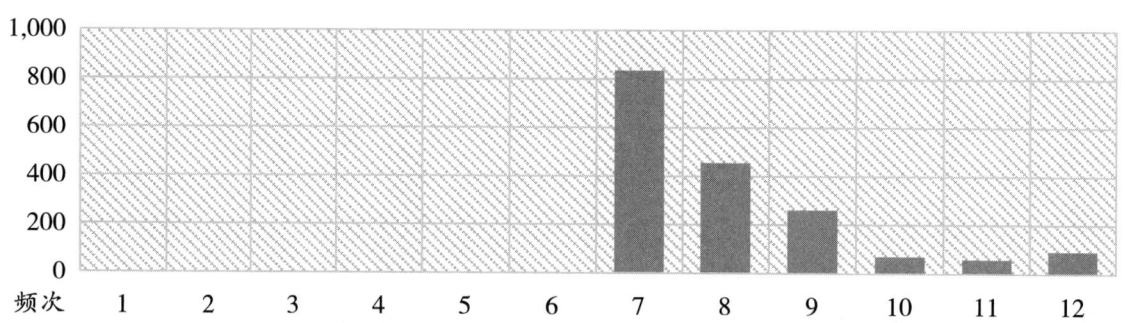

2017年"租购同权"媒体关注度逐月分布

2017年最受媒体关注的"租购同权"相关新闻

- 7月，广州市政府公布《广州市加快发展住房租赁市场工作方案》，其中首次以政府文件形式提出保障租购同权。
- 8月10日，链家研究院院长杨现领在网易经济学家年会夏季论坛上呼吁，各界应当分层次地看待租购同权的"权"。
- 9月以来，倡导租购同权以及租售并举的政策不断出台，对平抑房价以及打击"炒房"有明显作用。

"多证合一"

一证在手，走遍天下都不怕

"多证合一"指的是证照整合改革，目的是实现企业"一照一码"走天下。2017年4月，国务院常务会议审议通过《关于加快推进"多证合一"改革的指导意见》。2017年4月28日，国家工商行政管理总局表示，要求2017年10月底前，在全国全面推行"多证合一"。除了企业外，和"三证合一""五证合一"相比，"多证合一"将个体工商户也纳入改革范围。在"一表申请、一窗受理、信息共享、核发一照"的基础上，又将企业住房公积金缴存登记等多项涉企证照纳入"多证合一"登记。"多证合一"改革的目的是使企业在办理营业执照以后，不再经历后面复杂的审批环节，迅速达到可以生产经营的状态。

2017年"多证合一"媒体关注度逐月分布

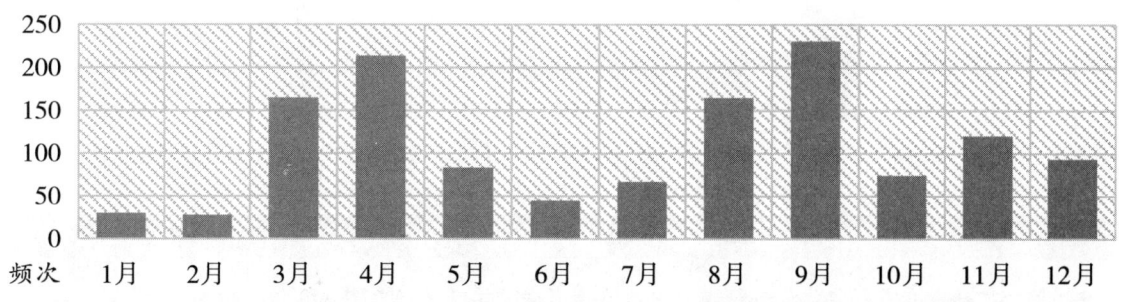

2017年最受媒体关注的"多证合一"相关新闻

- 4月26日，国务院总理李克强主持召开国务院常务会议，确定进一步推进"多证合一"和削减工商登记前置审批，持续降低制度性交易成本，激发市场活力。
- 9月，多个省市开始陆续实施"多证合一"改革。

医药分开

医是医，药是药，从"连体婴"成长为独立的个体

医药分开就是医治和用药分开，医只是医治，药不随医，降低医疗费用。医药分开是医药卫生体制改革的核心内容之一，是为了改变"以药养医"现状的重要举措，戳到了群众"看病难、看病贵"的痛处。2017年3月23日，北京市人民政府印发《医药分开综合改革实施方案》，提出八大重点改革任务，北京所有公立医疗机构都将取消挂号费、诊疗费，取消药品加成，设立医事服务费。

2017年"医药分开"媒体关注度逐月分布

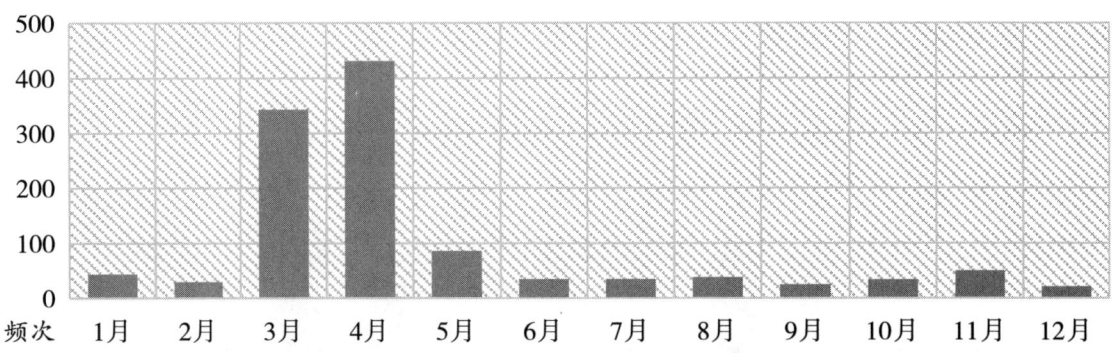

2017年最受媒体关注的"医药分开"相关新闻

- 3月，北京推行医药分开综合改革，此次改革在全市范围内同步推行。
- 4月，北京市医药分开政策正式实施。
- 5月，北京市医药分开综合改革实施后，分级诊疗效果初显，参与医改的公立医院医疗服务逐步提升。

居民身份证异地办理

身份证办理消除地域限制，群众免受奔波之苦

居民身份证异地办理，指离开常住户口所在地到其他省（自治区、直辖市）合法稳定就业、就学、居住的公民，本人到居住地公安机关居民身份证异地受理点申请换领、补领居民身份证。申请换领的交验居民身份证，申请补领的交验居民户口簿或居住证，凭领证回执到异地受理点领取证件。2017年7月1日，全国全面实施居民身份证异地受理、挂失申报和丢失招领"三项制度"。

2017年"居民身份证异地办理"媒体关注度逐月分布

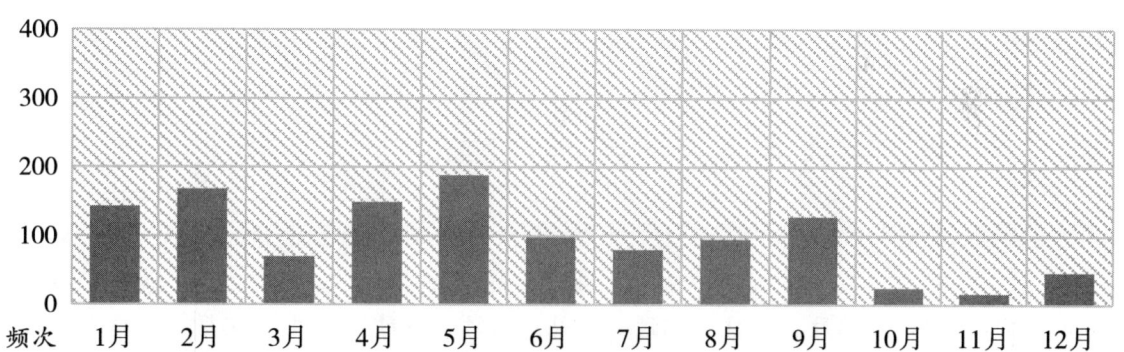

2017年最受媒体关注的"居民身份证异地办理"相关新闻

- 2月，全国31个省（自治区、直辖市）在已实现省内身份证异地办理的基础上，在大中城市和有条件的县市都已开展对其他各省（自治区、直辖市）身份证的异地办理工作。
- 4月27日，公安部部署全国公安机关深入推进农业转移人口市民化等"三项制度"，确保今年7月1日在全国全面实施居民身份证异地办理。
- 5月，全国异地办理居民身份证668万张，共设立挂失申报和丢失招领窗口3.8万个，基本覆盖全国户籍派出所和户政办事大厅。

"北向通"

中国金融对外开放的重要一步

"北向通"指中国香港及其他国家与地区的境外投资者，经由香港与内地基础设施机构之间在交易、托管、结算等方面互联互通的机制安排，投资内地银行间债券市场，隶属于"债券通"的一部分。2017年7月2日，中国人民银行与香港金融管理局发布公告，决定批准香港与内地"债券通"上线。其中，"北向通"于2017年7月3日上线试运行。"北向通"是中国债券市场对外开放的重要举措之一，对促进资本流入、提升货币职能和改善信用环境具有重要作用。

2017年"北向通"媒体关注度逐月分布

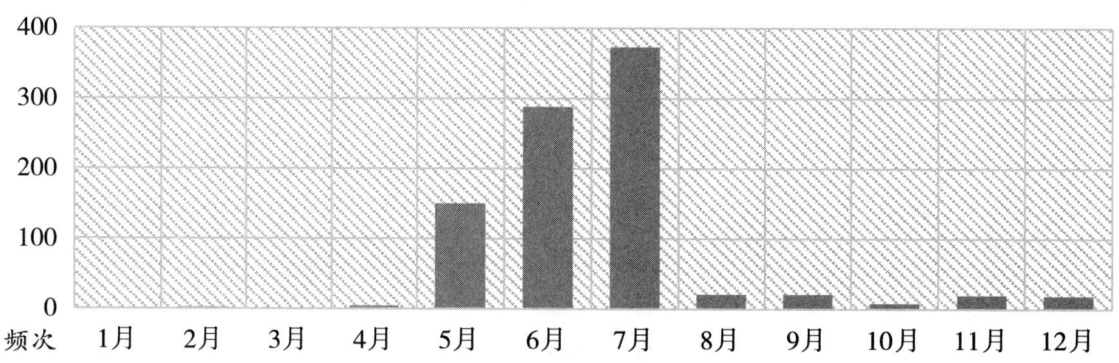

2017年最受媒体关注的"北向通"相关新闻

- 5月16日，中国人民银行与香港金融管理局联合发文批准"债券通"实施，初期先开通"北向通"，且不设投资额度限制。
- 6月21日，中国人民银行公布《内地与香港债券市场互联互通合作管理暂行办法》，"北向通"正式开通在即。
- 7月2日，中国人民银行发布公告宣布，"北向通"于7月3日开通，内地与香港"债券通"正式落地。

隐私面单

再也不用手撕快递单了

隐私面单指消费者的信息通过技术处理，不显示在快递面单上，同时在后台进行加密处理，快递员只能通过App联系收件人，旨在保护消费者个人信息免遭泄露。隐私面单是平衡实名制与个人隐私之间矛盾的一个重要技术手段。现如今，隐私面单已成为许多快递公司的选择。比如顺丰的"丰密面单"、京东的"微笑面单"、圆通的"隐形面单"等，菜鸟网络也联合EMS、百世快递、中通快递、申通快递等主要快递公司共同推动使用隐私面单。

2017年"隐私面单"媒体关注度逐月分布

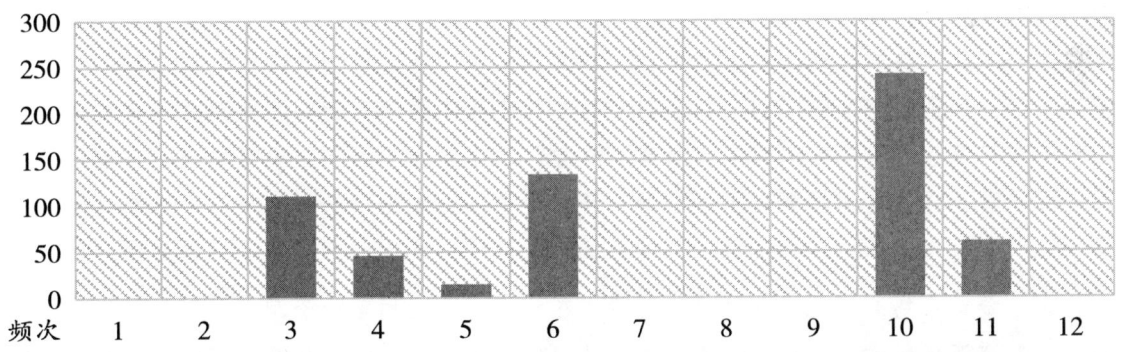

2017年最受媒体关注的"隐私面单"相关新闻

- 3月23号，首批启用隐私面单的包裹发往新疆、青海、甘肃、陕西、宁夏。
- 6月，"6·18"电商大促期间，出现了部分隐藏客户信息的隐私面单又恢复成普通面单的现象。
- 10月，各物流企业纷纷推出隐私面单，实现收寄件人姓名、手机、地址的全面隐藏或加密化。

2017年中国媒体关注度最高的十大共享经济

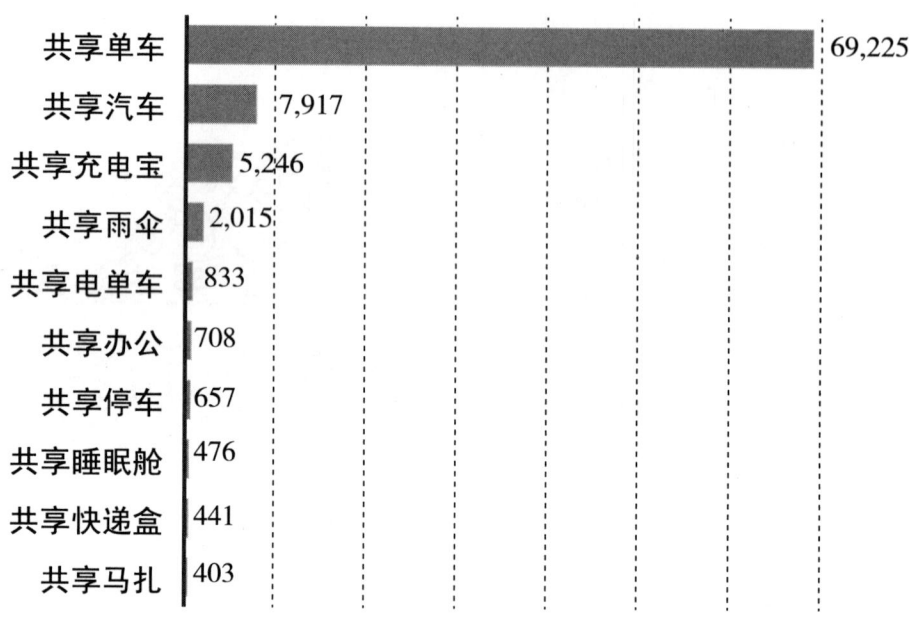

2017年中国媒体关注度最高的十大共享经济是指在2017年中国媒体上出现次数最多的共享经济产品。

2017年，共享产品越来越多地进入大众的生活之中，仿佛一夜之间我们就进入了"共享时代"。出门有随处可见的"共享单车"，只要用手机简单一扫，随时随地就可踏上行程；手机没电了，有到处可见的"共享充电宝"，无须为手机剩余电量焦虑；下雨了没带伞，不用着急，路边的"共享雨伞"随时欢迎取用；停车有"共享车位"，办公可以"共享办公"，甚至出门在外睡眠不足，"共享睡眠舱"随时可以供人小憩……共享经济一夜之间成了资本市场的宠儿。共享经济的实质在于将平日里闲置的资源出租以获得收益，这样无论是资源提供方还是需求方都可以在共享模式中得到收益。但是共享的本质在于闲置的资源，现实需求的解决不代表共享经济的真正落地，尽管共享经济在互联网时代为我们的日常生活创造了便利，但共享还是租赁，这需要我们的共享产品在未来给出一个更好的回答。

共享经济是2017年一大亮眼的色彩，尤其是共享单车的出现，为我们的短距离出行提供了极大的便利。但是随着时间的推移，泡沫终将褪去，我们所期待的还是互联网泡沫背后为生活提供的真正价值。

共享单车

要想"骑"好，必须"管"好

共享单车指企业在各种公共场所投放公用自行车辆，供公众进行短时租赁，是移动互联网时代共享经济的代表之一。其实质是一种新型自行车租赁业务，主要依靠载体为采用物联网和App技术的自行车，可以较好地满足城市交通短距离出行需求。

2017年"共享单车"媒体关注度逐月分布

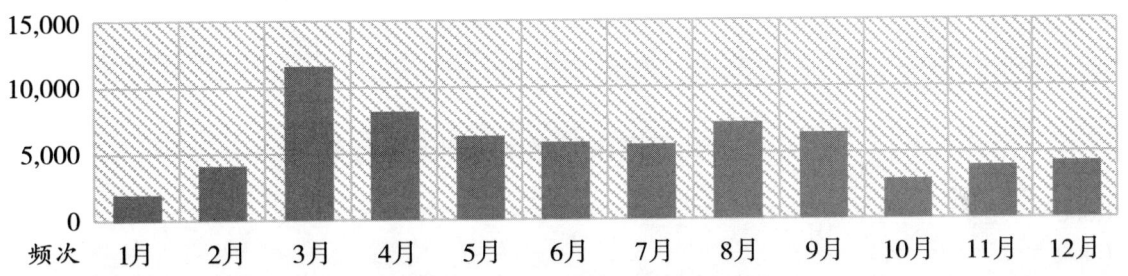

2017年最受媒体关注的"共享单车"相关新闻

- 3月，全球第一大智能共享单车平台摩拜单车与腾讯联合宣布，双方战略合作全面升级，摩拜单车将全方位接入全球第一大移动社交网络服务——微信。
- 4月，北京市交通委公布《北京市鼓励规范发展共享自行车的指导意见(试行)(征求意见稿)》，提出北京市鼓励发展共享单车，但要进行总量控制等。
- 8月，上海市交通委日前宣布，暂停共享单车新增投放。

共享汽车

出行新选择

共享汽车，继共享单车在各大城市风靡后，逐渐出现于北京、上海、广州、重庆、成都、武汉、杭州等十余个大中城市。车辆的使用人员在短时间内对车辆只有使用权，而不具备所有权。共享汽车实际上是一种汽车的短时租赁服务。消费者可以通过手机下单租用共享汽车，随叫随走，十分便捷。这种出行方式有助于缓解城市交通问题，降低公路的保养成本，减少空气污染，具有一定的环保意义。

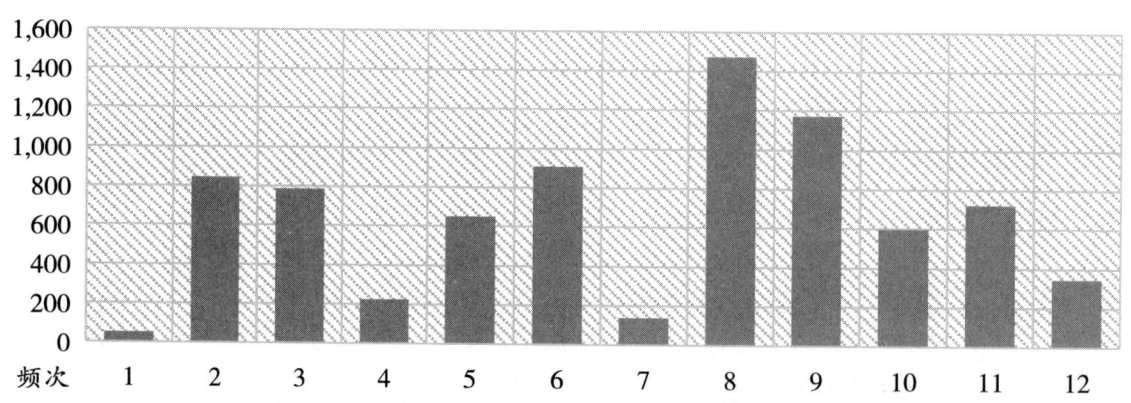

2017年"共享汽车"媒体关注度逐月分布

2017年最受媒体关注的"共享汽车"相关新闻

- 8月，青岛一名租用共享汽车的男子肇事逃逸。
- 9月，共享汽车"抢滩"临沂市场。

共享充电宝

电子设备加油站

共享充电宝即共享充电租赁设备，一定程度上解决了电子设备出门的续航难问题。用户只要扫描设备屏幕上的二维码，凭借芝麻信用分或支付相应押金即可租用，押金可待使用完毕归还成功后原路退回。租借的充电宝1小时内免费使用，超过1小时后1元/小时，当日10元封顶。

2017年"共享充电宝"媒体关注度逐月分布

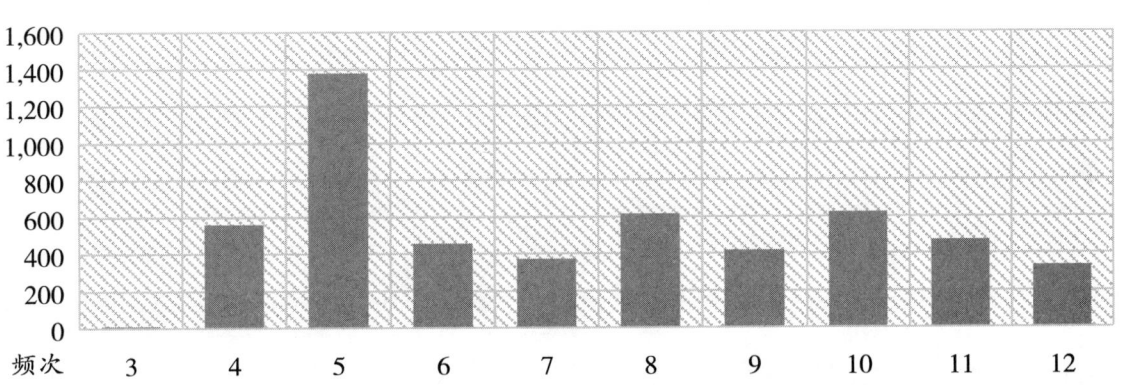

2017年最受媒体关注的"共享充电宝"相关新闻

- 5月，王思聪发朋友圈"怒怼"共享充电宝项目。
- 8月，怪兽充电宣布获得亿元A轮融资，高瓴资本领投。
- 10月，共享充电宝首现出局者，乐电宣布回收所有共享设备。

共享雨伞

出门无须看天气

共享雨伞同共享单车一样，是共享经济的一种新产品，是企业在公共场所提供雨伞的共享服务。用户只需要扫描二维码就可以直接借伞。这种方式方便快捷，解决了很多人下雨却没有带伞的麻烦。2017年年初，国内共享雨伞逐渐崭露头角，在广州、深圳等地开始运营，为人们的生活带来极大的便利。

2017年"共享雨伞"媒体关注度逐月分布

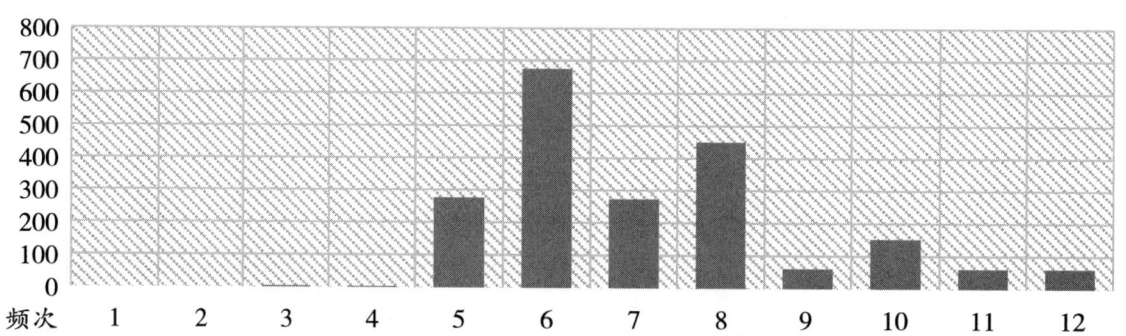

2017年最受媒体关注的"共享雨伞"相关新闻

- 6月，"共享e伞"仅6月就新投放近10个城市。
- 8月，从共享充电宝、共享雨伞，到后来的共享健身仓、共享空调，披着"共享"外衣的项目层出不穷。

共享电单车

短途新选择

共享电单车类似于共享单车,是一种新型交通工具,用户可以通过扫码开锁,共享出行,是共享经济的新成果。共享电单车起步于校园与景区,早期因运营范围较小而未受到太多关注。但继共享单车、共享汽车后,电单车的共享模式也进入人们的日常生活中。一系列从事电单车租赁的公司逐渐浮出水面,一些传统电单车供应商也逐步进入共享出行领域。

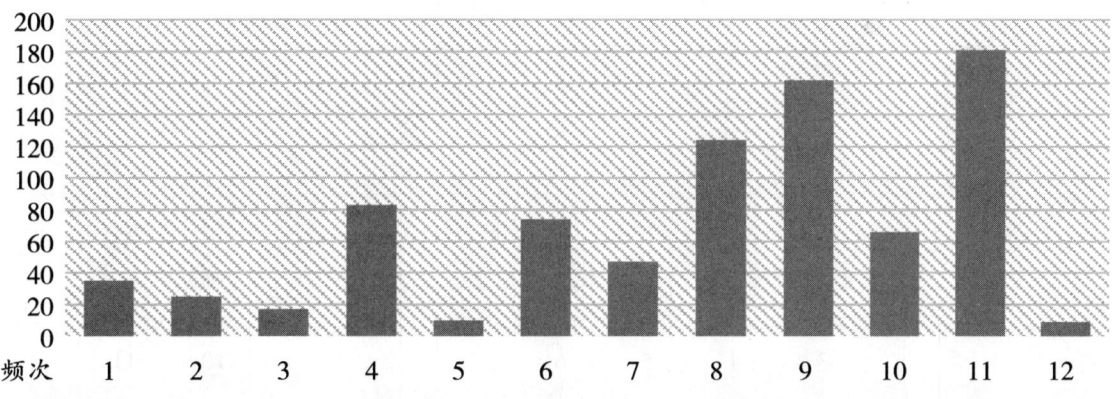

2017年"共享电单车"媒体关注度逐月分布

2017年最受媒体关注的"共享电单车"相关新闻

- 8月,共享电单车亮相杭州街头。
- 9月,交通部:不鼓励发展共享电单车。
- 11月,共享电单车行业凛冬来袭。

共享办公

空间利用新模式

共享办公是共享经济的又一大新产品，办公空间后勤服务、商务服务高度完善，办公人员拎包即可入驻办公，是移动互联网时代小型企业运行的诸多选择之一。共享办公可以降低用户的成本开支并提高运营效率，满足了小型企业对于办公用地的需求，也减轻了这些公司的资金运营压力。

2017年"共享办公"媒体关注度逐月分布

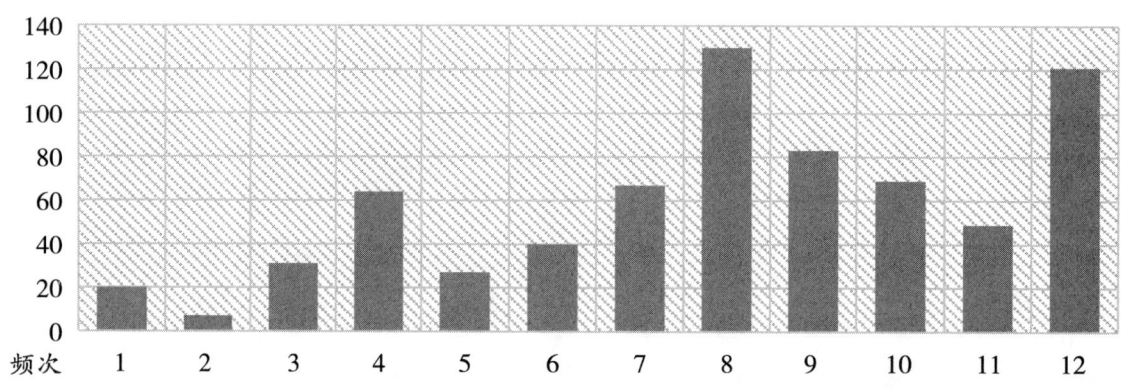

2017年最受媒体关注的"共享办公"相关新闻

- 8月，共享办公模式将向更多城市拓展。
- 12月，世服宏图在中国打造共享办公空间。

共享停车

整合空间新方法

停车难一直是城市车主的烦恼，随着机动车数量的上升，人们对于停车空间的需求不断增加，而现有车位往往无法满足停车需求。2017年，随着共享单车、共享汽车之后，共享停车也进入人们的视野。2017年，北京、上海等城市在各自地方停车管理条例或规定中提出，鼓励发展共享停车的城市停车空间利用模式，允许一些单位及个人通过互联网平台将所属停车位进行共享使用。

2017年"共享停车"媒体关注度逐月分布

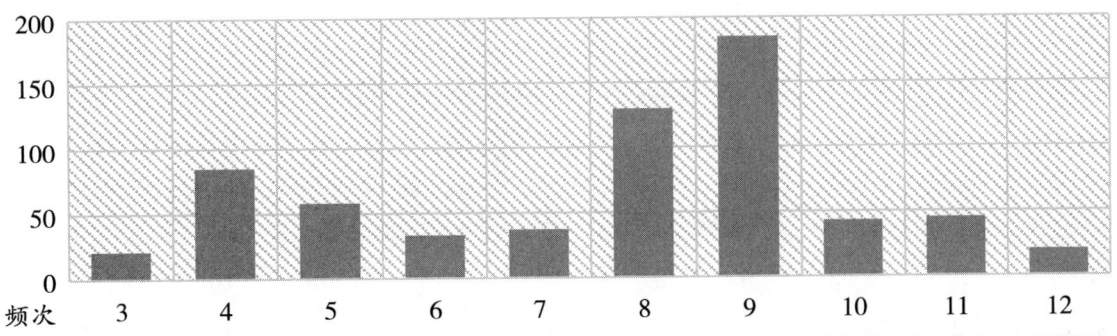

2017年最受媒体关注的"共享停车"相关新闻

- 8月，青岛试水共享停车，通过移动平台分时出租车位。
- 9月，青岛推广共享停车，上万车位可共享。

共享睡眠舱

迷你旅馆

共享睡眠舱类似于太空舱,通过计时付费的形式提供短时休息住宿服务。睡眠舱长约2.1米、宽约0.9米、高约0.9米,入住无须登记身份证等相关信息,只要使用手机进行简单的注册扫码后即可入住休息。由于该业务属于旅馆/宾馆相关业务,经营者应向属地公安机关申请办理旅馆业特种行业许可证;同时根据相关消防法等法规,经营者须通过相应行政审批以及备案手续,避免消防方面存在安全隐患。

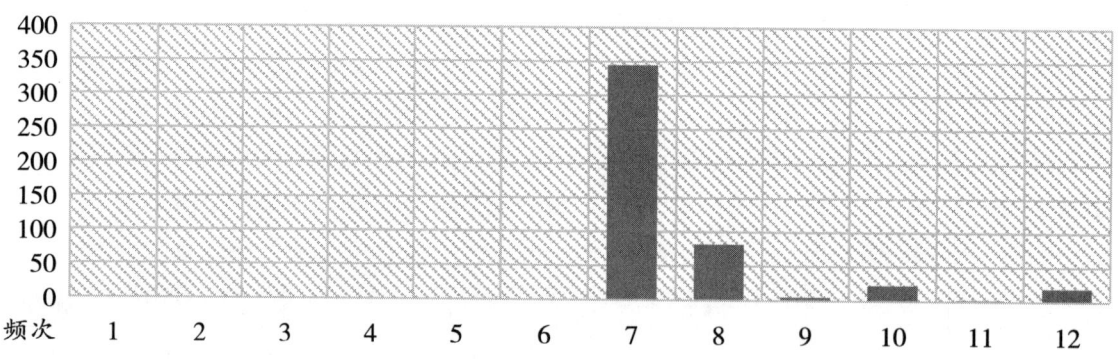

2017年"共享睡眠舱"媒体关注度逐月分布

2017年最受媒体关注的"共享睡眠舱"相关新闻

- 7月,在北京、上海等地昙花一现的共享睡眠舱刷"爆"网络。
- 8月,共享睡眠舱被紧急叫停。

共享快递盒

网购时代的环保选择

随着电商行业的发展，物流快递业异军突起，寄送快递所使用的包装盒增加了环保方面的压力，大量难以降解的包装材料、一次性使用的纸壳不仅造成了环境污染，也造成了资源浪费。共享快递盒通过共享包装的方式降低了使用成本，减少了资源浪费，具有较大的环保意义。

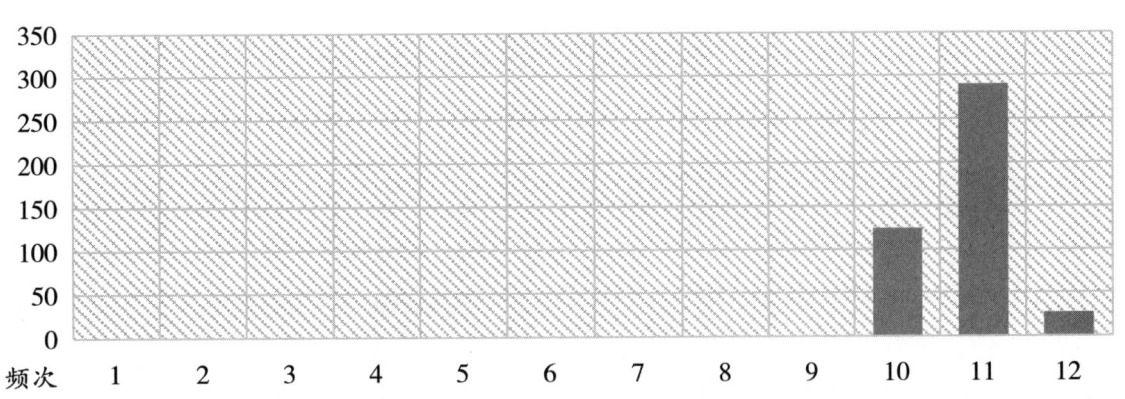

2017年"共享快递盒"媒体关注度逐月分布

2017年最受媒体关注的"共享快递盒"相关新闻

- 10月，电商"双11"期间，预计20万个共享快递盒将在全国13个城市投入使用。
- 11月，国家发改委表示将推进电商物流标准化，推广共享快递盒等可循环物流设施。

共享马扎

共享经济的迷思

2017年，随着共享经济一词的不断升温，共享马扎突然出现在人们的生活中。这些马扎被安放在各大公交站点，无须注册，只要扫一扫马扎上的二维码即可免费使用。但不到一天时间，摆放的十多个马扎只剩下4个。至于这到底是广告推广还是共享经济的新形态，似乎还有待商榷。

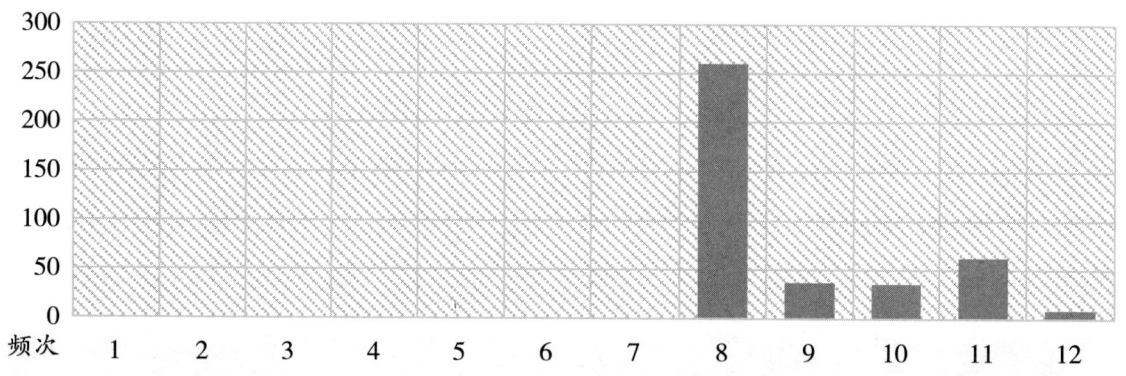

2017年"共享马扎"媒体关注度逐月分布

2017年最受媒体关注的"共享马扎"相关新闻

- 8月，共享概念有被滥用之势，北京街头涌现共享马扎。
- 11月，共享马扎、共享雨伞等五花八门的共享项目粉墨登场，其无非披上了一件新的马甲，终究掩盖不住"伪共享"的本质。

2017年中国媒体关注度最高的十大科技

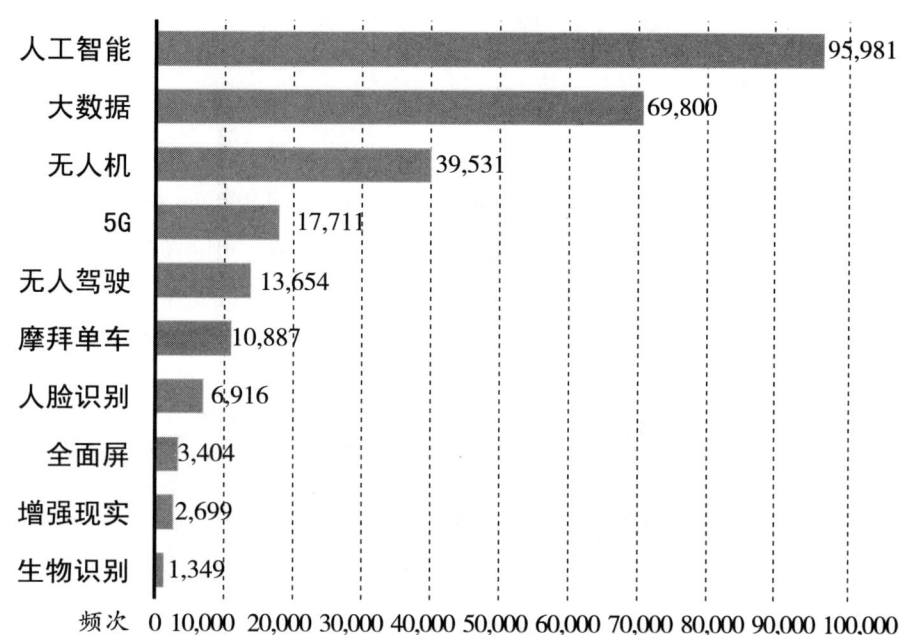

　　2017年中国媒体关注度最高的十大科技是指在2017年的中国媒体上出现次数最多的科技关键词。

　　2017年是以人工智能发展为主,各项科技竞相绽放的一年。这一年,国务院印发并实施《新一代人工智能发展规划》,抢抓人工智能发展的重大战略机遇,构筑我国人工智能发展的先发优势,加快建设创新型国家和世界科技强国;这一年,人工智能渗透到各领域,无人驾驶汽车模拟人的驾驶,借助传感系统和识别系统纷纷上路;生物识别不仅为人类辨别身份提供了标准特征,在未来也将是人工智能机器人的"眼睛"。5G的开发研制将给大众带来飞一般的网速,而全面屏逐渐普及,人们更是可以随时随地在手机上享受大屏的视觉体验;人脸识别又给手机加了一把特别的"锁",人们通过自己的脸解锁手机,让自己的隐私更加安全,使用也更加方便。无人机开展实名制,在天空自由飞翔的同时也不能侵犯他人的自由和扰乱正常的秩序;芸芸众生的大数据共同构成这个社会的"晴雨表",大数据分析更加生动地反映了人们的生活节奏和生活状态。增强现实进一步连接了虚拟世界和现实世界,两个世界之间的互动给人们带来了更多的乐趣;摩拜单车为人们出行的"最后一公里"提供便利。

　　2017年充分地体现出"科技让生活更美好",相信在未来,人们的生活会更加便利,更加精彩。

人工智能

模拟人类智慧

人工智能（Artificial Intelligence），英文缩写为AI。它是研究、开发用于模拟、延伸和扩展人的智能的理论、方法、技术及应用系统的一门新的技术科学。人工智能是计算机科学的一个分支，它试图了解智能的实质，模拟人的意识、思维的信息过程。该领域的研究包括机器人、语音识别、图像识别、自然语言处理和专家系统等。

2017年"人工智能"媒体关注度逐月分布

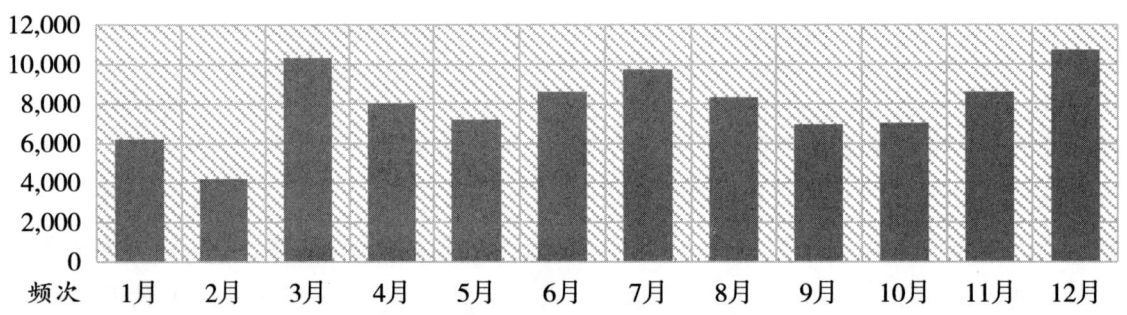

2017年最受媒体关注的"人工智能"相关新闻

- 3月，广州举办2017中国机场服务大会，其间，向中外旅客展示人工智能与机场服务相结合的先进技术。
- 7月，国务院印发并实施《新一代人工智能发展规划》，抢抓人工智能发展的重大战略机遇，构筑我国人工智能发展的先发优势，加快建设创新型国家和世界科技强国。
- 12月，"世界互联网领先科技成果发布活动"在乌镇举行，业内人士、专家围绕分享经济、人工智能、互联网精准扶贫、数字丝绸之路、未成年人网络保护、国际合作等前沿热点进行了一轮又一轮观点的交流。

大数据

社会动态的"晴雨表"

大数据即巨量数据集合，指无法在一定时间范围内用常规软件工具进行捕捉、管理和处理的数据集合，是需要新处理模式才能具有更强的决策力、洞察发现力和流程优化能力的海量、高增长率和多样化的信息资产，具有海量的数据规模、快速的数据流转、多样的数据类型和价值密度低四大特征。通过采集和分析相关大数据，可以较全面地反映社会动态，及时解析问题和缺陷，为社会发展规划提供依据。

2017年"大数据"媒体关注度逐月分布

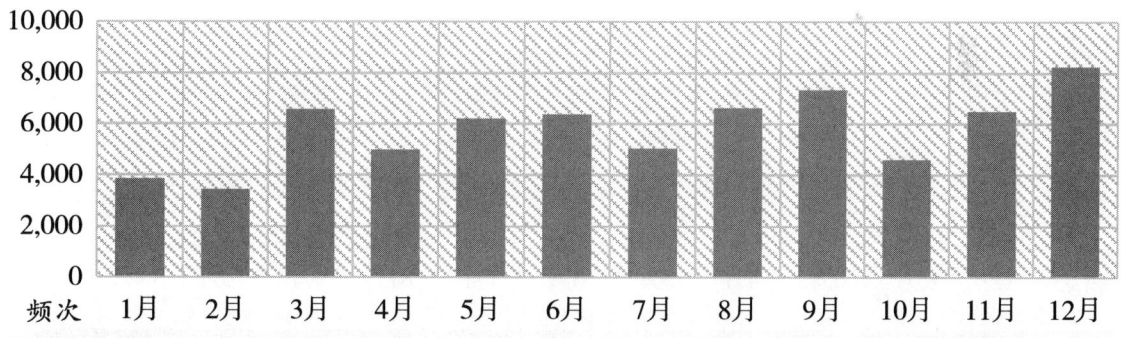

2017年最受媒体关注的"大数据"相关新闻

- 9月，全国各省份完成全民参保登记数据库与国家级全民参保登记数据库联网和数据上传，建成社保系统的大数据平台，在10月底前完成入户调查登记任务。
- 12月，习近平在中共中央政治局第二次集体学习时强调，审时度势、精心谋划、超前布局、力争主动，实施国家大数据战略，加快建设数字中国。

无人机

运筹帷幄于千里之外

无人机是"无人驾驶飞机"的简称,是利用无线电遥控设备和自备的程序控制装置操纵的不载人飞机,或者由车载计算机完全地或间歇地、自主地操作。按应用领域,可分为军用与民用。军用方面,无人机分为侦察机和靶机。民用方面,目前应用于航拍、农业、植保、微型自拍、快递运输、灾难救援、观察野生动物、监控传染病、测绘、新闻报道、电力巡检、救灾、影视拍摄等领域,大大拓展了无人机的用途。

2017年"无人机"媒体关注度逐月分布

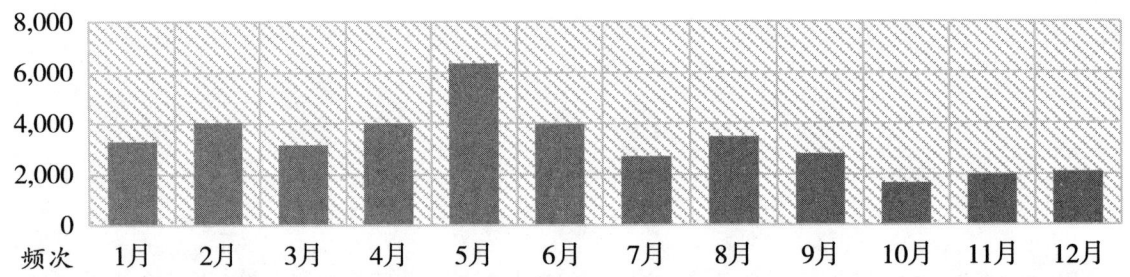

2017年最受媒体关注的"无人机"相关新闻

- 2月,在广州首家民用无人机驾校——中科大智无人机教育广州中心的一处空旷的草地上,教练员正指导数十名学员进行与民用无人机驾驶员考试相关的飞行训练。
- 4月,成都双流国际机场频频发生无人机干扰民航事件,最严重的是4月21日下午3个小时内,双流机场共遭遇四个架次违规无人机干扰,导致58个航班迫降西安等地机场,超过一万名旅客滞留机场。
- 5月,据测算,到2020年,我国无人机行业的市场规模可能达到近800亿元。

5G

移动通信技术再升级

5G即第五代移动通信技术，是4G的延伸。它具有更高的速率、更宽的带宽，理论下行速度为10Gb/s，相当于下载速度1.25GB/s，而且具有更高的可靠性、更低的时延。我国的5G技术还在研发试验中，将分为5G关键技术试验、5G技术方案验证和5G系统验证三个阶段实施。2017年11月下旬工信部发布通知，正式启动5G技术研发试验第三阶段工作，力争于2018年年底前实现第三阶段试验基本目标。

2017年"5G"媒体关注度逐月分布

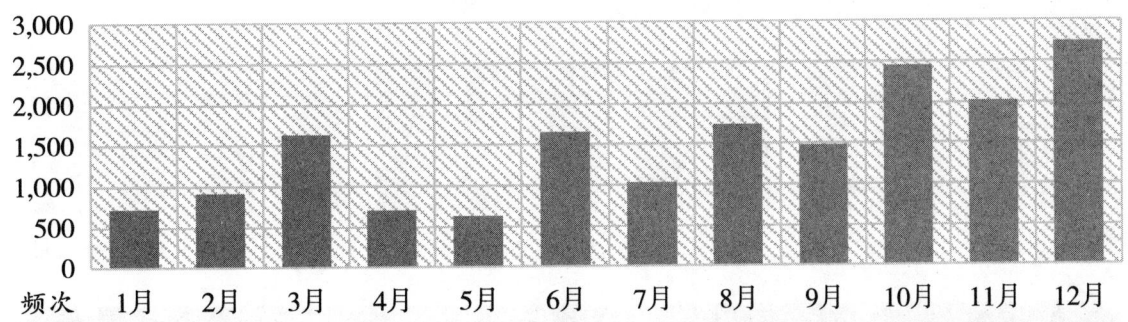

2017年最受媒体关注的"5G"相关新闻

- 10月，5G技术研发试验迎来第三阶段，将遵循5G国际标准，并基于面向商用的硬件平台，重点开展预商用设备的单站组网性能以及相关互联互通测试。
- 11月，工信部发布《关于第五代移动通信系统使用3300—3600MHz和4800—5000MHz频段相关事宜的通知》，确定5G中频频谱，能够兼顾系统覆盖和大容量的基本需求。
- 12月，在国际电信标准组织3GPP RAN第78次全体会议上，5G NR首发版本正式冻结并发布。

无人驾驶

智能汽车

无人驾驶通过车载传感系统感知道路环境，自动规划行车路线，并控制车辆到达预定目的地。无人驾驶集自动控制、体系结构、人工智能、视觉计算等众多技术于一体，是计算机科学、模式识别和智能控制技术高度发展的产物，也是衡量一个国家科研实力和工业水平的重要标准，在国防和国民经济领域具有广阔的应用前景。因此，无人驾驶逐渐成为科技热词，吸引了越来越多人的关注。

2017年"无人驾驶"媒体关注度逐月分布

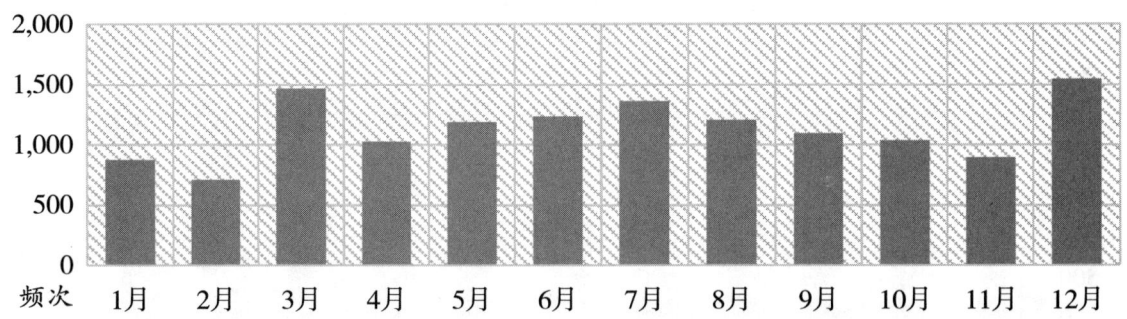

2017年最受媒体关注的"无人驾驶"相关新闻

- 3月，以"The NEXT 女大当'驾'无人车"为主题的英特尔无人驾驶分享会在北京举行。
- 7月，百度人工智能开发者大会在北京召开，百度公司首席执行官李彦宏乘坐无人驾驶汽车进入会场。
- 12月，大连海事大学举行2017年度科技创新大会，正式成立"无人驾驶船舶技术与系统协同创新研究院"，通过整合学校优势科研力量，联合国内重点企业和科研院所，重点围绕无人驾驶船舶高效设计与建造、船舶智能航行等7大方向，对无人驾驶船舶开展全面系统研究。

摩拜单车

"摩拜风"刮向全球

摩拜单车是无桩借还车模式的智能硬件。人们通过智能手机就能快速租用和归还一辆摩拜单车,是目前完成"最后一公里"的第一选择。截至2017年10月,摩拜单车已进入全球9个国家,超过180个城市,运营着超过700万辆智能共享单车,全球用户超过2亿,每天提供超过3,000万次骑行,是全球第一大互联网出行服务商。

2017年"摩拜单车"媒体关注度逐月分布

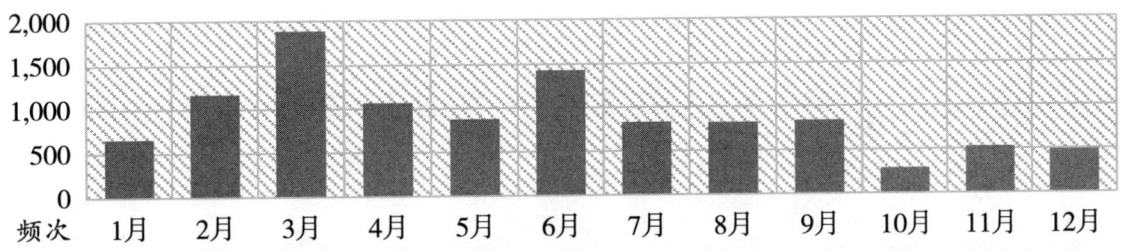

2017年最受媒体关注的"摩拜单车"相关新闻

- 2月,摩拜单车宣布与富士康达成投资生产战略合作,单车年产量预计增加560万辆。
- 3月,摩拜单车宣布在新加坡投入运营。
- 4月,摩拜单车已在海内外50大城市提供服务,车辆投放总数超过300万辆,其中北、上、广、深、蓉五大城市的投放量均已超过20万辆。
- 6月,摩拜单车宣布登陆英国曼彻斯特。

人脸识别

视觉智能

用摄像机或摄像头采集含有人脸的图像或视频流,自动在图像中检测和跟踪人脸,基于人的脸部特征信息,对检测到的人脸进行脸部识别的一系列相关技术,通常称为人脸识别,它属于生物特征识别技术,以生物体(一般特指人)本身的生物特征来区分生物体个体。人脸识别系统主要包括四个部分:人脸图像采集及检测、人脸图像预处理、人脸图像特征提取以及匹配与识别。通过人脸识别系统,可以远距离快速确认人员身份,实现智能预警,在社会管理和治安领域有十分广泛的应用。

2017年"人脸识别"媒体关注度逐月分布

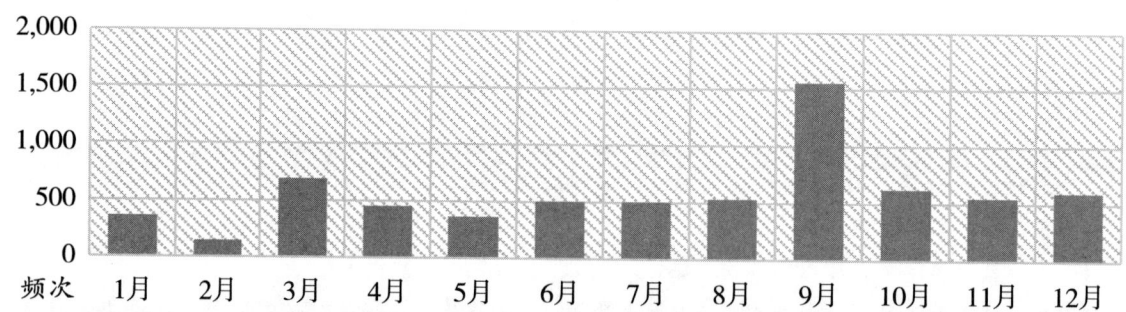

2017年最受媒体关注的"人脸识别"相关新闻

- 3月,北京天坛公园相关负责人介绍,近日天坛共安装6台"人脸识别厕纸机",分别设置在北门、南门、西门三座公厕。
- 9月,蚂蚁金服宣布向物流行业开放人脸识别技术,首批支持刷脸取件的自提柜已经在上海试点。

全面屏

大屏视觉享受

全面屏是手机业界对于超高屏占比手机设计的一个比较宽泛的定义。从字面上解释就是手机的正面全部都是屏幕，现在业内所说的全面屏手机是指真实屏占比可以达到80%以上，拥有超窄边框设计的手机。由于受限于目前的技术，业界宣称的全面屏手机还未做到手机正面屏占比100%。但全面屏提升了手机的颜值，让手机看上去更有科技感。另外，同样机身正面的面积可以容纳更大的屏幕，对于视觉体验有显著的提升。

2017年"全面屏"媒体关注度逐月分布

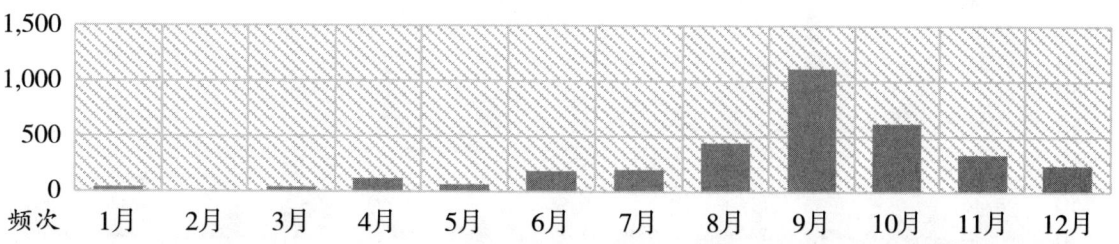

2017年最受媒体关注的"全面屏"相关新闻

- 8月，夏普发布的新款AQUOS S2手机采用5.5英寸的全面屏设计，屏占比为87.5%。
- 9月，国产全面屏手机集中上市。
- 10月，据咨询机构CINNO统计数据，全面屏在智能机市场的渗透率为6%，2018年会飙升至50%，后续逐步上升至2021年的93%。

增强现实

虚拟与现实的互动

为了将真实世界信息和虚拟世界信息"无缝"集成,把原本在现实世界的一定时间、空间范围内很难体验到的实体信息(声音、图像、味道、触觉等),通过电脑等科学技术,模拟仿真后再叠加,将虚拟的信息应用到真实世界,被人类感官所感知,从而达到超越现实的感官体验技术称为增强现实技术,简称AR(Augmented Reality)。它不仅展现了真实世界的信息,而且将虚拟的信息同时显示出来,使得虚拟世界可以套在现实世界中进行互动。

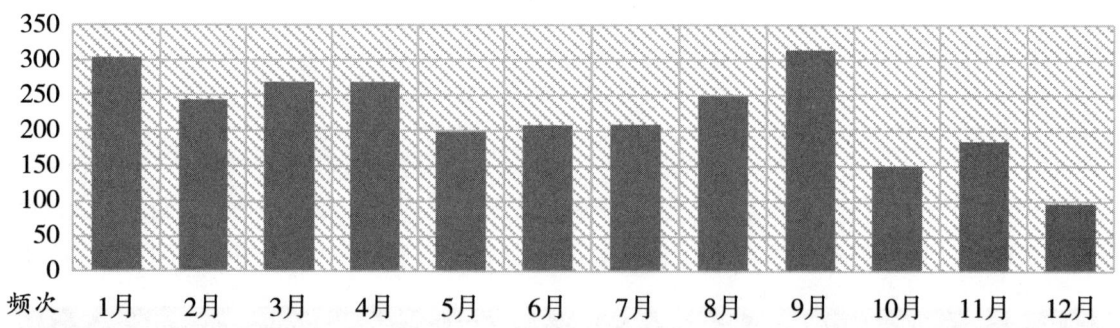

2017年最受媒体关注的"增强现实"相关新闻

- 1月,百度在北京宣布成立增强现实实验室,看好AR全新的人机互动模式。
- 9月,耐克宣布在巴黎旗舰店试点AR购物模式,运用AR技术,为消费者打造最时尚现代的购物体验——在购物架上展示虚拟的耐克运动鞋,用户可以近距离欣赏虚拟运动鞋,仔细看每一个设计细节,还可以通过店内提供的平板电脑,更改鞋子的颜色和样式。

生物识别

见微识人

通过计算机学、光学、声学、生物统计学原理和生物传感器等高科技手段，利用人体固有的生理特性，（如指纹、指静脉、人脸、虹膜等）和行为特征（如笔迹、声音、步态等）来进行个人身份的鉴定。这种技术称为生物识别技术，它比传统的身份鉴定方法更安全、保密、便捷。生物识别技术具备不易遗忘、防伪性能好、不易伪造或被盗、随身"携带"和随时随地可用等优点。越来越多的领域都开始关注并使用生物识别技术。

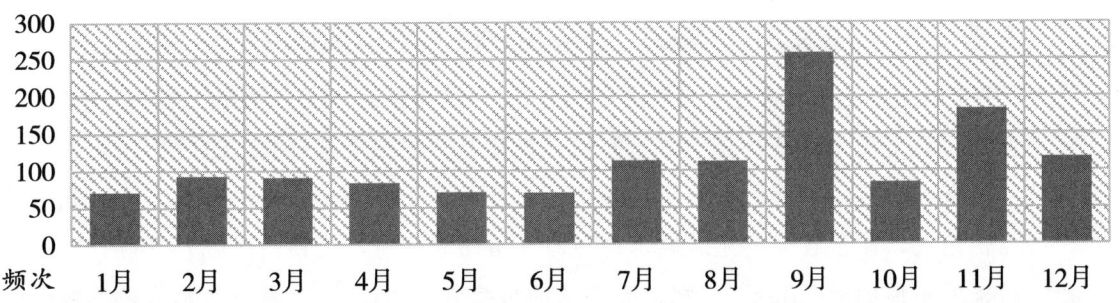

2017年"生物识别"媒体关注度逐月分布

2017年最受媒体关注的"生物识别"相关新闻

- 9月，中国农业银行在浙江等地推出可以"刷脸取款"的ATM设备，这是中国农业银行在ATM上应用生物识别技术的首次尝试。
- 11月，蚂蚁金服旗下金融级生物识别技术品牌ZOLOZ（蚂蚁佐罗）宣布研发成功眼纹识别技术。

2017年中国媒体使用最多的十大潮语

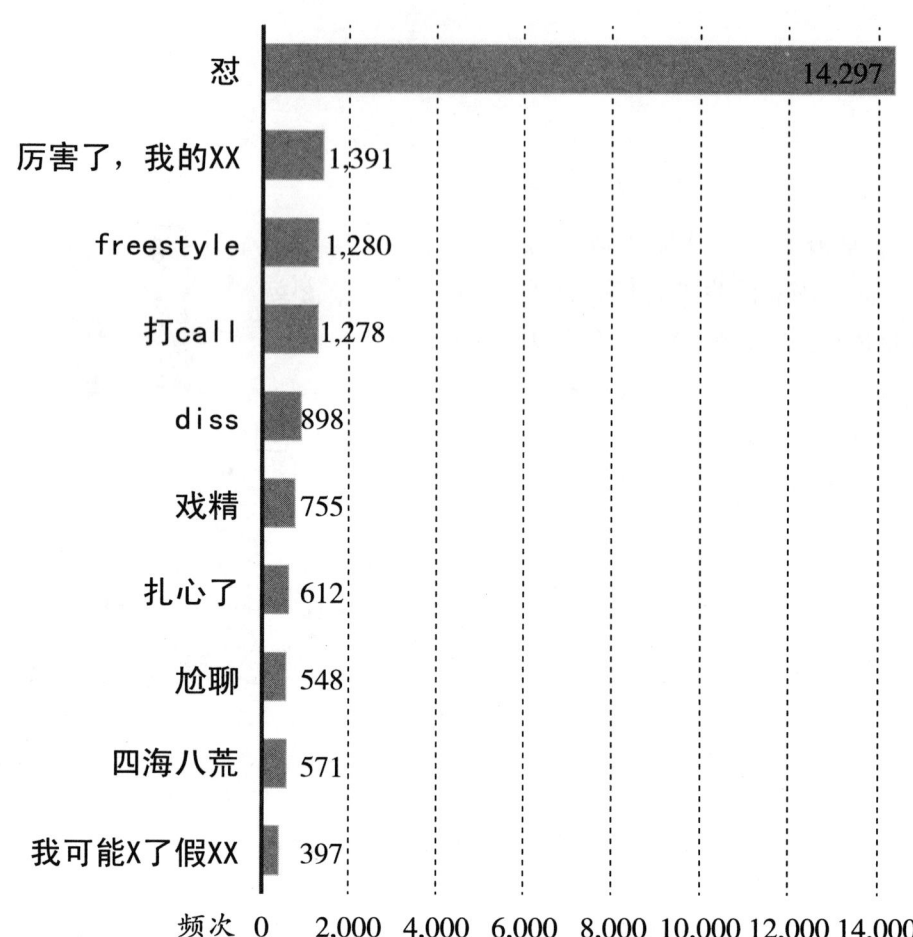

2017年中国媒体使用最多的十大潮语是指在2017年的中国媒体上出现最多的网络词语。

年度潮语的出现，大多得益于网民的创造和传播，它在展现网友创造力的同时，也普遍反映了大众的生活、情感、心理状况和处世态度，是社会真实情绪的另类表达。我们处在一个轻松愉快、敢于自嘲、充满娱乐精神的生活场景之中。"四海八荒"没有什么不敢"怼"的，看不惯的就"diss"一把，看得惯的就疯狂"打call"，每个人都越来越敢于表达自己的态度，既能活出自己的"freestyle"，也能分分钟成为"戏精"本精，真是"厉害了，我的网友们"！活出真我，释放个性正是最佳状态，否则"我们可能过了个假人生"。这些网络热词反映了流行文化，比如嘻哈文化、吐槽文化、自黑文化等，丰富了人们的网络语言，获得了圈层认同，避免"尬聊"从善用潮语开始吧！每个人都是潮语的创造者、参与者和使用者。我们用潮语轻松化解压力，把生活过成了表情包，而潮语也正是我们这个年度的表情包。

怼

抵触、埋怨、批评

2017年,《真正的男人》第二集中某班长教学时称"小怼小进步,大怼大进步,不怼不进步"引发网友热议。"怼"(读三声)作为网络用语是"骂、打、批评"的意思。"怼"字在《辞海》当中读四声,是怨怼、怨恨的意思,三声"怼"的读音和含义皆来源于河南方言,具有较强的口语色彩。网友意见不合的时候最容易互怼,怼的方式多种多样,可以用语言、表情包等方式表达自己的不同意见。

2017年媒体上的"怼"

- 《两只蚂蚁在路上》写尽了一对开出租车夫妇的嬉笑怒骂、你怨我怼以及破镜重圆。
- 果不其然,特朗普11日在大选获胜后首次记者会上,和CNN记者当场怼起来。
- 双方队员不惜互爆"黑料",搞笑互怼。
- 现在比较时兴"你怼过来,我给你怼回去",虽然看起来热闹,但终究无法弥合代际矛盾。

厉害了，我的××

发自内心的赞叹

"厉害了，我的国""厉害了，我的哥"在网络上随处可见，"厉害了，我的××"起源于某中学军训期间，教官没收一学生的手机之后以无人能挡的神技代其打完游戏，获赞"厉害了，我的哥"。后来被广泛地用于赞叹某人某事。荧屏上，港珠澳大桥、胡麻岭隧道、郑万铁路、移动支付、共享单车等大工程和新技术，不禁令人惊叹"厉害了，我的国！"人工智能技术的发展让语音生活助理在生活中上线；机器人在各大工厂的流水线作业中"上岗"；VR体验店走进各大商场，戴上它一秒就可以穿越到想要去的任何地方，让人不由惊呼"厉害了，我的高科技！"

2017年媒体上的"厉害了，我的××"

- 单说高铁出行、共享单车等新设施、新服务，便足以让国人感叹："厉害了，我的国！"
- 055大驱下水，厉害了，我的海军！
- 中国网民创造了一个网络潮语"厉害了，我的哥"，以表达他们对令人惊讶的人的赞叹。

freestyle

即兴发挥，自选动作

  2017年6月，freestyle因《中国有嘻哈》节目嘉宾吴亦凡发问而广为人知，翻译成中文就是自由式、自选动作、自由发挥的意思。该词常见于嘻哈文化之中，后受到网友热烈追捧，更有表情包爆红网络。"那一段精彩绝伦的freestyle立刻让Lord Finesse刮目相看。"希望大家都能活出自己的freestyle。

2017年媒体上的"freestyle"

- 今年国内选手进攻"套路"非常明显，希望这部短片可以帮助大家回忆一下自己真正需要加强的地方，也在赛场上带来更多属于自己的freestyle。
- Daniel 在淡出 freestyle世界投入说唱圈后，逐渐成为爱尔兰的代表，活跃在欧洲杯等各大赛事。
- 蛋堡"有求必应"，表演间隙还freestyle了一把，引发欢呼不断。

打call

支持你就为你疯狂"打call"

  2017年，你为谁疯狂"打call"了？这个词最早出自日本的应援文化，而后慢慢延伸到国内的粉丝圈并走红网络。其实"打call"在这里不是打电话的意思，而是为应援某人某事而发声，有呼喊、喊叫、加油打气的意思。粉丝为了表达对偶像的支持和鼓励，制造热烈的气氛，会跟着歌手一起演唱，挥舞荧光棒等，这些行为都是为偶像"打call"。

2017年媒体上的"打call"

- 电力"蜀黍"也搞"双11"，为农村经济转型打call。
- 宝妈刷到这条信息时，底下已有近万留言，前排全是粉丝晒的下单图，"买起来，嗨起来，为他打call！"
- 影片的无厘头喜剧风格感染全场，引得观众爆笑不断，影评人和普通观众集体为影片打call。

diss

看不惯你就diss你

  "diss"是英文单词Disrespect的缩写，是hip pop中一个重要的文化组成部分。《中国有嘻哈》从全民偶像选秀转型为中国嘻哈乐手的专属斗场，让观众在一夜之间知道了"freestyle""diss"等流行词语。diss在嘻哈文化中就是指一种Rapper用歌曲发泄不满情绪，攻击谩骂对手的现象。网友让diss从嘻哈文化延伸到日常生活之中，可谓"no diss, no love"。

2017年媒体上的"diss"

- 怪不得咱们微信粉丝怒气冲冲地diss"大唐农药"。
- 即便相互diss已经到了登峰造极的程度，哥哥对妹妹的疼爱可是这么多年都没有改变过的。
- 一上来就把前面的选手都diss一遍，小伙子口气不小。

戏精

人生在世，全靠演技

"戏精"一词由来已久，2007年演员陈冲获得"金马奖"影后，演技超群被赞"戏精"。不过近来该词爆红网络却逐渐带有贬义色彩，通常指某些人为博人眼球或者沽名钓誉而抢镜作秀，不过如果用在好友之间或者自嘲的情况下则又属于开玩笑，不带有贬义。该词走红之后，受到大家热烈追捧。如"戏精本精""戏精上身"等，真是人生如戏，全靠演技。

2017年媒体上的"戏精"

- 作为一个称得上"戏精"的老演员，李立群花了几乎所有的时间在剧本上。
- 除了抢座与吐槽，张绍刚还"戏精"上身，全程表演自己在车上睡觉，有时会靠在旁边乘客身上的状态。

扎心了

突然戳到心坎儿里去了

  2017年,你被"扎心了"吗?扎心的本意为可恨、痛心,或指肠胃受到刺激。然而网络上的"扎心了,老铁"意思是戳中内心痛处、突然被某件事情牵动。"深夜看着以前的旧日记还要听伤感情歌,扎心了,老铁。""单身还要陪朋友去选情人节礼物,真的扎心了。"

2017年媒体上的"扎心了"

- 合唱团团长金承志把这些人的困惑与彷徨写了出来,让人直呼"扎心了,老铁"。
- 薛之谦演唱会上高调表白前妻,这段话说得太扎心了。
- 扎心了,连富二代都这么努力,我们还有什么理由把钱存银行。

尬聊

聊天的气氛陷入冰点

  2017年,潮语"尬聊"走红网络,虽然聊天对很多人来说是一件简单的事,但是碰上一个不会聊天的,尤其是聊不下去还不得不聊,这种尴尬的聊天被网友称为"尬聊"。"让鹿晗、吴亦凡、白敬亭告诉你,什么是将'尬聊'进行到底。""不过有时候看惯了明星们一丝不苟的高情商采访,转而回顾一下这些'尬聊'还蛮有意思的。"通常情况下,"尬聊"一方不是不会聊,而是不想聊,没有心思回复。让我们珍惜友谊,避免"尬聊"。

2017年媒体上的"尬聊"

- 两人不善言辞,对话反复因"尬聊"中断,空气几度凝固。
- 这段朴树与主持人的"尬聊"终于"圆满"结束了,出乎意料的是,这个不会说话的大男孩受到了网友的一致好评。
- 鲁豫仿佛成了"尬聊"的代言人,之后哪怕她做了多少慈善事业,人们也只看到她的"高傲"。

四海八荒

全天下全世界全宇宙

2017年，随着《三生三世十里桃花》热播，"四海八荒"常常被众人提及。汉语中的"四海"据说指的是围绕"九州"的四面海，后来泛指天下各地。"八荒"指的是八个方向的荒远之地。合起来"四海八荒"相当于全天下、全世界的意思。贾谊《过秦论》中就有"囊括四海之意，并吞八荒之心"一句。

2017年媒体上的"四海八荒"

- 《三生三世十里桃花》根据同名网络小说改编，背景设置为四海八荒，故事围绕青丘上神白浅和九重天太子夜华的三段情缘展开。
- 进入盛花期的樱花，花量之大不可比拟，满树花朵如云似霞，大有四海八荒皆是花的感觉。
- 眼看着阳光渐暖，草树渐绿，想来这四海八荒的春天也要到了。

我可能×了假××

我可能是假的

  2017年新年伊始,"我可能过了个假年"成为首个网络流行语,这种趣味性的调侃反映了时下"反话正说"的吐槽文化。结合各种情景、职业、角色来具体表达,能够引起群体的"趣味认同",在网络上广泛传播开来,从"我可能领了假的年终奖""我可能考了假试卷"到"我可能长了个假脑子",人们借着一个"假"字进行自嘲。

2017年媒体上的"我可能×了假××"
● 考试难度越来越大,考生:"我可能考了个假四六级。"
● 这点球大战太喜感了,我可能看了一场假的点球大战。
● 玩《反恐精英》的队员们喜欢喝酒,发挥不好的时候,就把锅甩给酒:"我可能是喝了假酒。"

2017年中国媒体关注度最高的十大社会舆情事件

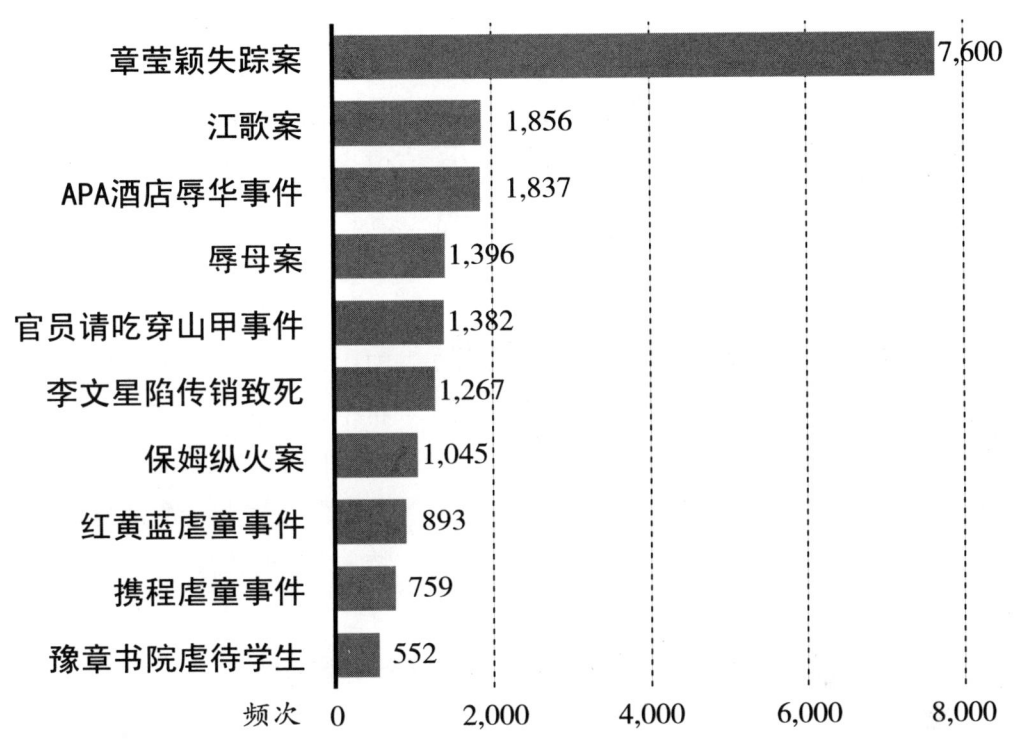

2017年中国媒体关注度最高的十大社会舆情事件是指2017年中国媒体上出现次数最多的社会舆情事件。

章莹颖失踪案,牵扯出国人对远渡重洋的留学生群体的牵挂;江歌案让一位历尽苦难的母亲陷入深渊;APA酒店辱华事件,激起了国人对于某些别有用心的日本右翼分子的愤慨;辱母案折射出社会对于何为公平正义的思考;作为保护动物的穿山甲频频被端上餐桌成为佳肴,使得人们不禁质疑相关法律尊严何在;李文星陷传销致死,让人们忧虑如何保护我们刚刚踏出象牙塔的年轻人;孩子是祖国的花朵,学生是未来的希望,红黄蓝幼儿园与携程虐童案、豫章书院虐待学生更是让人们无比愤慨。

十大社会舆情事件的发生,或者令人愤懑,或者令人哀痛,但无论我们对2017年的种种社会事件有何种情绪,我们对于社会公平、安稳与正义的期冀永远不变。

章莹颖失踪案

消失的留学生

章莹颖，2017年4月作为访问学者前往美国伊利诺伊大学厄巴纳香槟分校交流学习，2017年6月9日失联。2017年6月30日，美国联邦调查局（FBI）宣布逮捕一名涉嫌绑架章莹颖的男子。2017年7月12日，美国联邦大陪审团起诉绑架中国访问学者章莹颖的嫌疑人布伦特·克里斯滕森。2017年10月3日，联邦大陪审团以"绑架致死罪"正式起诉犯罪嫌疑人布伦特·克里斯滕森。

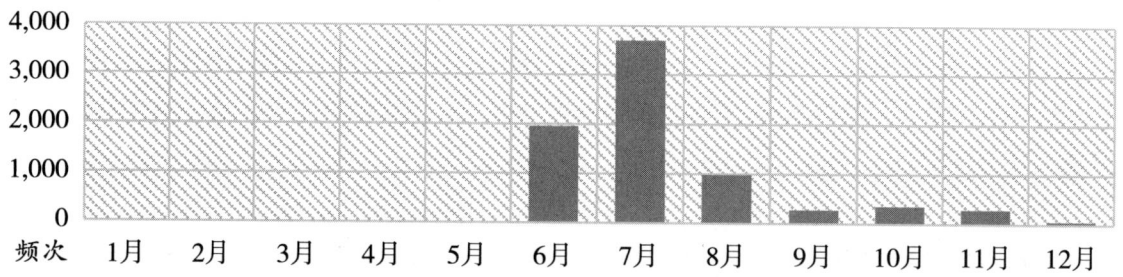

2017年"章莹颖失踪案"媒体关注度逐月分布

2017年最受媒体关注的"章莹颖失踪案"相关新闻

- 6月，美国伊利诺伊大学警局就中国访问学者章莹颖失踪案召开案件报告会。
- 7月，联邦法官宣布案件正式审理时间。
- 8月，联邦法官最终将案件审理时间定在2018年2月27日。

江歌案

悲痛的母亲

江歌（1992—2016），出生于山东青岛。2015年江歌赴日本留学，成为日本法政大学院硕士研究生。2016年11月3日，江歌被闺蜜前男友陈世峰用匕首杀害。2017年12月11日，此案在东京开庭审理，江歌的母亲江秋莲以及众多中国留学生于当天下午在东京池袋西口公园签名请愿。12月20日，日本法院以故意杀人罪和恐吓罪判处被告人陈世峰有期徒刑20年。

2017年"江歌案"媒体关注度逐月分布

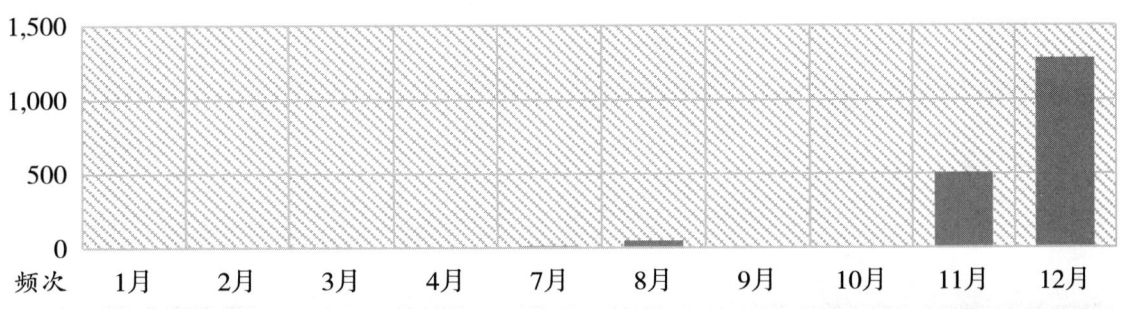

2017年最受媒体关注的"江歌案"相关新闻

- 11月，女留学生江歌被室友的中国恋人杀死。
- 12月，江歌案开庭。

APA酒店辱华事件

不可忘记的历史

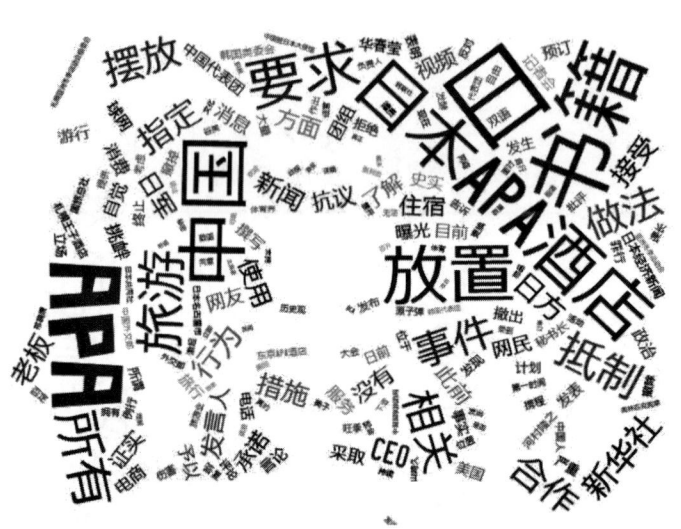

2017年1月，日本APA（阿帕）酒店被爆出在旅客入住的酒店客房中摆放极右翼书籍否认南京大屠杀和韩国慰安妇等事件的存在。1月17日，APA集团官方网站对在APA酒店摆放相关极右翼书籍一事作出声明，称该行为是为了传播"真正的日本历史"。6月，APA集团CEO、相关书籍的作者元谷外志雄发表声明称不会因东京奥运会撤书。

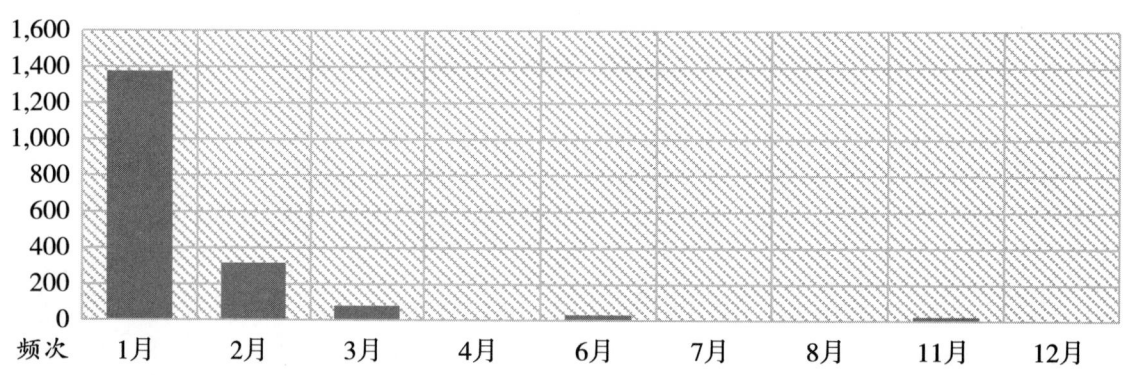

2017年"APA酒店辱华事件"媒体关注度逐月分布

2017年最受媒体关注的"APA酒店辱华事件"相关新闻

- 1月，中国旅游业界已停止与日本APA酒店合作。
- 2月，在日华侨华人举行和平游行，抗议APA酒店不当行为。

辱母案

公平与正义

2016年4月14日，女企业家苏银霞于工厂被催债队伍殴打及侮辱，苏银霞的儿子于欢面对母亲受辱，一怒之下抄起一把水果刀捅伤四名催债人员。其中，杜志浩因失血过多导致死亡，其余两人重伤，一人轻伤。2017年2月17日，山东省聊城市中级人民法院以故意伤害罪一审判处于欢无期徒刑。原告人杜洪章等人和被告人于欢不服一审判决各自上诉。3月24日，山东省高级人民法院立案受理上诉。6月23日，山东省高级人民法院判决于欢属防卫过当，判处有期徒刑5年。

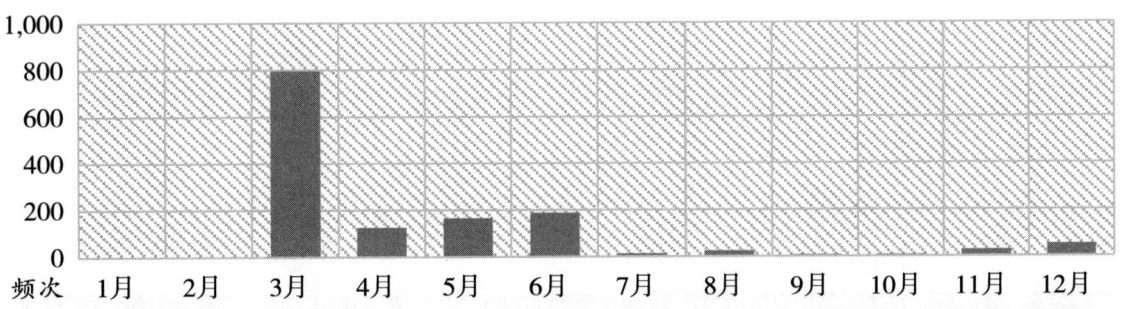

2017年"辱母案"媒体关注度逐月分布

2017年最受媒体关注的"辱母案"相关新闻

- 3月，山东省人民检察院表示，将在该案二审程序中依法履行出庭。
- 6月，山东省高级人民法院认定于欢属防卫过当，依法判决于欢故意伤害罪。

官员请吃穿山甲事件

给生灵一个机会

2017年2月，一条于2015年7月15日发出的微博被网友大量转发，该微博由一名昵称为Ah_cal的网友发出，称"李局长黄书记请我们到办公室煮穿山甲给我们吃……已经深深地爱上这野味了"。该网友也被戏称为"穿山甲公子"。2017年2月8日，香港工商金融文化旅游界企业家赴广西投资考察团发表声明，李加和（Ah_cal）吃穿山甲事件与考察团并无关联。

2017年"官员请吃穿山甲事件"媒体关注度逐月分布

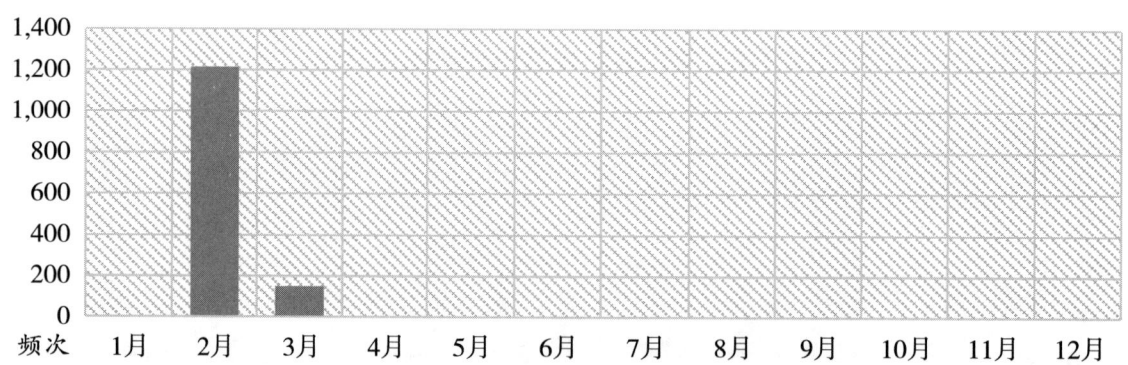

2017年最受媒体关注的"官员请吃穿山甲事件"相关新闻

- 2月，"穿山甲公子"一事尚未平息，又有一名深圳网友多次在微博晒图，因食用穿山甲而被网友称为"穿山甲公主"。
- 3月，有关部门对网友食用穿山甲事件依法展开调查。

李文星陷传销致死

象牙塔外的丛林

李文星，1994年出生于山东德州，2016年毕业于东北大学。2017年5月19日，李文星通过互联网招聘网站"BOSS直聘"取得北京科蓝公司的录用通知。5月20日，李文星自北京前往天津入职，然而"报到"后的李文星出现种种反常的迹象，7月8日李文兴给母亲打了最后一个电话称"谁打电话要钱你们都别给"。7月14日，李文星尸体于天津静海区G104国道水坑旁被人发现。8月6日，5名涉案人员被抓获，其对诱骗李文星进入传销组织进行人身控制的犯罪事实供认不讳。

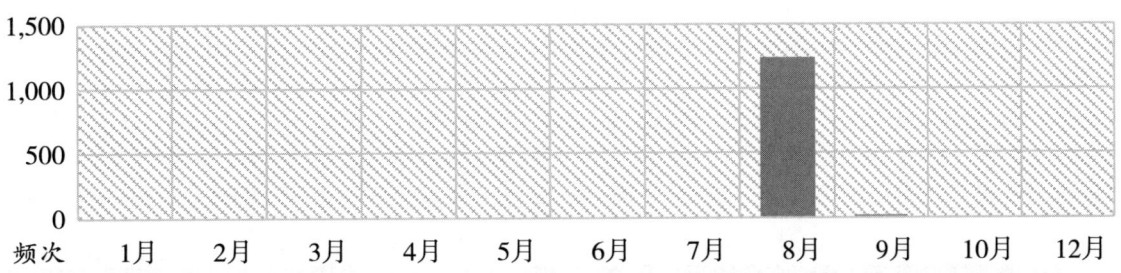

2017年"李文星陷传销致死"媒体关注度逐月分布

2017年最受媒体关注的"李文星陷传销致死"相关新闻

● 8月，东北大学毕业生李文星误入传销组织最终身亡，山东籍男子张超进入传销组织死亡……近来恶性传销事件频见报端。

保姆纵火案

生活在身边的恶魔

2017年6月22日凌晨,浙江杭州蓝色钱江小区发生火情,火灾造成朱小贞及其子女4人死亡。7月1日,杭州市公安局因涉嫌放火罪、盗窃罪,依法逮捕犯罪嫌疑人莫焕晶。12月21日,该案件在浙江省杭州市中级人民法院公开开庭审理,但因辩护人律师提出管辖权异议宣布延期审理。12月25日,受害人家属向杭州市公安消防局再次提出政府信息公开申请,要求其在法定期限内依法作出回应。

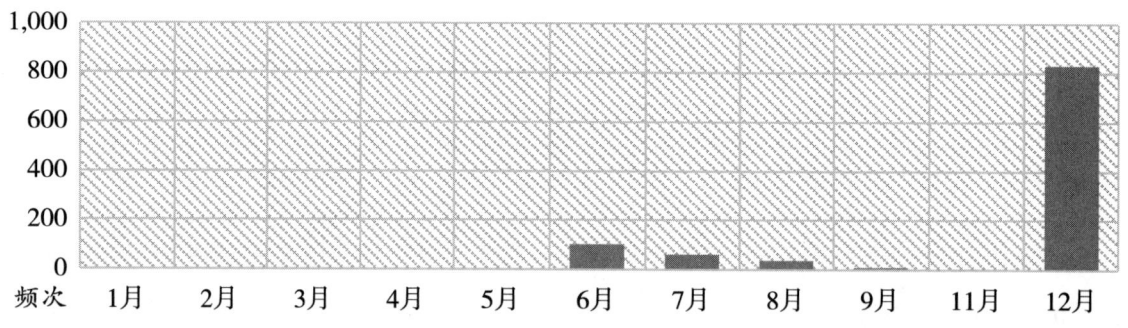

2017年"保姆纵火案"媒体关注度逐月分布

2017年最受媒体关注的"保姆纵火案"相关新闻

- 6月,保姆恩将仇报纵火烧死雇主一家,盘点各国家政如何审查雇员背景。
- 12月,浙江省杭州市中级人民法院公开开庭审理"保姆纵火案"。

红黄蓝虐童事件

孩子是祖国的花朵

2017年11月22日，多名幼儿家长反映北京市朝阳区管庄红黄蓝幼儿园幼儿被老师喂食不明药片并遭受针刺，并提供孩子身上残留针孔的照片。当天北京警方调查取证，幼儿园涉事人员停职。11月26日晚，北京警方就该幼儿园该事件进行通报，依法刑拘幼儿园教师刘某某。11月29日，红黄蓝教育机构发布道歉信。12月29日，北京市朝阳区人民检察院因涉嫌虐待被监护、看护人罪依法对红黄蓝新天地幼儿园刘某某进行批捕。

2017年"红黄蓝虐童事件"媒体关注度逐月分布

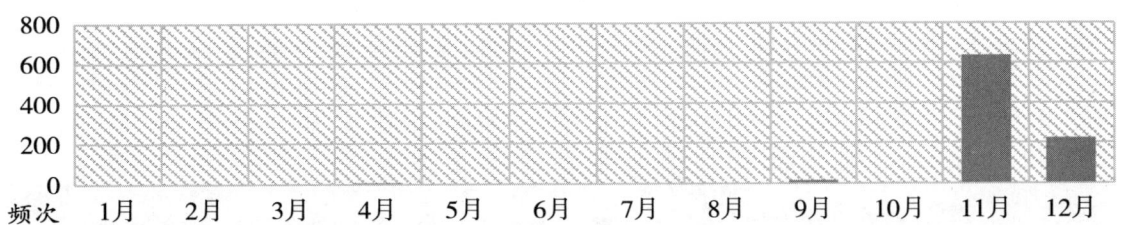

2017年最受媒体关注的"红黄蓝虐童事件"相关新闻

- 11月，北京警方对该幼儿园虐童行为进行通报，涉嫌虐童教师刘某某被刑拘。
- 12月，北京市朝阳区人民检察院经依法审查，以涉嫌虐待被监护、看护人罪批准逮捕幼儿园教师刘某某。

携程虐童事件

我在楼上写代码,你在楼下虐我娃

2017年11月8日,携程亲子园被爆出虐童视频,该视频中老师不仅对幼童进行殴打,还强行让幼儿吃下疑似芥末的不明物质。长宁警方随即对携程亲子园涉事工作人员以涉嫌虐待被监护、看护人罪依法予以刑事拘留。11月16日,携程人力资源部两位副总裁被免职。12月13日,长宁区人民检察院以涉嫌虐待被监护、看护人罪依法批捕携程亲子园相关工作人员。

2017年"携程虐童事件"媒体关注度逐月分布

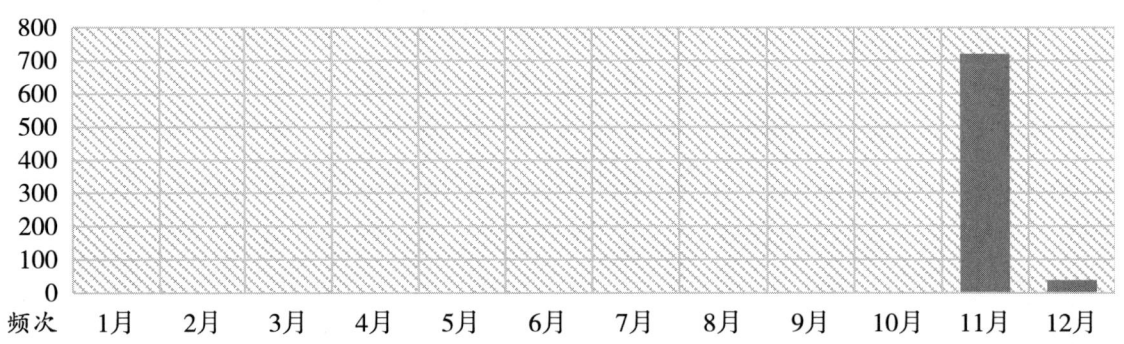

2017年最受媒体关注的"携程虐童事件"相关新闻

- 11月,上海长宁警方发布消息称,上海携程亲子园虐童事件3名涉事人因涉嫌虐待被监护、看护人罪,已被依法刑事拘留。
- 12月,携程亲子园虐童案5名犯罪嫌疑人被批捕。

豫章书院虐待学生

国学不是遮羞布

2017年10月，据网友爆料，江西南昌豫章修身书院对学生存在虐待行为，且从学校办学开始，这种虐待就从未停止。随着事件不断发酵，曾就读于该书院的学生陆续指控曾遭受书院虐待，如"打戒尺"、"打龙鞭"、"抗100斤水泥上四楼"、

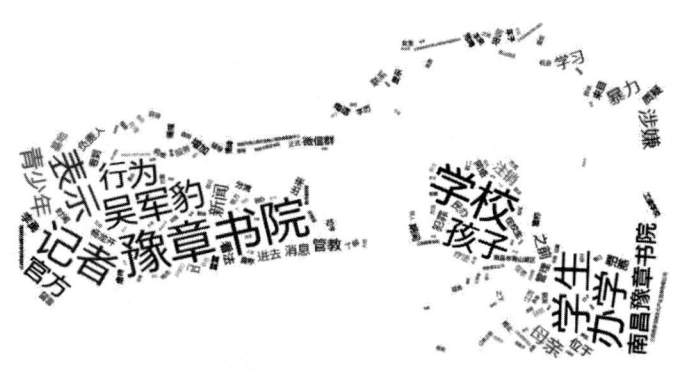

关禁闭，甚至性骚扰。10月30日，南昌市青山湖区官方微博回应确认书院存在相应问题，责成相关部门对学校进行处罚。2017年12月，南昌市公安局青山湖分局对豫章书院非法拘禁一事进行立案。

2017年"豫章书院虐待学生"媒体关注度逐月分布

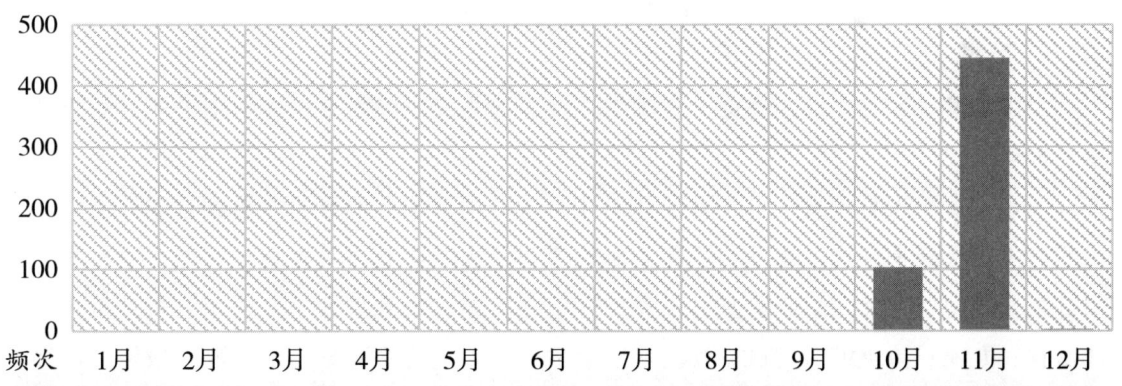

2017年最受媒体关注的"豫章书院虐待学生"相关新闻

- 10月，南昌豫章书院将被追责处罚。
- 11月，豫章书院校务会称已申请停止办学。

2017年中国媒体关注度最高的十大围观事件

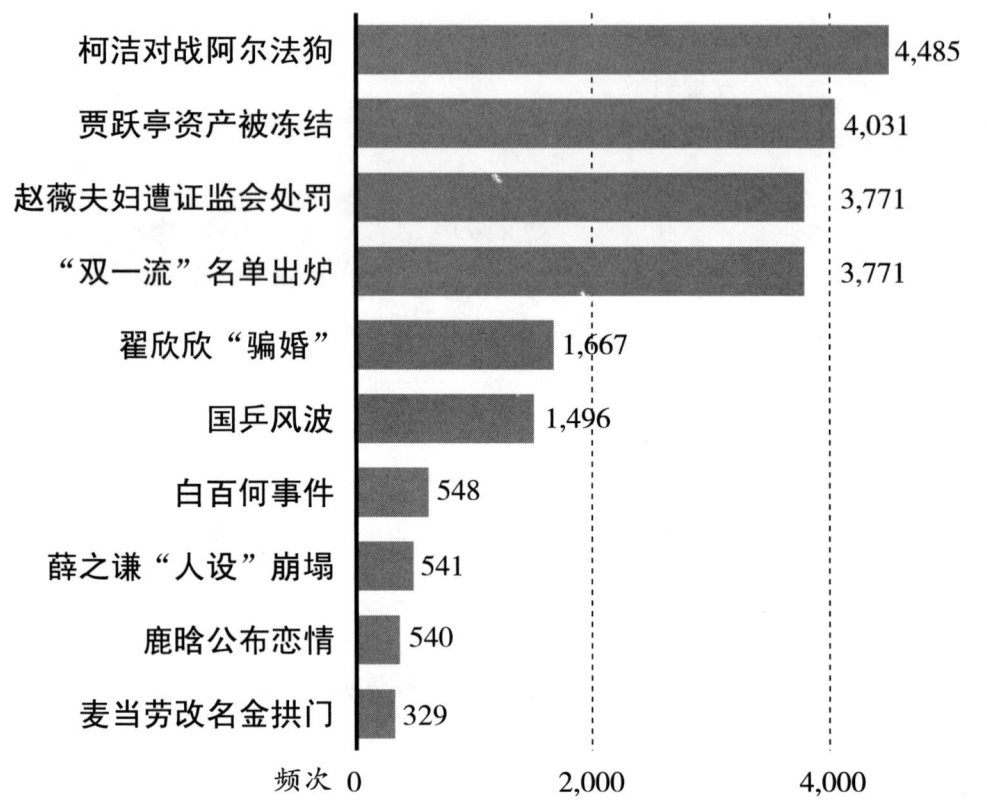

2017中国媒体关注度最高的十大围观事件是指在2017年的中国媒体上出现次数最多的围观事件。

高居榜首的人机大战——柯洁对战阿尔法狗，阿尔法狗的再次完胜预示着人工智能时代的到来。贾跃亭资产被冻结，庞大的乐视帝国是否会因此消失在历史洪流之中？赵薇夫妇遭证监会处罚，让我们开始反思粉丝经济下名人效应的危害。"双一流"名单出炉，所涉高校和专业成为继985、211工程之后莘莘学子竞相追逐的对象。翟欣欣"骗婚"、白百何事件、薛之谦"人设"崩塌、鹿晗公布恋情，婚姻和爱情是人生永恒的话题。此外，有关"义气"与"意气"的国乒风波，暴露出国家队在管理和思想建设方面的问题；麦当劳改名金拱门的背后则凸显出中国企业实力的增强和中华文化自信的提升。

柯洁对战阿尔法狗

划时代的人机大战

柯洁，中国围棋职业九段棋手，有"当今世界棋坛第一人"之称。2017年5月23日—27日，柯洁与围棋人工智能程序阿尔法狗（AlphaGo）在"中国乌镇·围棋峰会"展开对弈，最终阿尔法狗以3比0完胜柯洁。在阿尔法狗以碾压姿态战胜李世石之后，其能战胜柯洁是在很多人的意料之中。人工智能的发展不免引起广大群众的担忧：人工智能会对人类造成威胁吗？科技是一把双刃剑，当人工智能取代人类做各种各样工作的时候，我们人类又该何去何从呢？

2017年"柯洁对战阿尔法狗"媒体关注度逐月分布

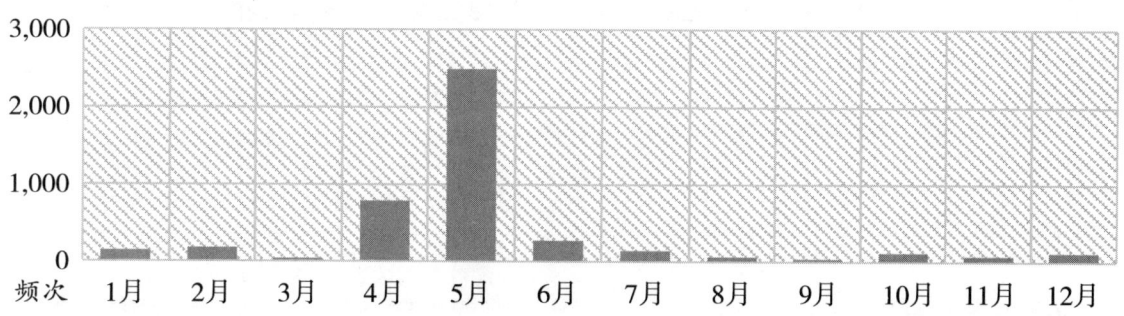

2017年最受媒体关注的"柯洁对战阿尔法狗"相关新闻

- 4月10日，中国围棋协会和浙江体育局携手谷歌宣布，5月23日—27日，阿尔法狗将与目前排名世界第一的中国棋手柯洁在浙江乌镇对弈三番棋。
- 5月，柯洁对战阿尔法狗，阿尔法狗完胜。

贾跃亭资产被冻结

乐视遭难

贾跃亭，乐视网创始人、CEO，2016年福布斯中国富豪榜第37位。7月4日，贾跃亭夫妇所持乐视网股权99.06%被冻结。据称此事件是贾跃亭为乐视手机业务融资承担个人连带担保从而引发的财产保全所致。

有人看到的是企业家创业的艰难与坎坷，有人则从中敏锐地洞悉到贾跃亭家族以"金蝉脱壳"之计从股权交易中牟取上百亿利益，还有人关心乐视这一庞大商业帝国的多米诺骨牌会不会因此倒下。仁者见仁，智者见智，也许这一次贾跃亭真的要为梦想而"窒息"了。

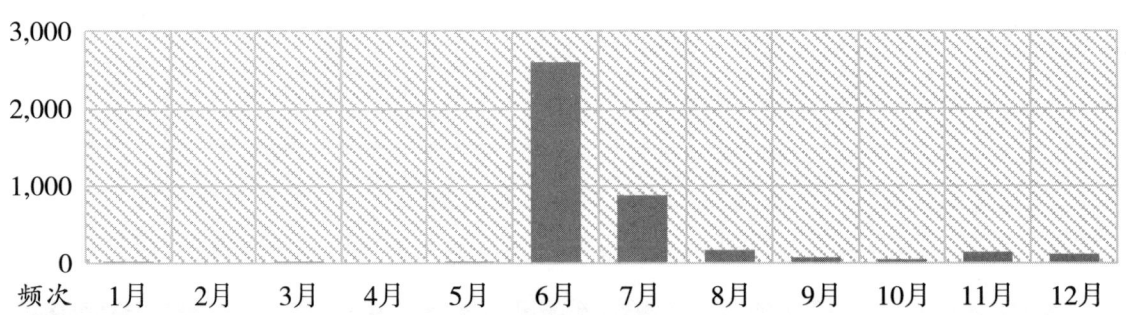

2017年最受媒体关注的"贾跃亭资产被冻结"相关新闻

- 6月，乐视控股(北京)有限公司的法定代表人发生变更，由贾跃亭变更为吴孟。
- 7月，招商银行上海川北支行对乐视发出资产冻结申请。

赵薇夫妇遭证监会处罚

粉丝经济下的"套路"

赵薇夫妇控制的龙薇传媒在存在极大不确定性的情况下，以空壳公司收购上市公司万家文化，并贸然予以公告，对市场和投资者产生严重误导。证监会依据《证券法》对龙薇传媒责令整改，给予警告，并处60万元罚款；对孔德永、黄有龙、赵薇分别采取5年证券市场禁入措施。这个处罚对于赵薇夫妇可能不算多大，但对一些股民来说就意味着套牢、血本无归乃至倾家荡产。在投资这个高度专业化的市场上，我们要相信专业人士的分析和判断，远离明星的干扰和影响，做一个明智的投资者。

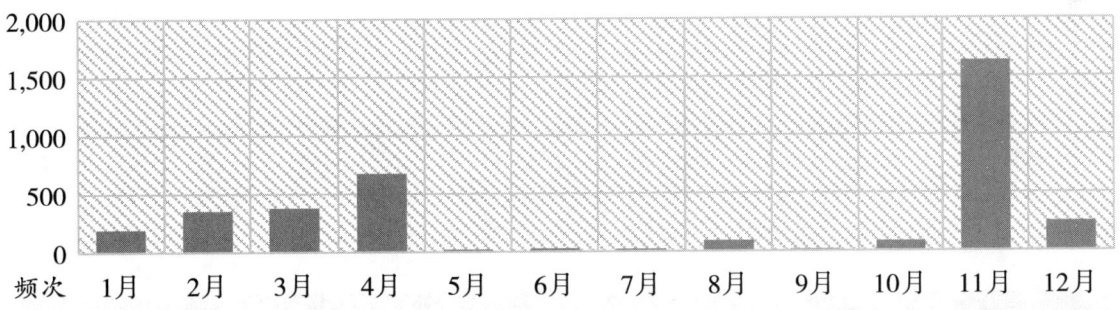

2017年"赵薇夫妇遭证监会处罚"媒体关注度逐月分布

2017年最受媒体关注的"赵薇夫妇遭证监会处罚"相关新闻

- 11月，万家文化、龙薇文化等涉嫌信息披露违法违规案已由证监会调查完毕，证监会对孔德永、黄有龙、赵薇分别采取5年证券市场禁入措施。

"双一流"名单出炉

一流大学,一流学科

"双一流"建设是中国高等教育领域继211、985工程之后的又一国家战略。"双一流",即世界一流大学和一流学科。9月21日,教育部、财政部、国家发改委公布42所世界一流大学和95所一流学科建设高校及建设学科名单。其实,学校名号并不重要,重要的是能真正做到专注于教育与科研,提升自身实力,真正跻身世界一流名校行列。

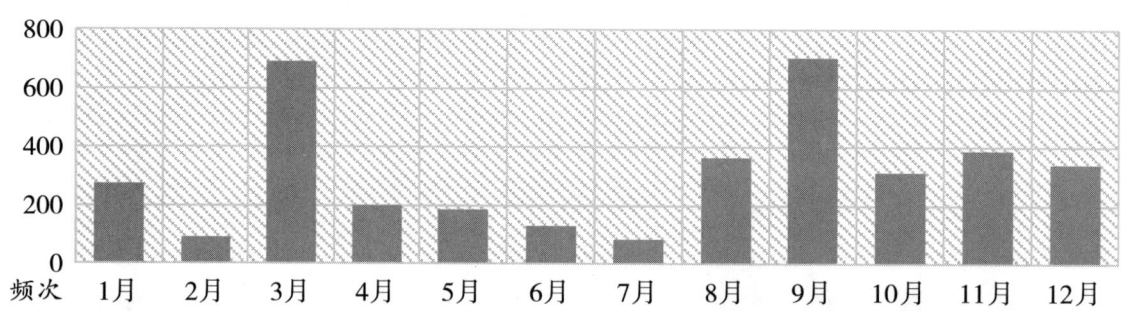

2017年"'双一流'名单出炉"媒体关注度逐月分布

2017年最受媒体关注的"'双一流'名单出炉"相关新闻
● 3月,大学"双一流"建设进入专家评估阶段。
● 9月,世界一流大学和一流学科建设高校及建设学科名单正式确认公布。

翟欣欣"骗婚"

搜刮无度的婚姻

翟欣欣,礼仪模特,WePhone开发者苏享茂前妻。9月,苏享茂因遭遇"骗婚"被其索要1,000万元和房产赔偿后自杀身亡。由此引起社会广泛关注,把婚姻当作相知相伴的爱情目的地,还是把婚姻当作一场交易,彼此算计互相伤害,值得我们每一个人深思。

2017年"翟欣欣'骗婚'"媒体关注度逐月分布

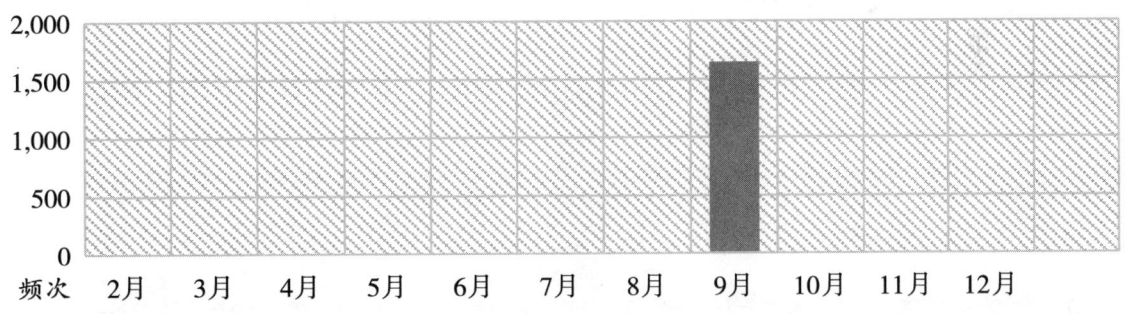

2017年最受媒体关注的"翟欣欣'骗婚'"相关新闻

● 9月,WePhone开发者苏享茂因遭遇"骗婚",被前妻翟欣欣索要1,000万元和房产赔偿后自杀身亡。

国乒风波

"意气"与"义气"

2017年6月20日,带队十几年、为国乒立下汗马功劳的刘国梁被乒协宣布卸任国乒总教练。6月23日晚7点,正在参加中国公开赛的国乒男队突然集体发声:"这一刻我们无心恋战……只因想念您,刘国梁!"随后马龙、樊振东、许昕三位中国男乒选手擅自放弃比赛。刘国梁卸任到底是体制改革的需要还是权力争斗的牺牲品,众说纷纭。但中国男乒队员意气用事,擅自退赛,置国家利益于不顾的行为,则暴露了球队在管理和思想建设方面存在不可忽视的问题。

2017年"国乒风波"媒体关注度逐月分布

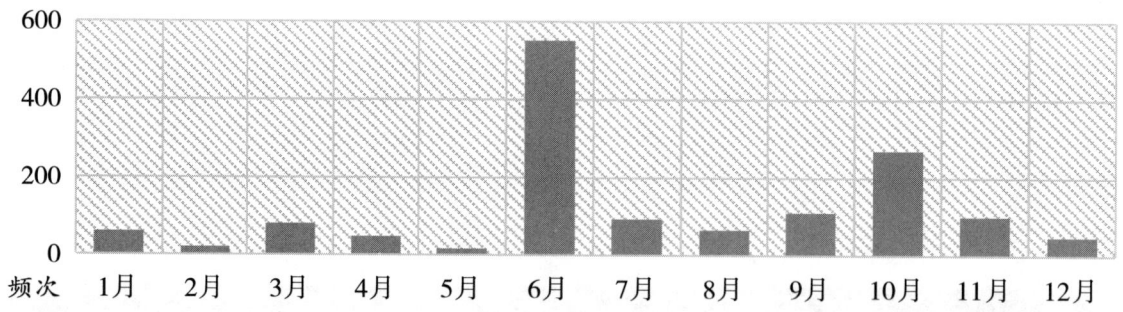

2017年最受媒体关注的"国乒风波"相关新闻

- 6月23日,在2017国际乒联世界巡回赛中国公开赛男子单打16进8的比赛中,马龙、樊振东、许昕三位中国乒乓球队男队员在未经中国乒协批准的情况下,擅自放弃参赛。

白百何事件

"普通人"的七年之痒

2017年4月12日,"30亿票房女王"白百何被"中国第一狗仔"卓伟爆料出轨一名疑似名为张爱朋的男模特,此事一出,顿时在网络引起热议。白百何面临商业代言与演艺事业上的巨大损失。16日,陈羽凡发视频称自己和白百何已于2015年协议离婚。

白百何是明星也是普通人,普通人有"七年之痒",明星也不例外。明星的婚恋经历并不能成为我们是否相信"真爱"的依据,用心经营自己的婚姻才是正道。明星只是娱乐领域中的成功者,而不是公众道德的榜样。

2017年"白百何事件"媒体关注度逐月分布

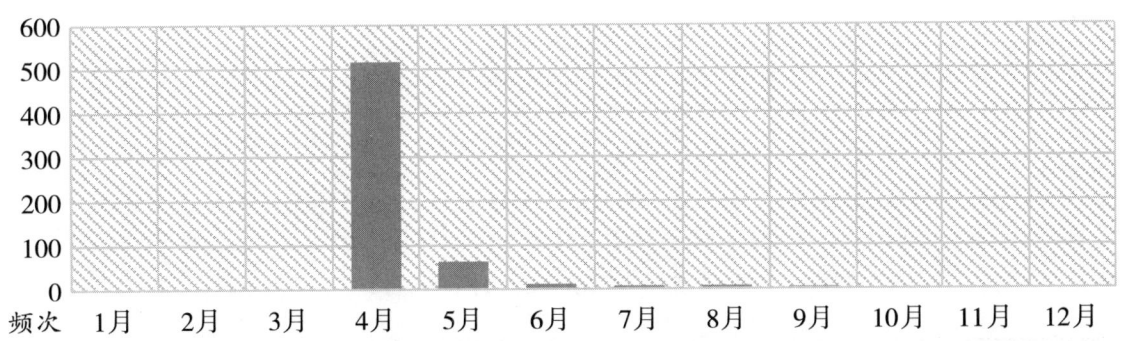

2017年最受媒体关注的"白百何事件"相关新闻

● 4月,白百何被爆出轨引热议,随后陈羽凡称两人已离婚。

薛之谦"人设"崩塌

难以挽回的倾覆

薛之谦，华语流行乐男歌手、影视演员、音乐制作人。李雨桐，网络红人，时装品牌经营人，薛之谦合伙人。9月12日晚，李雨桐发长微博揭露她与薛之谦、高磊鑫夫妇三人不为人知的故事，自曝被薛之谦骗钱骗感情。薛之谦经营多年的"深情男""段子手""谦谦君子"的形象瞬间全面崩塌。明星形象的树立需要几年甚至十几年，而毁掉只需一件事、一瞬间。

2017年"薛之谦'人设'崩塌"媒体关注度逐月分布

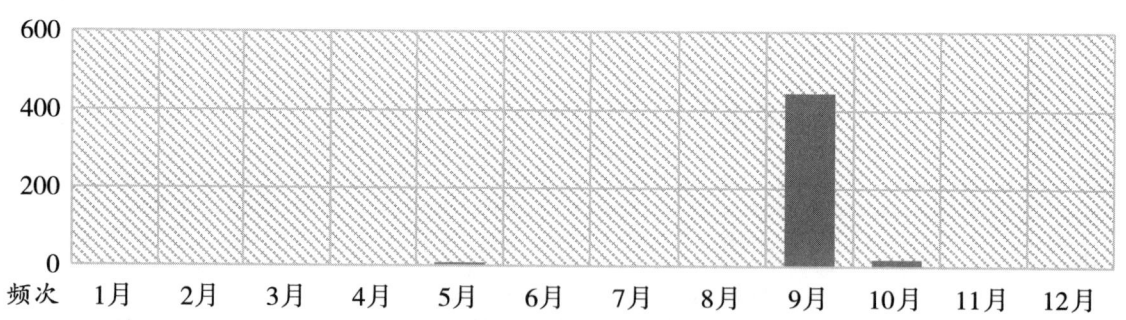

2017年最受媒体关注的"薛之谦'人设'崩塌"相关新闻

● 9月，李雨桐发长微博自曝被薛之谦骗钱骗感情，有理有据，此事在网上持续发酵。

鹿晗公布恋情

刷爆微博的惊世之恋

鹿晗,中国男演员、歌手,顶级流量小生。关晓彤,学生、演员。10月8日中午,鹿晗和关晓彤在微博正式公开恋情,随后双方工作室确认该消息。鹿晗恋情一公布,"掉粉"几十万,致微博瘫痪。

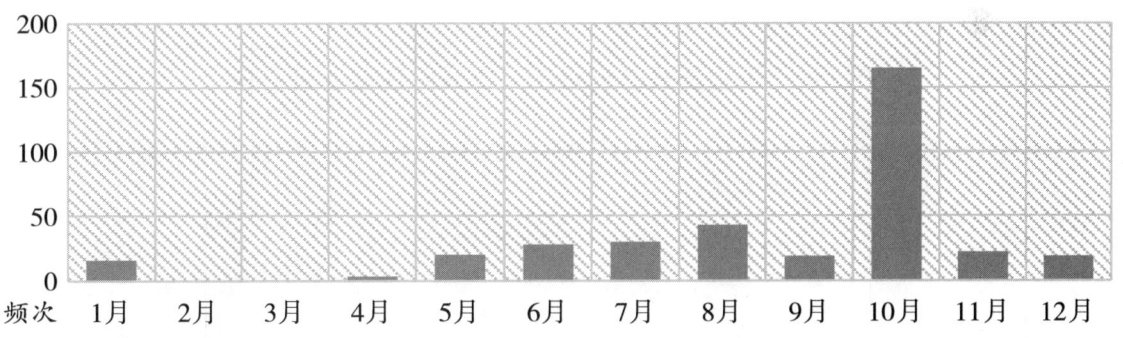

2017年"鹿晗公布恋情"媒体关注度逐月分布

2017年最受媒体关注的"鹿晗公布恋情"相关新闻
● 10月,鹿晗和关晓彤在微博正式公开恋情,引爆微博。

麦当劳改名金拱门

中华文化的自信

麦当劳（McDonald's）是全球大型跨国连锁餐厅，1940年创立于美国，在世界上大约拥有3万间分店。2017年10月12日，麦当劳中国总部的企业名称"麦当劳（中国）有限公司"正式更名为"金拱门（中国）有限公司"，门店名称"麦当劳"仍然沿用。麦当劳此番企业更名，折射出中西文化的融合，昭示着中华传统文化对外资企业文化的整合以及外资企业对中华文化的认可和融合。

2017年"麦当劳改名金拱门"媒体关注度逐月分布

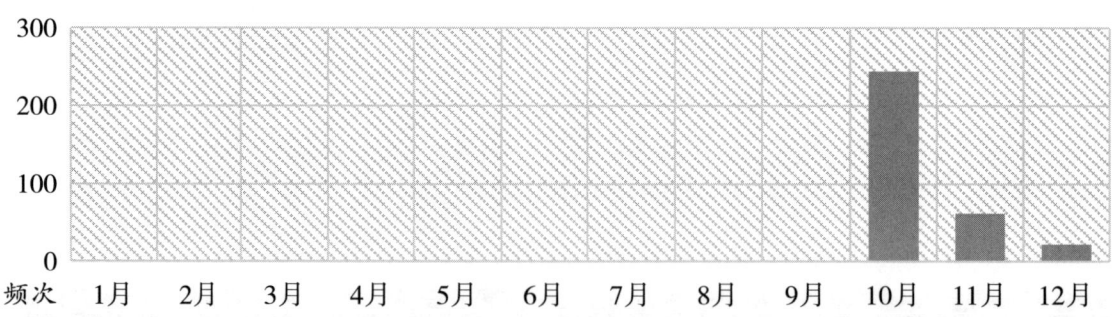

2017年最受媒体关注的"麦当劳改名金拱门"相关新闻

- 10月，"麦当劳（中国）有限公司"正式更名为"金拱门（中国）有限公司"。

2017年中国媒体关注度最高的十大恐袭

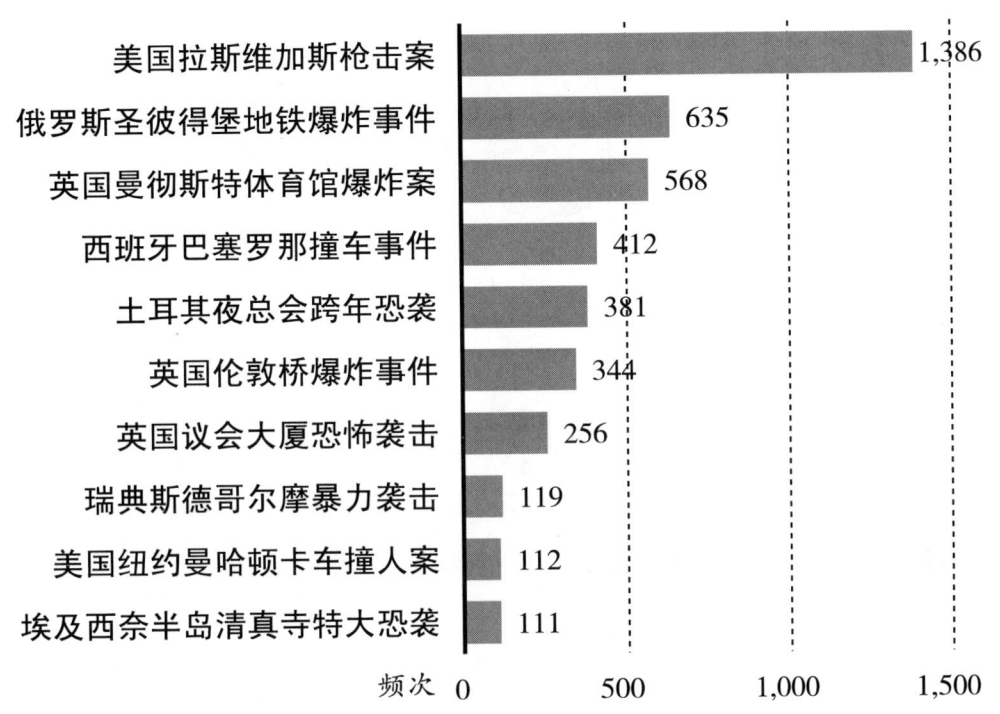

2017年中国媒体关注度最高的十大恐袭是指在2017年的中国媒体上出现次数最多的十起恐怖袭击事件。

2017年是不安定的一年。新年伊始,恐袭事件便紧随而来。当地时间1月1日,土耳其伊斯坦布尔市一家夜总会遭遇身着圣诞老人服装的枪手袭击。随后,世界各地爆发多起恐怖袭击,恐袭阴霾迅速笼罩全球。英国四个月之内接连发生了三起恐怖袭击,分别为3月议会大厦恐怖袭击、5月曼彻斯特体育馆爆炸袭击、6月伦敦桥爆炸袭击。美国在10月爆发两起恐袭事件,其中,月初在拉斯维加斯音乐节发生其建国以来最为惨烈的大规模枪击案,月末在美国纽约核心区域发生卡车撞人事件。无独有偶,2017年卡车袭击事件频频发生,4月瑞典斯德哥尔摩、8月西班牙巴塞罗那也分别发生汽车袭击事件。10月俄罗斯圣彼得堡地铁接连发生两起爆炸。接近年末,埃及西奈半岛北部清真寺发生特大恐怖袭击事件。

笼罩在许多国家和地区上空的阴云,因频出的袭击事件而越发沉厚。而唯有和平,才是全世界人民共同的期盼。恐怖分子必须意识到,人类社会终将朝着正义、阳光的路径前行,黑暗与恐怖吓不倒任何人,只会让人们更加珍惜和平与安定。

美国拉斯维加斯枪击案

美国最为惨烈的大规模枪击案

2017年10月1日晚10时许,美国拉斯维加斯曼德勒湾酒店外一处音乐节发生枪击事件。64岁的白人枪手史蒂芬·帕多克从对面曼德勒海湾宾馆的32层向楼下观看演唱会的观众开枪。现场约有3万人,传出数百次枪响,枪声震天。事件造成59人死亡,527人受伤,这是美国史上最为惨烈的大规模枪击案。袭击发生后,美国全国降半旗向遇难者致哀。

2017年"美国拉斯维加斯枪击案"媒体关注度逐月分布

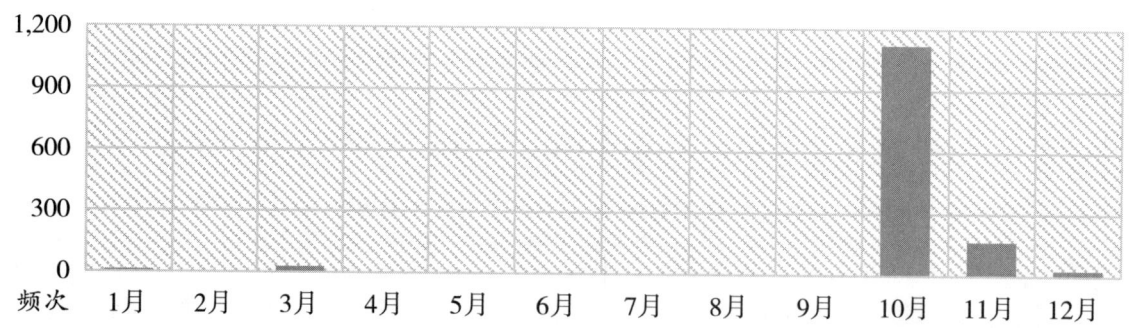

2017年最受媒体关注的"美国拉斯维加斯枪击案"相关新闻

● 10月,当地时间1日晚,美国拉斯维加斯曼德勒海湾度假村酒店外一处音乐节发生枪击事件。

俄罗斯圣彼得堡地铁爆炸事件

恐怖袭击连环案

俄罗斯圣彼得堡地铁爆炸事件是指2017年4月3日俄罗斯圣彼得堡地铁接连发生两起爆炸。爆炸造成14人死亡、49人受伤。圣彼得堡地铁爆炸案的袭击者是出生于1995年的阿克巴伦·贾利洛夫,来自吉尔吉斯斯坦。俄罗斯总检察院已将这一爆炸事件定性为恐怖袭击事件。

2017年"俄罗斯圣彼得堡地铁爆炸事件"媒体关注度逐月分布

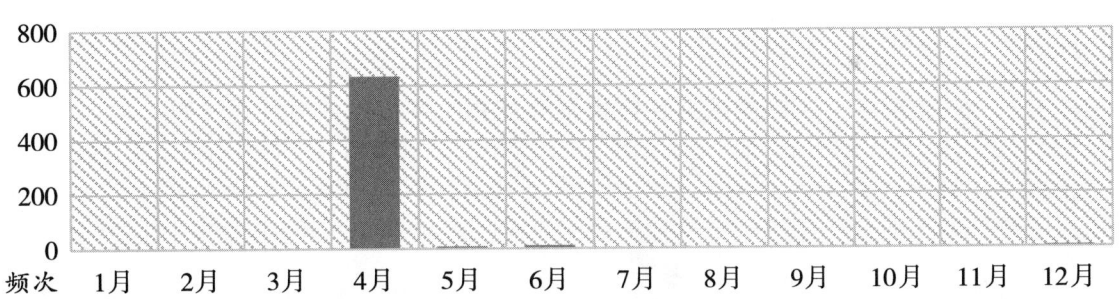

2017年最受媒体关注的"俄罗斯圣彼得堡地铁爆炸事件"相关新闻

- 4月,俄罗斯圣彼得堡地铁发生爆炸,中国国家旅游局及时启动处理机制,第一时间向游客发出提示,提醒近期赴俄游客注意安全,加强防范。

英国曼彻斯特体育馆爆炸案

针对毫无防御能力的年轻人的恐怖袭击

英国曼彻斯特一室内体育馆5月22日晚发生爆炸，事发时馆内正在举行演唱会。爆炸造成22人死亡，59人受伤。曼彻斯特警方23日说，这起爆炸为一起自杀式袭击。根据警方公布的消息，该起爆炸案犯罪嫌疑人为一名23岁的男性。

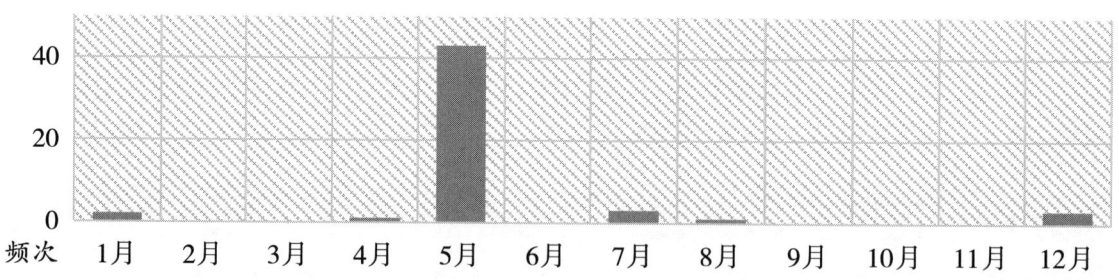

2017年"英国曼彻斯特体育馆爆炸案"媒体关注度逐月分布

2017年最受媒体关注的"英国曼彻斯特体育馆爆炸案"相关新闻

- 5月，据当地媒体报道，英国曼彻斯特一室内体育馆22日晚发生爆炸，事发时馆内正在举行演唱会。

西班牙巴塞罗那撞车事件

货车摇晃行驶，欲撞更多行人

当地时间8月17日，西班牙巴塞罗那市中心发生汽车冲撞人群事件，事件发生地为兰布拉大道加泰罗尼亚广场附近。一辆白色货车冲入兰布拉大道的人群中，造成多人受伤。警方称此次事件是恐怖袭击。

2017年"西班牙巴塞罗那撞车事件"媒体关注度逐月分布

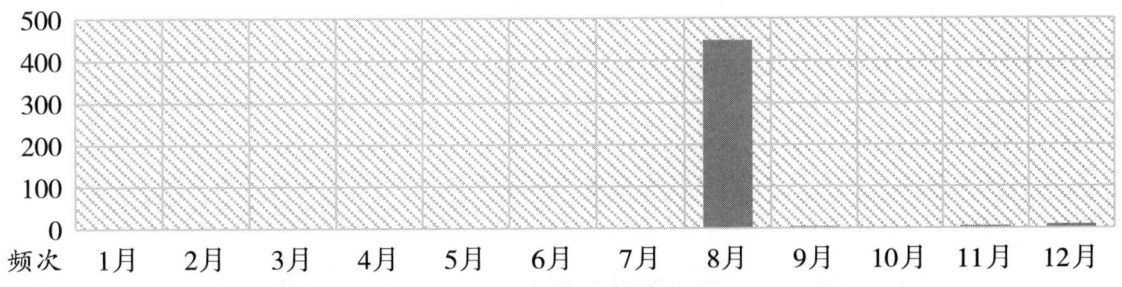

2017年最受媒体关注的"西班牙巴塞罗那撞车事件"相关新闻

- 8月，习近平就西班牙巴塞罗那发生货车冲撞人群恐怖袭击事件向西班牙国王致慰问电；李克强向西班牙首相致慰问电。

土耳其夜总会跨年恐袭

跨年夜恐怖袭击

土耳其最大城市伊斯坦布尔一家夜总会1月1日凌晨1点15分左右发生枪击事件，造成至少39人死亡、69人受伤。伊斯坦布尔省长瓦希普·沙欣说，这是一起恐怖袭击。枪手在雷纳夜总会入口处射杀了一名警察和一名平民，而后进入夜总会并用长管枪支向密集的人群扫射。

2017年"土耳其夜总会跨年恐袭"媒体关注度逐月分布

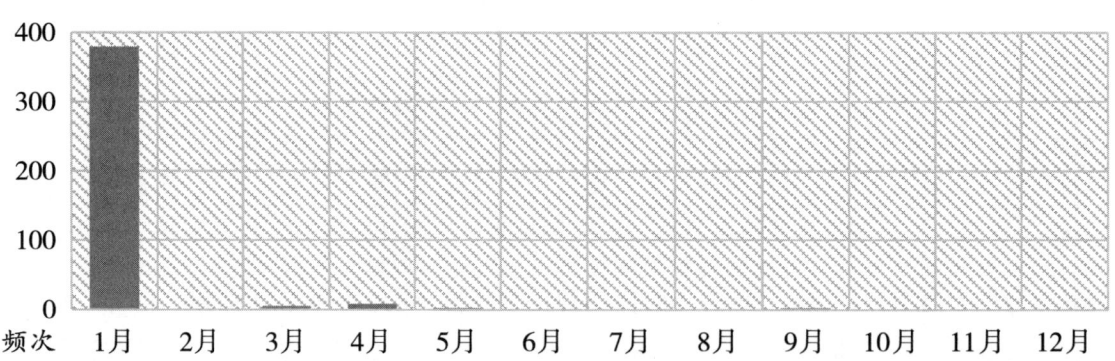

2017年最受媒体关注的"土耳其夜总会跨年恐袭"相关新闻

● 1月1日，土耳其最大城市伊斯坦布尔一家高档夜总会遭恐怖分子持枪"血洗"。

英国伦敦桥爆炸事件

大选临近 连发恐袭

当地时间6月3日,英国伦敦相继发生三起袭击事件,导致多人死伤。警方确认,前两起事件为恐怖袭击,第三起袭击事件与前两起恐袭无关。伦敦桥爆炸事件目前已经造成7人死亡,48人受伤。这是继3月议会大厦恐袭、5月曼彻斯特体育馆爆炸案后,英国发生的又一起恐袭事件。

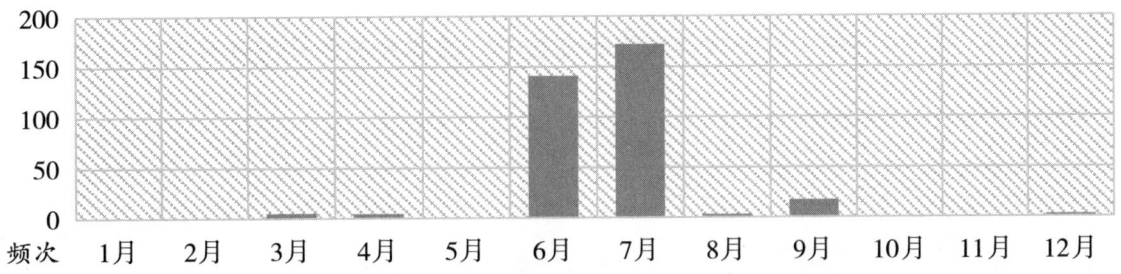

2017年最受媒体关注的"英国伦敦桥爆炸事件"相关新闻
● 6月,伦敦恐袭案发生后,萨迪克·汗称,"伦敦街头将会出现更多武装警察,没有理由感到惊慌"。
● 7月,由于巴格达迪的煽动,2014年全球恐怖袭击频率急剧升高,从中东蔓延至全球。2016年的伊斯坦布尔数次爆炸袭击,2017年的圣彼得堡地铁爆炸事件与伦敦恐袭皆有巴格达迪及"伊斯兰国"的身影。

英国议会大厦恐怖袭击

大众运输死伤最惨重的恐袭事件

当地时间3月22日下午,伦敦议会大厦外发生一起恐怖袭击事件,造成包括袭击者在内的至少5人死亡,40多人严重受伤。下午2点40分左右,一辆黑色轿车在议会大厦附近的威斯敏斯特桥上冲撞碾压行人,经过西北角的钟楼,也就是著名的大本钟后,冲向议会大厦主要入口。英国警方将这起事件定性为恐怖袭击。

2017年"英国议会大厦恐怖袭击"媒体关注度逐月分布

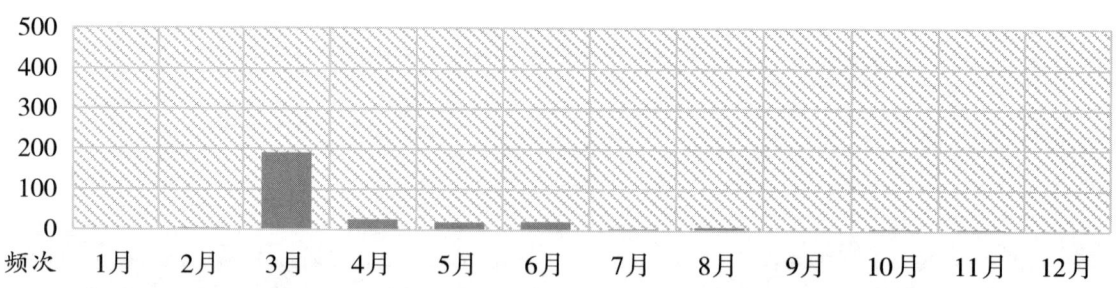

2017年最受媒体关注的"英国议会大厦恐怖袭击"相关新闻

- 3月23日,英国警方证实,22日袭击英国议会大厦行凶者是出生于肯特郡的哈立德·马苏德,并证实案发前就知道此人,只是不知道他有发动恐袭的意图。

瑞典斯德哥尔摩暴力袭击

致命卡车冲撞袭击

瑞典警方7日证实,一辆卡车当天在斯德哥尔摩市中心冲入人群,造成至少3人死亡,8人受伤。瑞典首相勒文说:"瑞典受到袭击,所有迹象都显示这是一起恐怖袭击事件。"国家主席习近平8日就斯德哥尔摩暴力袭击事件向瑞典国王卡尔十六世·古斯塔夫致慰问电,对暴力袭击事件表示强烈的谴责,对无辜遇难者表示深切的哀悼,向伤者和遇难者家属表示诚挚的慰问。

2017年"瑞典斯德哥尔摩暴力袭击"媒体关注度逐月分布

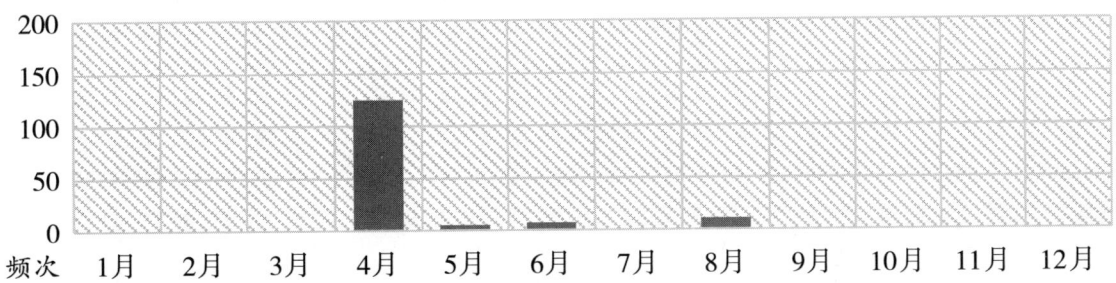

2017年最受媒体关注的"瑞典斯德哥尔摩暴力袭击"相关新闻

● 4月,习近平、李克强就斯德哥尔摩暴力袭击事件,分别向瑞典国王卡尔十六世·古斯塔夫、瑞典首相勒文致慰问电。

美国纽约曼哈顿卡车撞人案

万圣节独狼式恐怖袭击

纽约曼哈顿下城10月31日发生卡车撞人袭击事件。纽约市长德布拉西奥说,事件已导致8人死亡,多人受伤,是一起恐怖袭击事件。纽约警方在推特上发文说,31日下午,一辆卡车在曼哈顿下城世贸中心附近冲入行人、自行车道,撞倒多人后继续行驶,并撞上另一辆车。司机持仿真枪下车后被警察开枪击伤。

2017年"美国纽约曼哈顿卡车撞人案"媒体关注度逐月分布

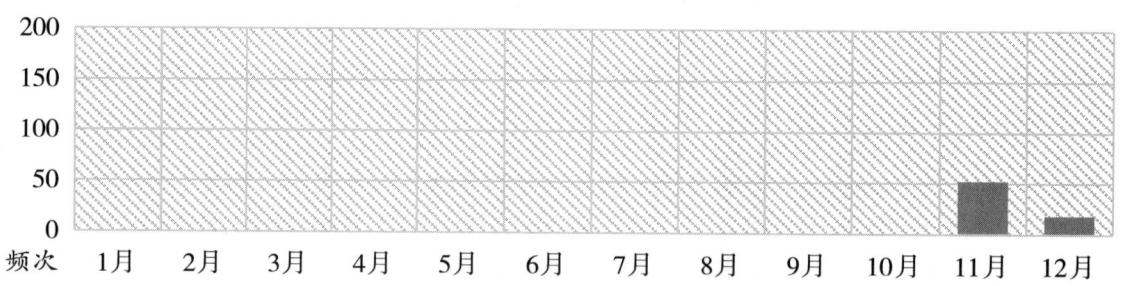

2017年最受媒体关注的"美国纽约曼哈顿卡车撞人案"相关新闻

- 11月,当地时间10月31日下午3点30分左右,纽约曼哈顿下城发生卡车撞人袭击事件。
- 12月,美国纽约曼哈顿发生卡车故意撞人案,造成8人死亡,11人重伤。这是自"9·11"以来,该市发生的最严重的恐怖袭击事件。

埃及西奈半岛清真寺特大恐袭

埃及近年来人员死伤最为严重的袭击事件

当地时间2017年11月24日，埃及西奈半岛北部地区一清真寺在祷告期间遭遇炸弹袭击。事件造成多人死伤。当地媒体称，有迹象显示该事件可能是自杀式炸弹袭击或定时炸弹袭击，遇袭期间还有疑似武装分子对逃散人群开枪射击。

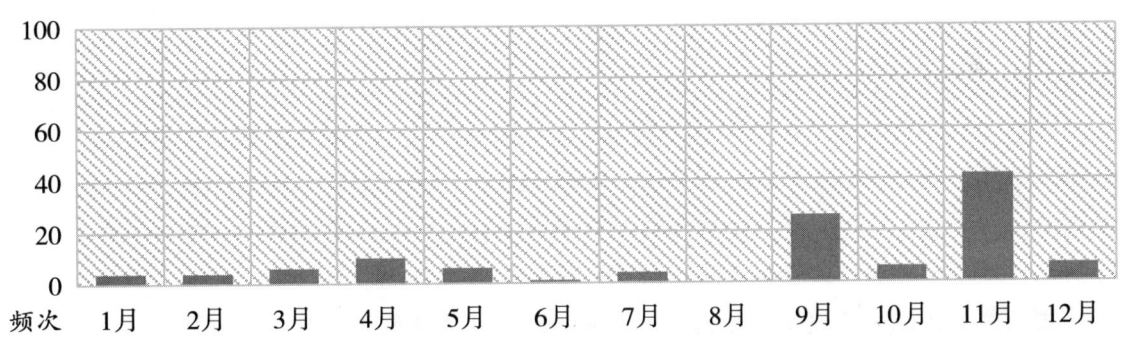

2017年"埃及西奈半岛清真寺特大恐袭"媒体关注度逐月分布

2017年最受媒体关注的"埃及西奈半岛清真寺特大恐袭"相关新闻

- 11月，当地时间24日发生的埃及西奈半岛清真寺特大恐怖袭击已造成包括27名儿童在内的至少305人死亡，逾百人受伤。

2017年中国媒体关注度最高的十大国际人物

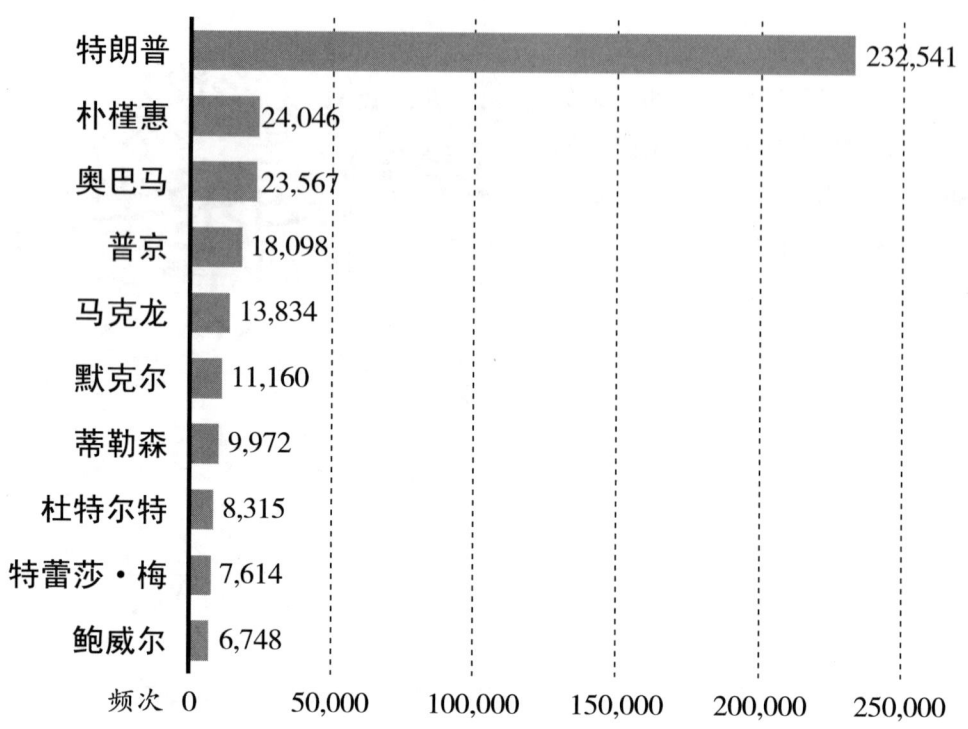

2017年中国媒体关注度最高的十大国际人物是指在2017年的中国媒体上出现次数最多的世界各国政界知名人物。

美国总统特朗普位居榜单首位且媒体关注度遥遥领先，可见其上任一年中的一举一动均备受关注；奥巴马正式卸任，而其引以为豪的各项"政治遗产"均被特朗普一一推翻；普京表示将参加2018年俄罗斯总统大选，极有可能开启下一个总统任期；菲律宾总统杜特尔特成功访华，中菲两国双边关系重新回到正确发展的轨道。

国际舞台上从来不缺少新面孔：马克龙当选，成为法国史上最年轻的总统；作为特朗普钦点的国务卿，蒂勒森从被提名之初就广受质疑；耶伦退位，鲍威尔成为30年来首位不具有经济学博士专业背景的美联储主席。

入榜的三位女性领导人同样引人注目。任期未满的韩国总统朴槿惠因深陷亲信门被弹劾下台；临危受命的英国首相特蕾莎·梅，上任后其民众支持率却持续下降；而德国总理默克尔即将迎来其总统生涯的第四个任期。

特朗普

始终处于争议中的政治"素人"总统

唐纳德·特朗普（Donald Trump），1946年6月14日出生于纽约，第45任美国总统，美国共和党籍政治家。

2016年11月9日，特朗普在美国大选中击败希拉里·克林顿，当选总统。美国当地时间2017年1月20日，特朗普在美国首都华盛顿宣誓就职，正式入主白宫，开启总统生涯。

上任一年，从颁布旅行禁令，退出《跨太平洋伙伴关系协定》，退出《巴黎协定》，退出移民协议，到推出医改和税改法案，特朗普政府每一项政策都饱受抨击，但又都在争议中勉强推进。

2017年"特朗普"媒体关注度逐月分布

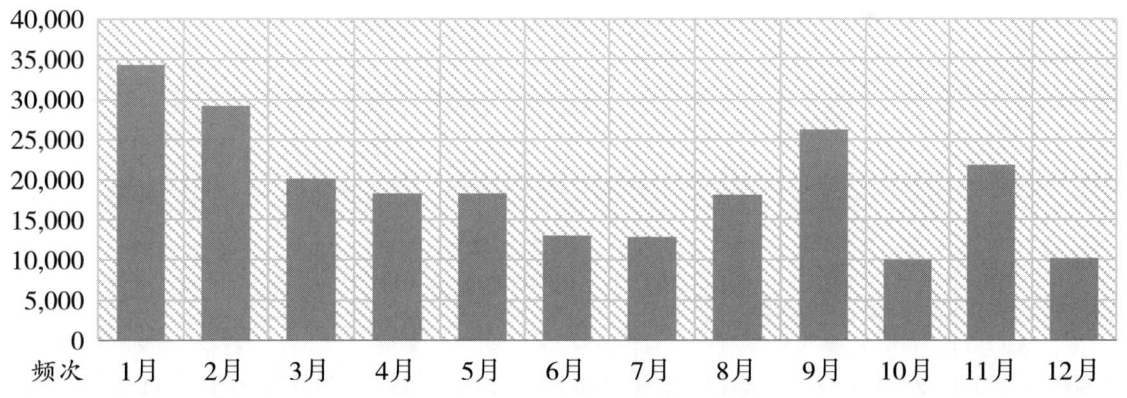

2017年最受媒体关注的"特朗普"相关新闻

- 1月，特朗普宣誓就任美国总统，就职首日公布美国经济政策目标。
- 2月，特朗普的入境限制令仍旧"失效"。
- 9月，朝鲜外务相在联合国大会发言回呛特朗普"癫狂自大"，美国高官未出席。
- 11月，美国总统特朗普对中国进行国事访问。

朴槿惠

"嫁给国家的女人"被"休"了

朴槿惠，1952年出生，韩国第3任总统朴正熙的长女，第18届韩国总统。

2016年10月，朴槿惠深陷闺蜜干政丑闻。2017年3月10日，韩国宪法法院通过对总统朴槿惠的弹劾案，朴槿惠被免去总统职务。3月31日，朴槿惠被逮捕并移送至首尔看守所。4月17日，韩国检察院以受贿罪与滥用职权罪对其提起公诉。5月23日，朴槿惠就贪腐丑闻受审。

如果没有媒体揭露朴槿惠的闺蜜崔顺实幕后弄权，朴槿惠本可在干满任期后"功成身退"，但"亲信门"事件终令朴槿惠锒铛入狱，其政治生涯黯然落幕。

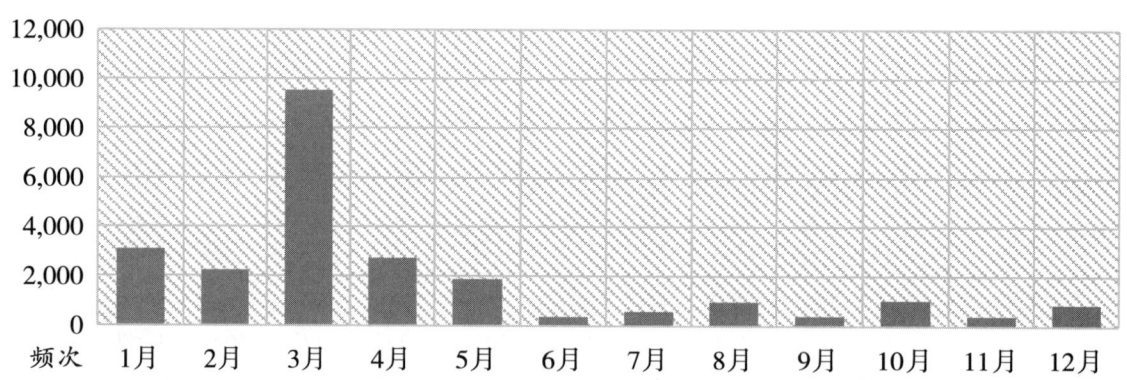

2017年"朴槿惠"媒体关注度逐月分布

2017年最受媒体关注的"朴槿惠"相关新闻

- 1月，弹劾案审理或加速，朴槿惠受访再喊冤。
- 3月，朴槿惠被免去总统职务，并被逮捕移送至首尔看守所。
- 4月，韩国检察院以受贿罪与滥用职权罪对朴槿惠提起公诉。

奥巴马

黑人总统的正式谢幕

贝拉克·侯赛因·奥巴马（Barack Hussein Obama），1961年生，美国民主党籍政治家，第44任美国总统，为美国历史上第一位非裔美国总统。

2008年11月4日奥巴马当选为美国总统，并于2012年的美国总统选举中成功连任。2017年1月20日，奥巴马正式卸任，结束了8年的美国总统生涯。

然而新一任总统特朗普的上任，或将推翻奥巴马执政8年的所有成果。从《跨太平洋伙伴关系协定》到应对气候变化的《巴黎协定》，再到医改法案、美古关系、伊核协定等，几乎奥巴马所有引以为豪的"政治遗产"，都成为特朗普致力于推翻的目标。

2017年"奥巴马"媒体关注度逐月分布

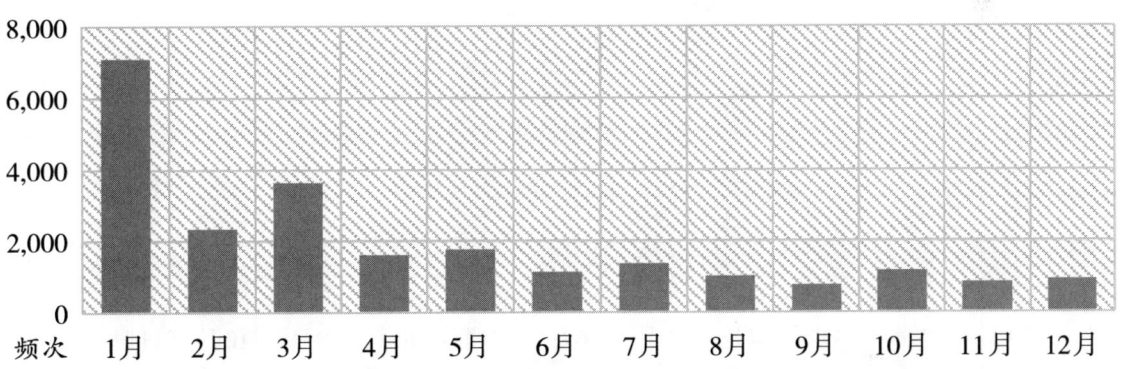

2017年最受媒体关注的"奥巴马"相关新闻

- 1月，奥巴马告别演说捍卫"政治遗产"，或隔空"敲打"特朗普。
- 2月，台上台下两重天：特朗普四面楚歌，奥巴马轻松度假。
- 3月，特朗普称大选投票前遭监听，奥巴马：一派胡言。

普京

俄罗斯最得人心总统

弗拉基米尔·弗拉基米罗维奇·普京，1952年生，俄罗斯第2、4任总统，曾担任俄罗斯总理、统一俄罗斯党主席、俄白联盟部长会议主席。

2017年12月6日，普京在俄罗斯高尔基汽车厂85周年庆典活动上宣布，将参加2018年俄罗斯总统大选。

自2000年普京第一次当选总统以来，一系列内政外交举措以及坚决捍卫国家利益的执政理念，使其在国内威望空前提高。

2017年"普京"媒体关注度逐月分布

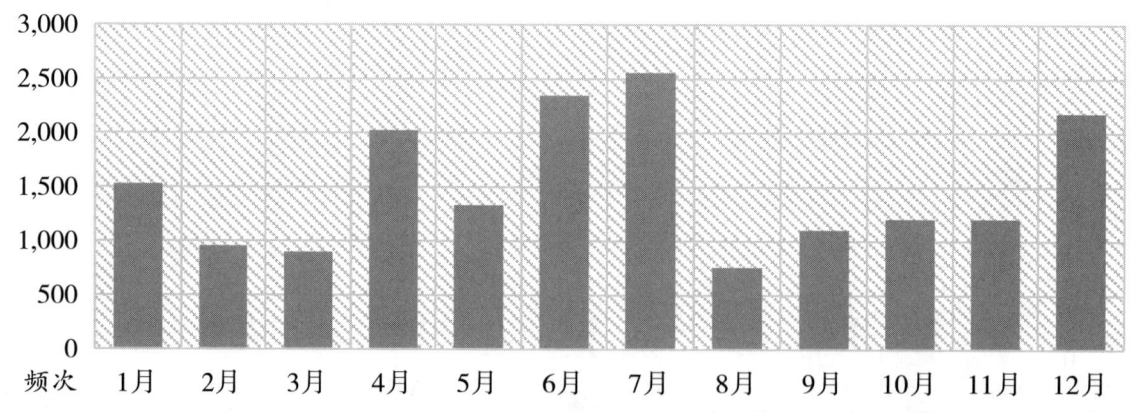

2017年最受媒体关注的"普京"相关新闻

- 4月，普京：美袭击叙利亚是侵略行为，严重损害俄美关系。
- 6月，习近平同俄罗斯总统普京举行会谈。
- 7月，普京冒雨向无名英雄墓献花圈，纪念卫国战争76周年。
- 12月，普京宣布参加2018年俄罗斯总统选举。

马克龙

最年轻的法国总统

埃马纽埃尔·马克龙（Emmanuel Macron），1977年生，法国政治家，曾任法国经济部长，现任法国总统。

2017年5月7日，39岁的马克龙赢得2017年法国总统选举，并于5月14日正式就任，成为法国历史上最年轻的总统。

马克龙就任总统次日便启程直奔德国首都柏林，开启海外首访。在与德国总理默克尔会谈时，马克龙表示要加强法德两国关系，并呼吁"历史性地重建"欧盟，这一表态为欧盟推进更大幅度的改革提供了可能。

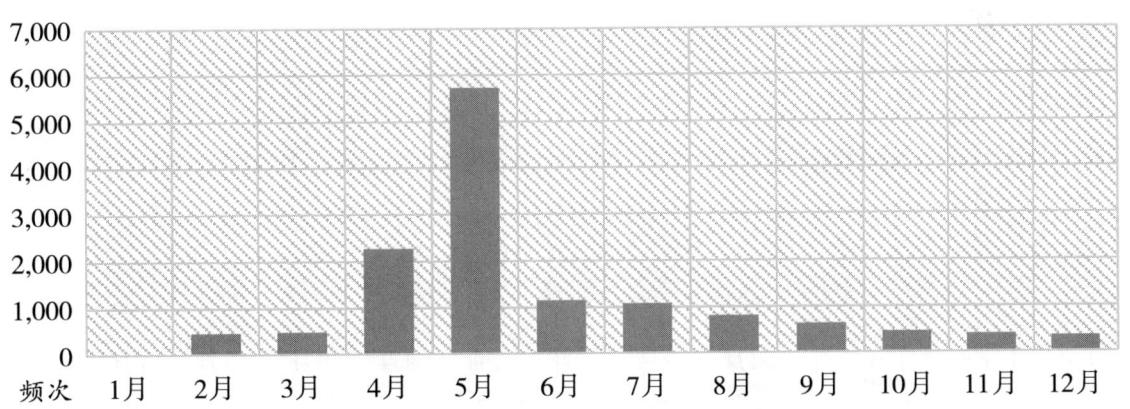

2017年"马克龙"媒体关注度逐月分布

2017年最受媒体关注的"马克龙"相关新闻

● 5月，马克龙当选法国总统，勒庞承认败选。

默克尔

德国政坛"铁娘子"

安格拉·多罗特娅·默克尔（Angela Dorothea Merkel），1954年生，德国女政治家，现任德国总理、德国基督教民主联盟主席。

2005年11月默克尔成功当选联盟党和社民党大联合政府总理，成为德国历史上第一位女总理，并在2009年和2013年的大选中成功连任。

2017年9月24日，默克尔领导的联盟党在德国联邦议院选举中获得最多选票，领先其他各党。如组阁顺利，已担任总理12年的默克尔将继续领导德国4年。

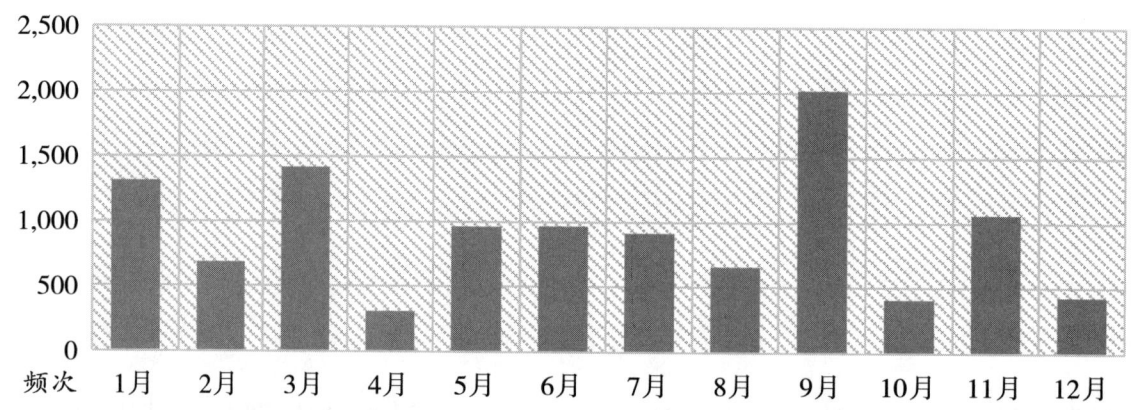

2017年"默克尔"媒体关注度逐月分布

2017年最受媒体关注的"默克尔"相关新闻

- 1月，特朗普指责默克尔难民政策，奥朗德：欧盟不用听你的。
- 3月，美国总统特朗普：与默克尔的会面非常好。
- 9月，默克尔正式赢得德国大选，与谁组阁成重要悬念。

蒂勒森

特朗普钦点国务卿

雷克斯·蒂勒森（Rex Tillerson），1952年生，美国企业家，埃克森美孚现任董事长兼CEO。2016年12月被美国总统特朗普提名为新任国务卿。

2017年2月1日，蒂勒森当选美国国务卿。2006年起担任埃克森美孚公司CEO的他曾大力推动美国企业对俄经贸、能源合作，还曾就美欧因乌克兰危机对俄实施制裁提出不同意见。与俄罗斯的微妙关系以及缺乏外交经验使蒂勒森从被提名开始就备受质疑。虽然蒂勒森最终宣誓就职，但他上任后如何处理与俄罗斯的关系成为众人关注的焦点。

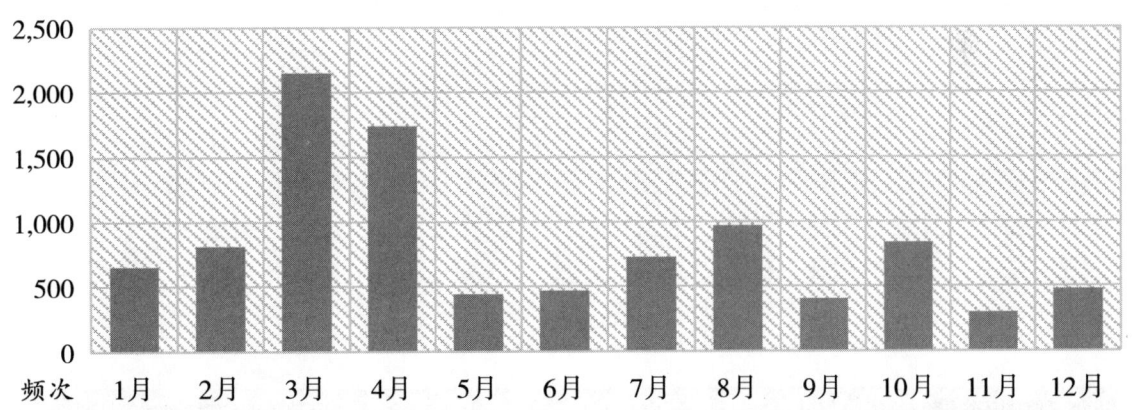

2017年"蒂勒森"媒体关注度逐月分布

2017年最受媒体关注的"蒂勒森"相关新闻

- 3月，蒂勒森访华：铺垫元首会晤，降温半岛局势。
- 8月，美朝"嘴仗"升级：蒂勒森称局势未剧烈变化。

杜特尔特

菲律宾铁腕总统

罗德里戈·杜特尔特，1945年生，现任菲律宾总统。律师出身，曾在菲南部棉兰老岛最大城市达沃任市长25年。

2016年6月30日，杜特尔特宣誓就职成为菲律宾共和国第16任总统。

2017年5月，杜特尔特到访北京并出席"一带一路"国际合作高峰论坛。11月13日，杜特尔特和美国总统特朗普在菲律宾举行的东亚峰会上进行任职以来的首次会晤。

2017年"杜特尔特"媒体关注度逐月分布

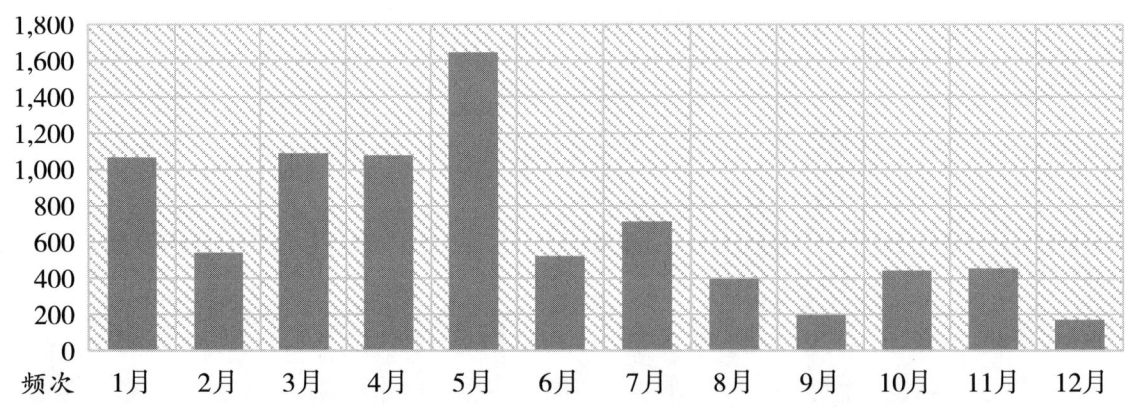

2017年最受媒体关注的"杜特尔特"相关新闻

- 1月，菲政府代表团将访华，杜特尔特：已对美国失去信心。
- 3月，菲律宾总统杜特尔特任命恩里克·马纳洛为代理外交部长。
- 5月，菲律宾总统杜特尔特抵达北京，出席"一带一路"国际合作高峰论坛。

特蕾莎·梅

从临危受命到仕途沉浮

特蕾莎·玛丽·梅（Theresa Mary May），1956年生，现任英国第54任首相及保守党党首，同时是英国历史上第二位女首相。

因前任首相卡梅伦在英国脱欧公投后辞职，2016年7月13日，特蕾莎·梅接任英国首相。这位被誉为继撒切尔夫人之后，英国第二位"铁娘子"在上任伊始就将带领英国彻底脱离欧盟，为赢得边界控制权不惜退出欧洲共同市场。

然而，自特蕾莎·梅上台以来，英国先后遭遇4次恐怖袭击，伤亡惨重。尤其是2017年，堪称英国"最受伤"的一年，特蕾莎·梅政府安保能力备受公众质疑。

2017年"特蕾莎·梅"媒体关注度逐月分布

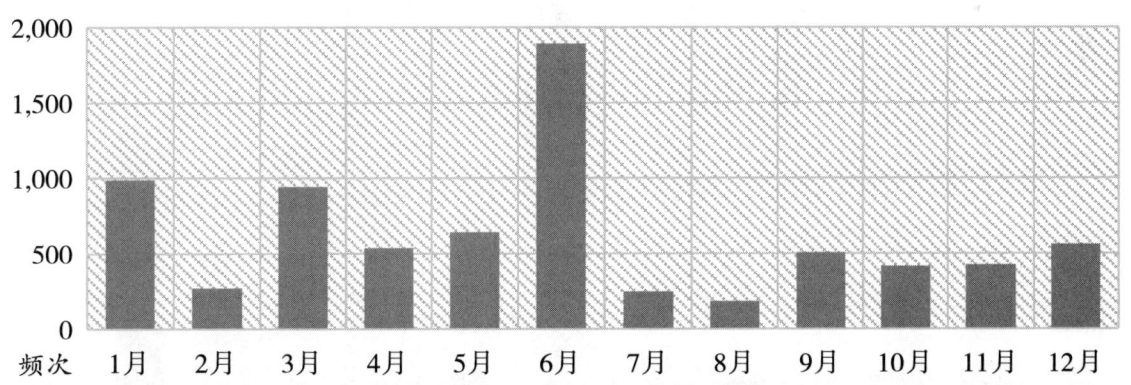

2017年最受媒体关注的"特蕾莎·梅"相关新闻

- 1月，特蕾莎·梅首次公布"脱欧路线图"。
- 3月，特蕾莎·梅正式签署启动脱欧程序的信函。
- 6月，英国大选投票结束，特蕾莎·梅所在的保守党赢得大选，但无法获得过半数席位。英国大选可能出现事前市场预测中最糟糕的结局：悬浮议会。

鲍威尔

首位非经济学博士专业背景的美联储主席

杰罗姆·鲍威尔（Jerome Powell），1953年生。

鲍威尔于20世纪90年代初担任老布什政府时期的财政部副部长，负责监管金融机构和美国国债市场。2010—2012年，他在华盛顿智库两党政策研究中心担任访问学者，协助美国国会提高政府债务上限。2012年5月成为美国联邦储备委员会理事。

2017年12月5日，美国参议院银行委员会在两党投票中，通过对鲍威尔担任美联储主席的提名，鲍威尔将成为30年来首位不具有经济学博士专业背景的美联储主席。

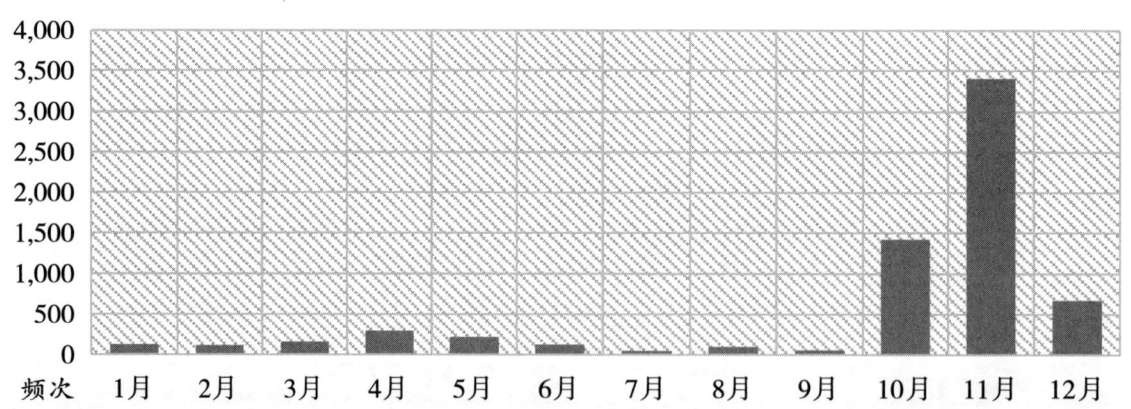

2017年"鲍威尔"媒体关注度逐月分布

2017年最受媒体关注的"鲍威尔"相关新闻

- 11月，特朗普提名鲍威尔出任下届美联储主席。
- 12月，美国参议院银行委员会通过对鲍威尔任美联储主席的提名。

2017年中国媒体关注度最高的十大经济人物

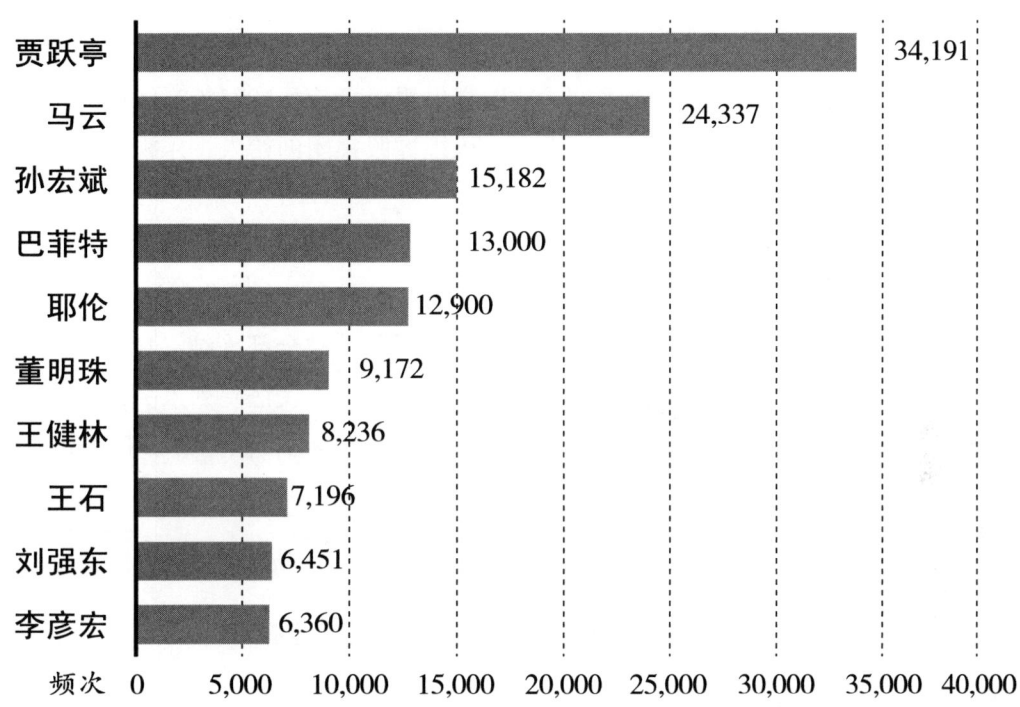

2017年中国媒体关注度最高的十大经济人物是指在2017年的中国媒体上出现次数最多的中外经济领域的知名人物。

榜单中,和乐视相关的就占两位。孙宏斌全票当选董事长,贾跃亭彻底"裸辞",乐视的这台年度资本大戏接近尾声。2017年伊始,马云和特朗普的会见引起世界范围内的关注,马云成为中国第一个和特朗普直接对话的企业家。耶伦任期届满,首位美联储女掌门即将卸任。珠海市成立决策咨询委员会,董明珠入选"智囊团",拥有除格力董事长和总裁之外的又一新身份。王健林在年会上表示,万达的"去地产化"已经基本实现,然而他自己却从"首富"位置上跌落。王石宣布退出万科董事会,万科的"王石时代"正式落下帷幕。因说自己是"脸盲",不知道妻子章泽天美不美,刘强东被网友调侃"不知妻美刘强东"。李彦宏在新年伊始表示将把战略重心放在人工智能和内容分发上,陆奇的加盟显示了李彦宏"all in"人工智能的决心。

贾跃亭

被列入"老赖"名单的CEO

贾跃亭,男,汉族,1973年2月6日出生,山西襄汾人,乐视控股集团创始人,乐视汽车生态全球董事长。

2017年7月6日,贾跃亭辞去乐视网董事长职务,并出任乐视汽车生态全球董事长。7月下旬,贾跃亭所持乐视网股份被全部冻结。12月12日,贾跃亭被北京市第三中级人民法院列入失信被执行人名单。12月13日,贾跃亭出任法拉第未来公司CEO。

2017年"贾跃亭"媒体关注度逐月分布

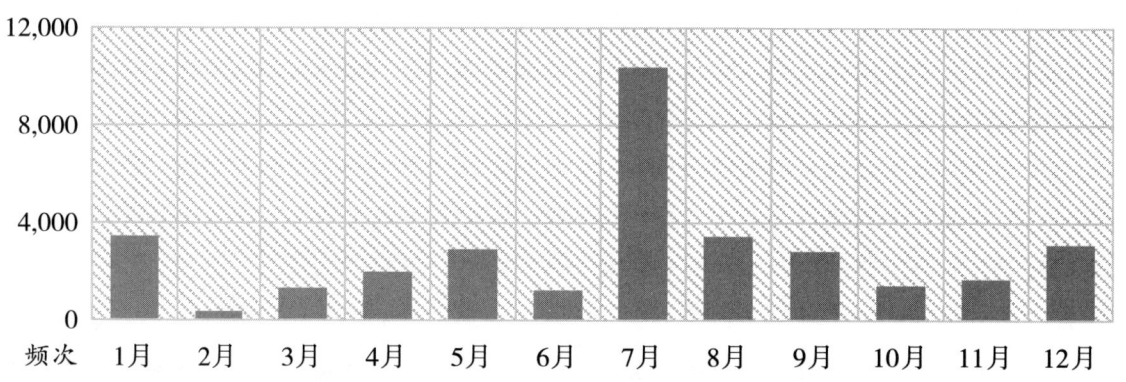

2017年最受媒体关注的"贾跃亭"相关新闻

- 1月,贾跃亭:希望乐视成为A股突破千亿美金市值的公司。
- 7月,贾跃亭辞去乐视网董事长,任乐视汽车生态董事长。
- 8月,媒体曝贾跃亭融资细节:并非单刀赴会,未申请美国绿卡。
- 12月,贾跃亭被北京证监局责令于2017年12月31日前回国,并被北京市第三中级人民法院列入失信被执行人名单。

马云

阿里帝国创始人

马云，男，1964年9月10日生于浙江省杭州市，阿里巴巴集团主要创始人，现担任阿里巴巴集团董事局主席、日本软银董事、大自然保护协会中国理事会主席兼全球董事会成员、华谊兄弟董事、生命科学突破奖基金会董事。

2017年1月9日，美国总统候选人特朗普和马云进行了一场会谈，称马云是一位伟大的企业家。11月，"2017福布斯中国400富豪榜"发布，马云以2,555.3亿元身家排在第3位。

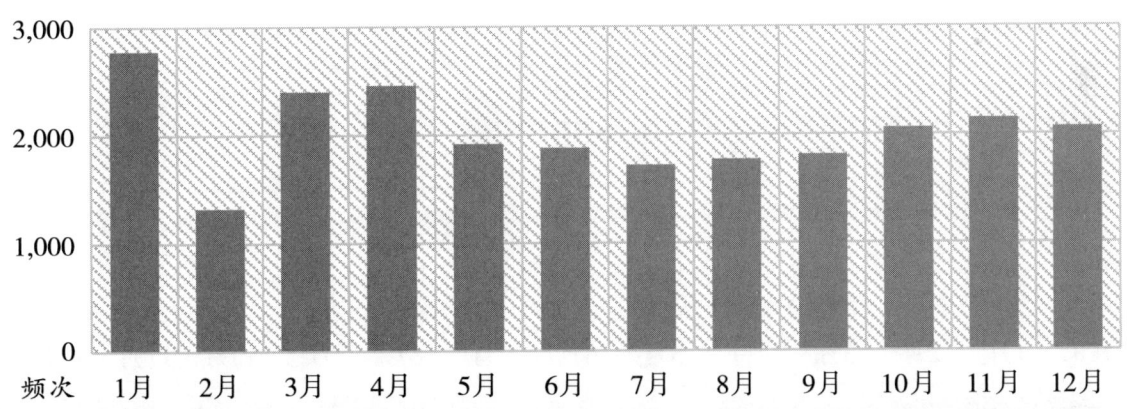

2017年"马云"媒体关注度逐月分布

2017年最受媒体关注的"马云"相关新闻

- 1月，马云纽约会见特朗普，称要帮美国中小企业触达中国消费者。
- 3月，宋清辉：马云依法治假有逃避责任之嫌。
- 4月，马云见挪威女首相：骄傲的不是赚钱而是对社会的责任。

孙宏斌

乐视"接盘侠"

孙宏斌，1963年出生于山西省临猗县，融创中国董事会主席。

2017年7月21日，在以电话会议形式召开的乐视网董事会上，孙宏斌当选为乐视网董事长。10月30日，"2017胡润房地产企业家榜"发布，孙宏斌位列第四。

从以150亿元援助乐视，到豪掷600多亿元接盘万达文旅，不到一年的时间，孙宏斌两次以"及时雨"的姿态出现，赚足了媒体的眼球。

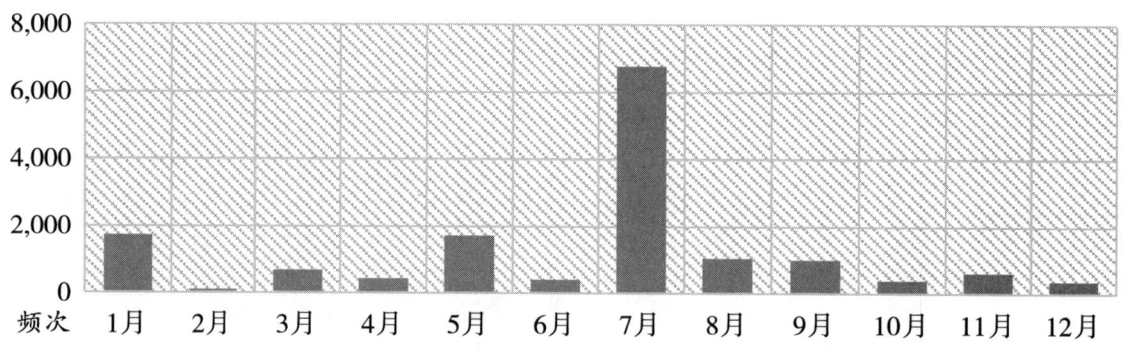

2017年最受媒体关注的"孙宏斌"相关新闻

- 1月，救"视"主孙宏斌：融创投乐视是探索增量市场。
- 5月，乐视网总经理任免由孙宏斌宣布，贾跃亭被问"谁的乐视"。
- 7月，孙宏斌631.7亿元收购万达旗下资产。

巴菲特

"股神"遇上"水逆"

沃伦·巴菲特（Warren Buffett），男，1930年8月30日出生于美国内布拉斯加州的奥马哈市，全球著名投资商。

2017年8月，巴菲特麾下的伯克希尔·哈撒韦公司对美国得州最大电力公司Oncor的并购案，在法院即将宣布批准之时，于21日被桑普拉能源公司"截和"。祸不单行，9月12日，加拿大最大非银贷款机构Home Capital Group（HCG）股东大会投票，89%的股东拒绝巴菲特进一步注资入股HCG。今年"股神"巴菲特怕是遇上了"水逆"，低价收购得州电力公司不成，连抄底加拿大楼市的如意算盘也打水漂。

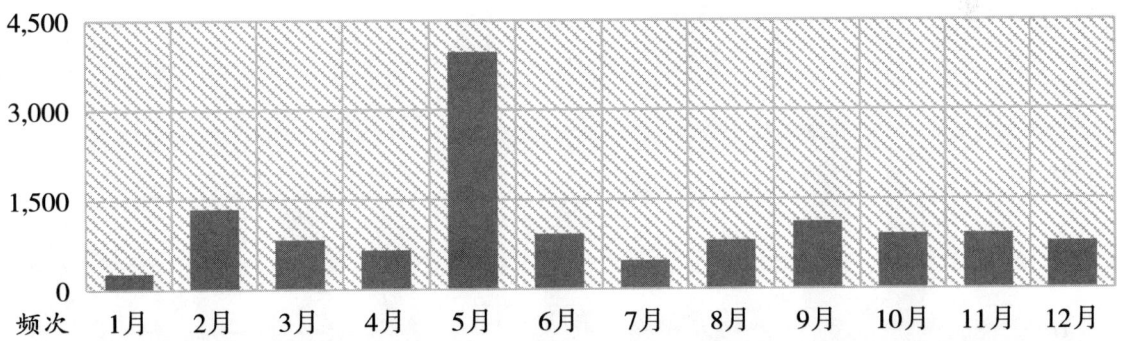

2017年"巴菲特"媒体关注度逐月分布

2017年最受媒体关注的"巴菲特"相关新闻

- 2月，"股神"巴菲特与特朗普唱反调，赞移民"有理想才华"。
- 5月，2017年巴菲特股东大会举行。
- 9月，巴菲特抄底加拿大楼市，不过如意算盘要打水漂了。

耶伦

首位美联储女掌门卸任

珍妮特·耶伦（Janet L. Yellen），1946年8月3日出生于美国纽约州布鲁克林，前美国联邦储备委员会主席，美国著名学府加州大学伯克利分校（UC Berkeley）经济学及商学院教授，是美联储百年历史上第一位女性掌门人，也是从20世纪80年代以来保罗·沃尔克之后的首位民主党背景的美联储主席。

2017年4月20日，美国《时代》杂志发布"2017年全球影响力百人榜"，耶伦入选该榜最重磅的"巨人Titans"经济与社会领袖类别。

2017年"耶伦"媒体关注度逐月分布

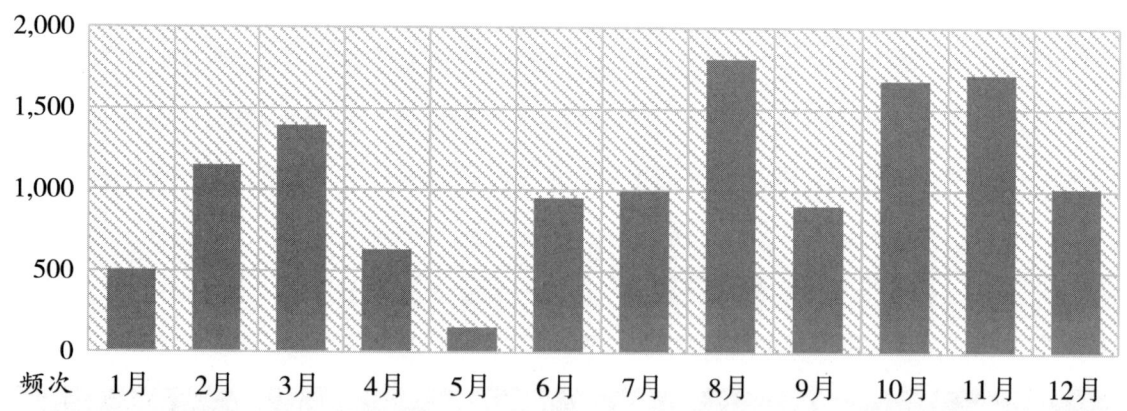

2017年最受媒体关注的"耶伦"相关新闻

- 8月，耶伦强调不能放松金融监管，或暗示不再谋求连任。
- 10月，特朗普：仍考虑提名耶伦连任美联储主席。
- 11月，特朗普提名鲍威尔为美联储主席以接替耶伦的职位。

董明珠

商界"铁娘子"

董明珠,1954年8月出生于江苏南京。2016年10月18日,董明珠卸任珠海格力集团有限公司董事长、董事、法定代表人职务,继续担任珠海格力电器股份有限公司董事长、总裁。

2017年1月10日,董明珠荣获"2016十大经济年度人物"。2月6日,董明珠位列"2017中国最杰出商界女性排行榜"第一位。3月3日,全国人大代表、格力电器董事长董明珠在十二届全国人大五次会议广东省代表团全体会议上表示,发展新能源技术有助于中国实现强国之梦,只有创造才能彻底改变中国制造。

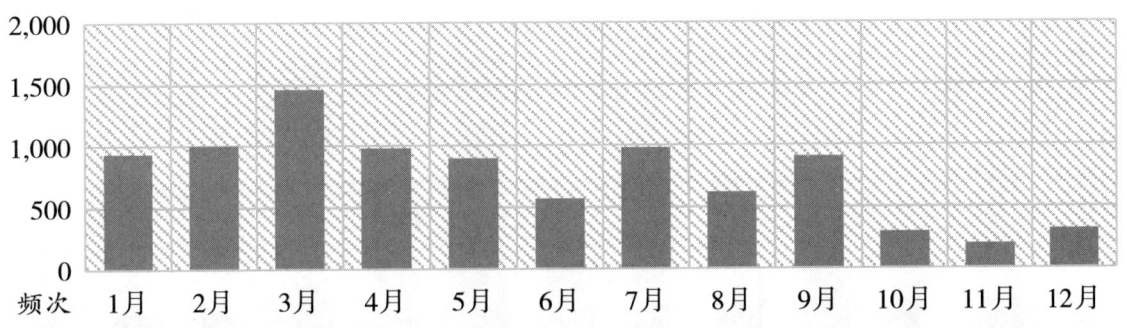

2017年"董明珠"媒体关注度逐月分布

2017年最受媒体关注的"董明珠"相关新闻

- 2月,董明珠持珠海银隆10%股权,200亿协议引关注函。
- 3月,董明珠评价整顿险资:看到了实体经济发展希望。
- 4月,格力电器抛出108亿公司史上最"壕"分红,董明珠将获得7,977万元分红。
- 7月,珠海市成立决策咨询委员会,董明珠等72人入选"智囊团"。

王健林

跌落"首富"宝座

王健林，1954年10月24日生于四川省广元市苍溪县，1989年起担任大连万达集团股份有限公司董事长。

2017年1月14日，王健林在万达集团年会上宣布：万达商业向轻资产转型成功，万达集团、万达商业都不再是地产企业。11月，"2017福布斯中国400富豪榜"发布，王健林以1,668.2亿元排名第四，跌落"首富"宝座。

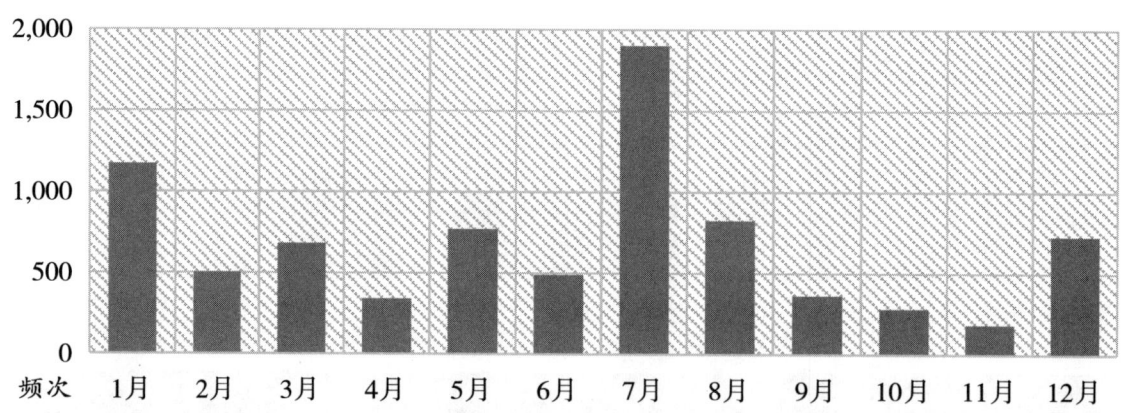

2017年"王健林"媒体关注度逐月分布

2017年最受媒体关注的"王健林"相关新闻

- 1月，王健林年会宣布：万达转型基本成功。
- 7月，王健林出售万达广场？万达回应：是轻资产战略的一部分。

王石

万科的"王石时代"落幕

王石,1951年1月生于广西柳州,万科企业股份有限公司创始人。

2017年6月30日,万科召开股东大会,王石正式辞任万科董事会主席,为充分肯定王石过去33年对万科作出的不可替代的贡献,董事会委任王石为董事会名誉主席;7月1日,王石就任万科公益基金会理事长。

从宝能举牌引发的"宝万之争"爆发以来,王石让位传闻一直没有间断。6月21日,随着一纸公告,持续近两年的万科股权事件接近尾声,万科的"王石时代"正式落下帷幕。

2017年"王石"媒体关注度逐月分布

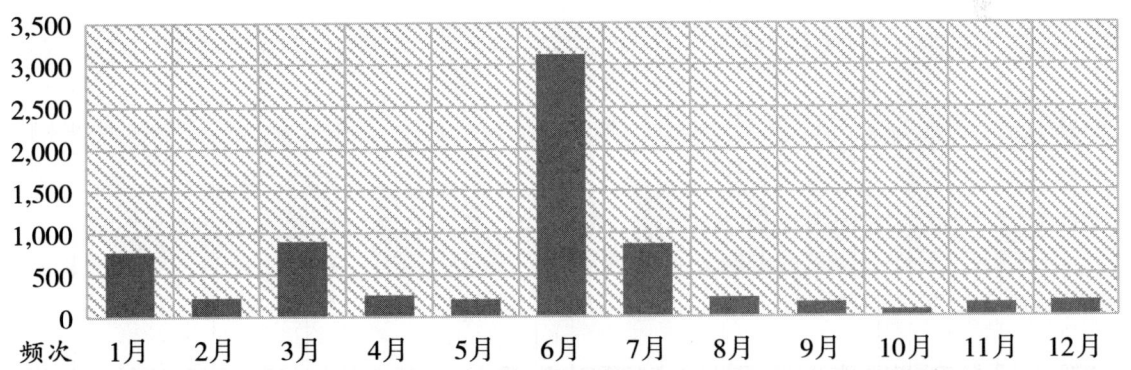

2017年最受媒体关注的"王石"相关新闻
● 3月,万科未了局:王石去留、宝能进退、董事会席位分配三大疑团待解。
● 6月,万科董事会换届方案出炉:王石退位,郁亮领衔新万科。
● 7月,万科董事会选举郁亮为董事会主席,委任王石为董事会名誉主席。

刘强东

零售电商领军人物

刘强东，1974年2月14日出生于江苏省宿迁市，京东集团董事局主席兼执行官。

2017年11月，刘强东被提名为全国工商联兼职副主席。11月27日，当选中华全国工商业联合会副会长。

7月10日，刘强东发表署名文章《第四次零售革命》，认为下一个10年到20年，零售业将迎来第四次零售革命。刘强东认为，零售的本质是不变的，未来会演化出更多的业态，超出现在的想象；但无论如何演化，都会紧紧围绕"成本、效率、体验"这三个核心。

2017年"刘强东"媒体关注度逐月分布

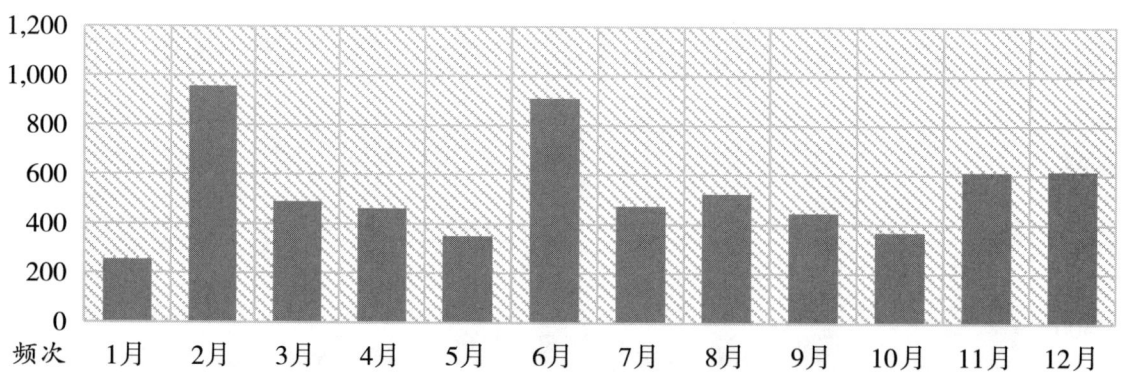

2017年最受媒体关注的"刘强东"相关新闻

- 2月，刘强东谈妻子奶茶妹妹：我脸盲，根本不知道她漂不漂亮。
- 6月，刘强东向中国人民大学捐3亿元，创人大受捐纪录。
- 11月，中国电商怎么变？马云、刘强东：线上、线下结合。
- 12月，马云回怼刘强东：我们不是消灭穷人，是消灭贫困。

李彦宏

"All in AI" 的互联网大佬

李彦宏，1968年11月17日出生于山西阳泉，百度公司创始人、董事长兼首席执行官。

2017年3月，李彦宏公布自己的两会提案：第一，关于利用人工智能和大数据技术，帮助解决走失儿童问题的提案；第二，关于打造智能交通信号灯，缓解交通拥堵问题的提案；第三，关于加强人工智能行业应用，构建国家创新型经济的提案。

2017年"李彦宏"媒体关注度逐月分布

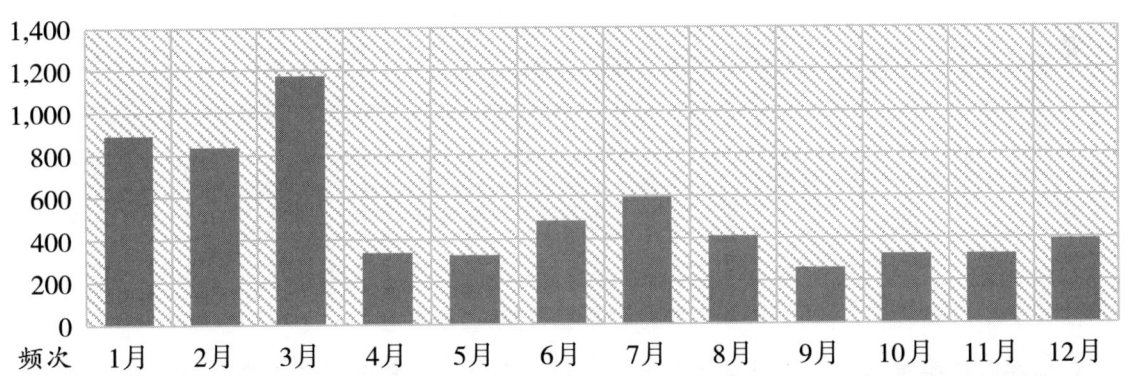

2017年最受媒体关注的"李彦宏"相关新闻

- 1月，前微软集团全球执行副总裁陆奇加盟百度，出任首席运营官，显示了李彦宏"all in"人工智能的决心。
- 2月，李彦宏表态不放弃O2O：减少补贴和营销费用，地位不可或缺。
- 3月，李彦宏谈中国人工智能：不敢说数一，数二是肯定的。

2017年中国媒体关注度最高的十大文化人物

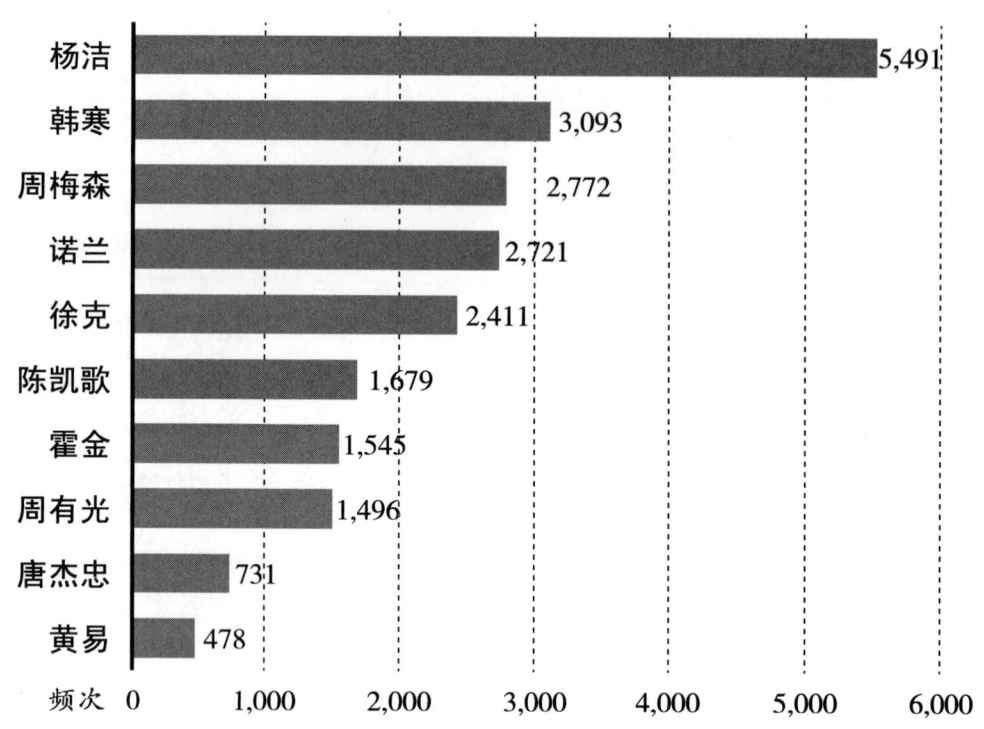

2017年中国媒体关注度最高的十大文化人物是指在2017年的中国媒体上出现次数最多的作家、诗人、新闻工作者等文化领域知名人物。

文化需要积累，名气需要传播。翻开这份榜单，上榜人物可以说都成名已久。我们要追思2017年逝去的先贤大师，他们是"宇宙之王"霍金、"拼音之父"周有光、1987年版《西游记》导演杨洁、为观众带来无数欢乐的相声演员唐杰忠、香港玄幻武侠作家黄易。他们在世时，其作品和学术思想已广为人知，对各自领域的执着贯穿整个人生。他们离去后，其卓越的成就、深远的影响、高尚的品德值得后世铭记。

优秀的作品是文化人物的立身之本。人到中年的才子韩寒锐气不减，《后会无期》之后再次执导新电影《乘风破浪》。由周梅森担任编剧的《人民的名义》创造了近十年国内电视剧收视率最高纪录。徐克在年初和年尾分别推出《西游·伏妖篇》《奇门遁甲》两部电影。陈凯歌用电影《妖猫传》带领观众再一次梦回盛唐。诺兰执导的二战史诗片《敦刻尔克》获得了票房和口碑的双赢。

2017，有些人离我们而去，留下了作品和思想；有些人依然在努力，创造着新的作品和思想。

杨洁

有情怀的"铁娘子"

杨洁，女，1929年出生于湖北省麻城市，中国导演、制片人。

1961年，杨洁担任中央电视台戏曲节目导演，同年执导的京剧《香罗帕》在1981年被评选为全国优秀电视艺术加工文艺节目。1982—1988年，拍摄完成中国首部神话电视剧《西游记》，该剧获1988年全国电视剧飞天奖和《大众电视》金鹰奖特别奖。杨洁也因此被选为新时期全国影视十佳导演之首。2010年，杨洁获中国电视剧导演工作委员会杰出贡献奖。

杨洁于2017年4月15日因病逝世，享年88岁。

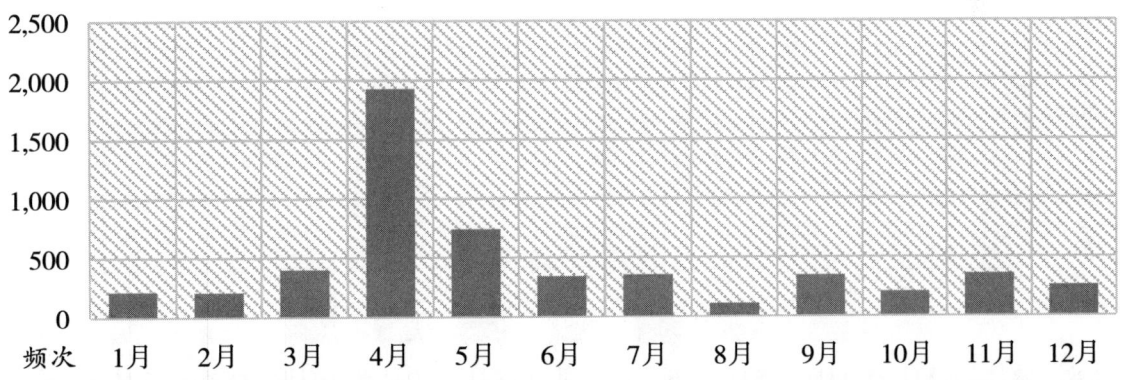

2017年"杨洁"媒体关注度逐月分布

2017年最受媒体关注的"杨洁"相关新闻

- 4月，1987年版《西游记》导演杨洁去世，各界人士纷纷沉痛送别。
- 5月，北京电视台《档案》和旅游卫视《善行天下》先后推出杨洁导演的纪录片，杨洁导演敬业奉献的一生引起广大观众的深切追思。

韩寒

先锋意见者

韩寒，1982年9月23日出生于上海，中国作家、导演、职业赛车手。

1999年，韩寒以《杯中窥人》一文获得首届全国新概念作文比赛一等奖。2000年，在上高一的韩寒退学后出版首部长篇小说《三重门》。2003年，开始职业赛车生涯。2014年7月，执导的电影《后会无期》在中国内地上映。

2017年1月28日，由韩寒编剧并执导的电影《乘风破浪》上映。

2017年"韩寒"媒体关注度逐月分布

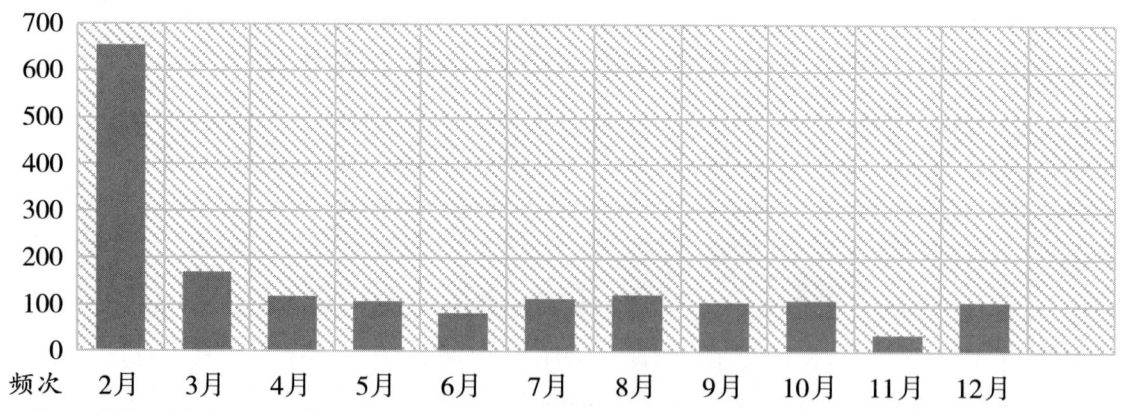

2017年最受媒体关注的"韩寒"相关新闻

● 2月，韩寒新作《乘风破浪》在上海路演，韩寒首家"很高兴遇见你"门店在上海建国路开业。

周梅森

"中国政治小说第一人"

周梅森，出生于1956年，江苏省徐州人，著名作家、编剧，中国作家协会主席团委员、江苏省作家协会副主席。

1983年周梅森发表第一部小说《沉沦的土地》，其后又陆续写出《人间正道》《中国制造》《绝对权力》《至高利益》《国家公诉》《我主沉浮》等书。其政治小说极具影响力，被影视化放上荧幕后更是屡创收视纪录，被誉为"中国政治小说第一人"。

2017年2月，周梅森的长篇小说《人民的名义》出版。3月，由其担任编剧的电视剧《人民的名义》上映。

2017年"周梅森"媒体关注度逐月分布

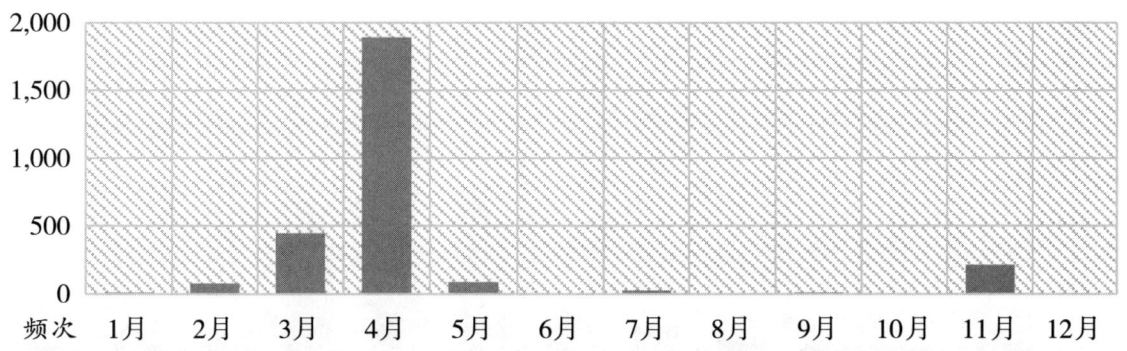

2017年最受媒体关注的"周梅森"相关新闻

- 3月，由最高检牵头立项、编剧周梅森执笔的当代检察题材反腐电视剧《人民的名义》将在湖南卫视开播。
- 4月，电视剧《人民的名义》收视率成功破3。
- 11月，作家刘三田起诉周梅森的《人民的名义》抄袭自己的作品《暗箱》。

诺兰

品位有点老派的"保温杯导演"

克里斯托弗·诺兰,1970年7月30日出生于伦敦,英国导演、编剧、摄影师及制片人。

1996年,诺兰拍摄个人首部故事片《追随》,在旧金山电影节上放映并受到关注。2012年,执导系列电影《蝙蝠侠:黑暗骑士崛起》,该片获土星奖最佳导演提名。2015年3月,诺兰凭借电影《星际穿越》入围第41届美国科幻恐怖电影奖土星奖最佳导演。

2017年,诺兰凭借《敦刻尔克》荣获亚特兰大影评人协会奖最佳导演。

2017年"诺兰"媒体关注度逐月分布

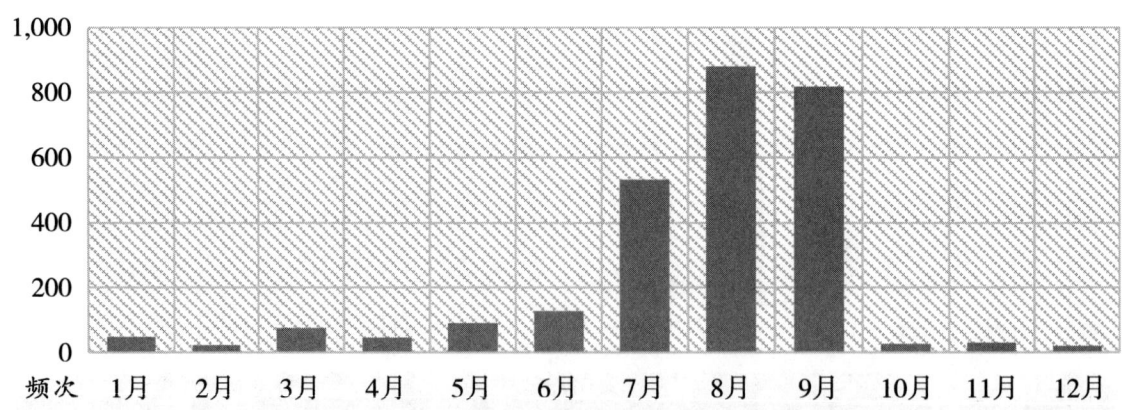

2017年最受媒体关注的"诺兰"相关新闻

- 7月,诺兰执导的《敦刻尔克》上映获得满堂彩,口碑爆棚。
- 8月,诺兰导演空降北京,为《敦刻尔克》盛大造势。
- 9月,《敦刻尔克》在中国内地盛大公映。

徐克

影坛怪杰，初心不改

徐克，1950年2月15日出生于越南西贡市，导演、编剧、监制、演员。

1981年，徐克凭借《鬼马智多星》赢得第18届台湾电影金马奖最佳导演奖。2014年，执导拍摄战争片《智取威虎山3D》。2015年，凭借《智取威虎山3D》获得第30届中国电影金鸡奖最佳导演奖。2017年执导电影《西游·伏妖篇》，监制电影《奇门遁甲》。2017年3月21日，荣获第11届亚洲电影大奖终身成就奖。

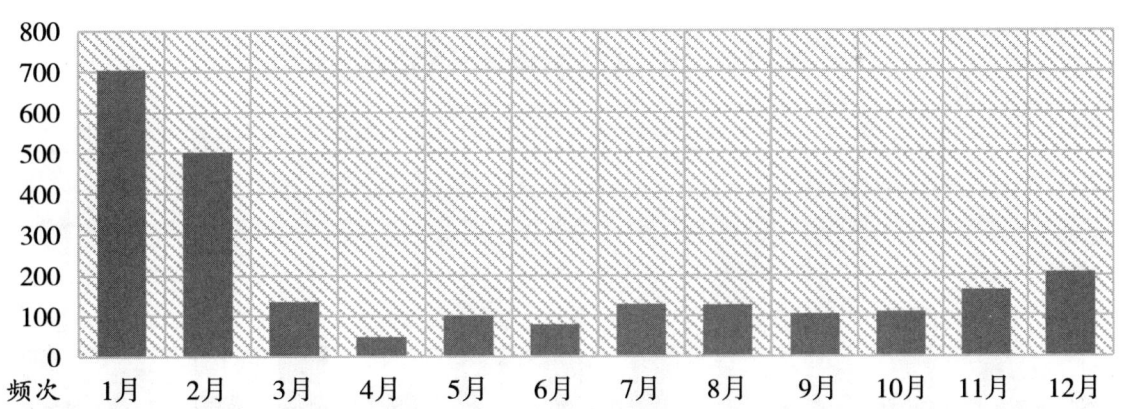

2017年"徐克"媒体关注度逐月分布

2017年最受媒体关注的"徐克"相关新闻

- 1月28日，由周星驰、徐克联手打造的《西游·伏妖篇》全国上映。
- 2月，农历大年初一到初六，徐克执导的《西游·伏妖篇》票房突破14亿，打破十项IMAX中国票房纪录。
- 12月，由袁和平执导、徐克担任编剧的《奇门遁甲》上映。

陈凯歌

上限恍如天人 下限深不可测

陈凯歌，1952年8月12日出生于北京，导演。

1984年，陈凯歌执导影片《黄土地》，获第38届洛迦诺国际电影节银豹奖。1993年，凭借《霸王别姬》斩获戛纳国际电影节金棕榈奖。2002年，凭借剧情片《和你在一起》获得第22届中国电影金鸡奖最佳导演奖。2010年，执导古装片《赵氏孤儿》，同年获得第13届上海国际电影节华语电影杰出贡献奖。

2017年年底，陈凯歌执导的剧情片《妖猫传》上映。

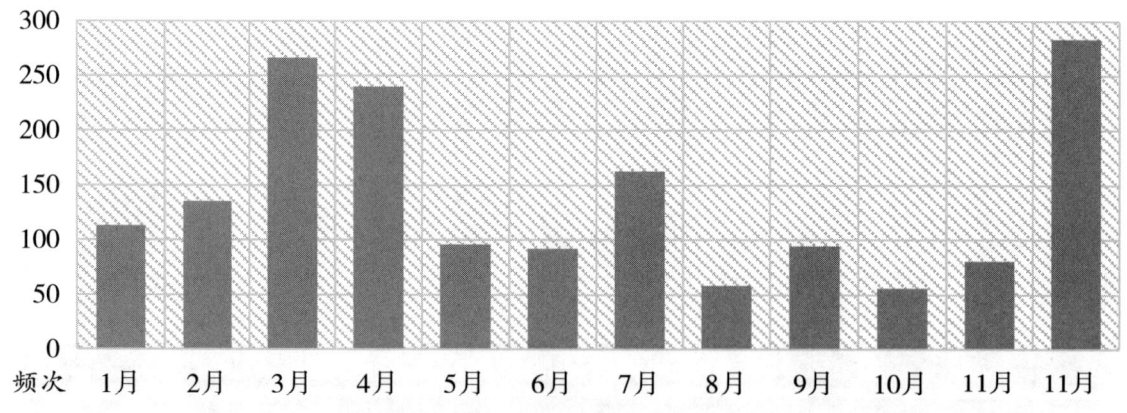

2017年"陈凯歌"媒体关注度逐月分布

2017年最受媒体关注的"陈凯歌"相关新闻

- 3月，陈凯歌爱子陈宇飞首次以演员身份出席《秘果》发布会。
- 12月，陈凯歌执导的电影《妖猫传》上映。

霍金

"宇宙之王"

史蒂芬·威廉·霍金（Stephen William Hawking），1942年1月8日出生于英国牛津，著名物理学家、宇宙学家、数学家。

霍金是继爱因斯坦之后最杰出的理论物理学家和当代最伟大的科学家，被誉为"宇宙之王"。他的代表作品有《时间简史》《果壳中的宇宙》《大设计》等。

2017年，霍金为英国BBC录制纪录片《探索新地球》。11月，霍金预言2600年能源消耗增加，地球或将变成"火球"。

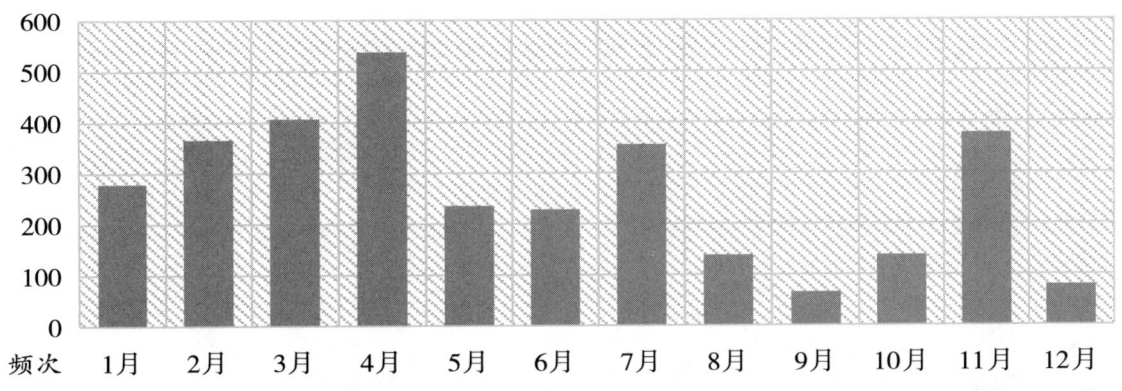

2017年"霍金"媒体关注度逐月分布

2017年最受媒体关注的"霍金"相关新闻

- 3月，霍金在接受《伦敦时报》采访时称，人工智能缺乏监管有可能危及人类。
- 4月，霍金在北京全球移动互联网大会上以视频的形式发表演讲。
- 11月，霍金在一个汇集顶尖科学家的年度论坛上预测，人口增长会导致2600年全球电力消耗严重，地球会变得炽热。

周有光

会"拐弯儿"的汉语拼音之父

周有光,原名周耀平,1906年出生于江苏常州,杰出的语言文字学家、经济学家,通晓汉、英、法、日四种语言。

周有光一生充满传奇,早年专攻经济学,曾经留学日本并在美国工作。新中国成立后回上海任经济学教授,1955年受命改行至语言文字领域,参与设计"汉语拼音方案",被誉为"汉语拼音之父"。2017年1月14日,周有光去世,享年112岁。

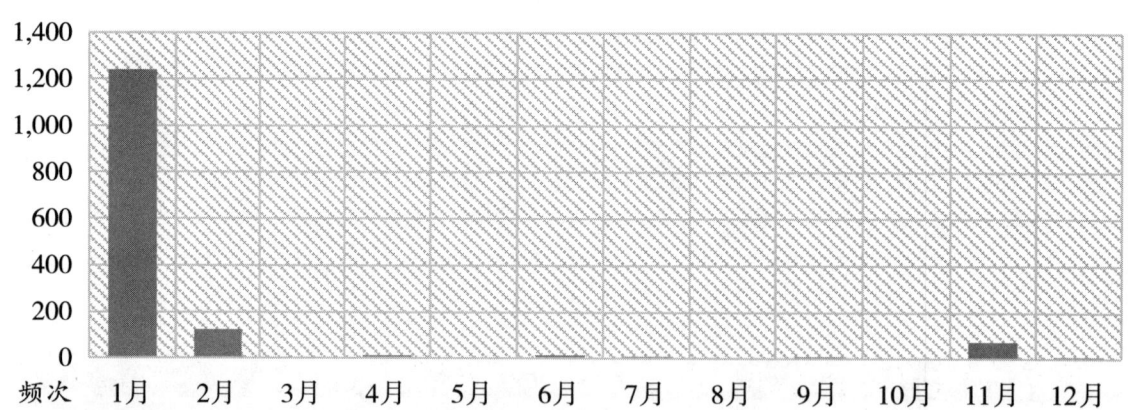

2017年"周有光"媒体关注度逐月分布

2017年最受媒体关注的"周有光"相关新闻

● 1月,著名金融学、经济学、语言学教授周有光先生于本月14日离世,享年112岁。

唐杰忠

不挡不抢，中规中矩

唐杰忠，汉族，1932年出生于北京，相声名家。

1964年拜刘宝瑞为师，1974年开始与马季搭档，合作演出《友谊颂》《高原彩虹》等相声。在1987、1988年中央电视台春晚分别表演相声《虎口遐想》《电梯奇遇》，获得全国观众的喜爱。被评为中国"十大笑星"，获得"侯宝林金像奖""中国曲艺牡丹奖终身成就奖"等殊荣。

2017年6月18日晚，著名相声表演艺术家唐杰忠因病医治无效，不幸逝世，享年85岁。

2017年"唐杰忠"媒体关注度逐月分布

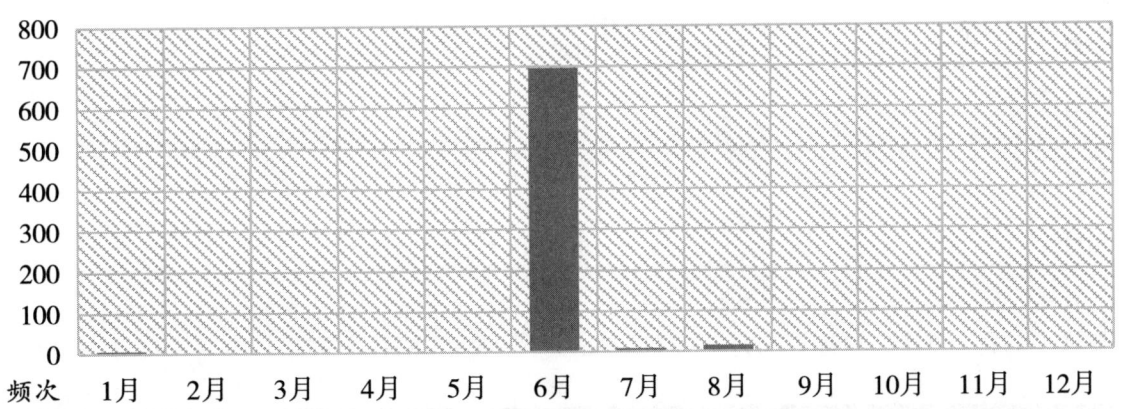

2017年最受媒体关注的"唐杰忠"相关新闻

● 6月，著名相声表演艺术家唐杰忠先生因病医治无效，在京不幸逝世，享年85岁。

黄易

武侠寥落后，超级赛亚人

黄易，原名黄祖强，1952年出生于香港，毕业于香港中文大学。

求学期间专攻传统中国绘画，获"翁灵宇艺术奖"，后出任香港艺术馆助理馆长，负责推动当地艺术与东西文化交流。1989年舍去高职厚薪，隐居离岛深山、藏风聚水之地，专心从事创作。20世纪90年代，以独树一帜的武侠作品席卷中国香港、台湾地区。

2017年4月5日，黄易因中风在医院病逝，享年65岁。

2017年"黄易"媒体关注度逐月分布

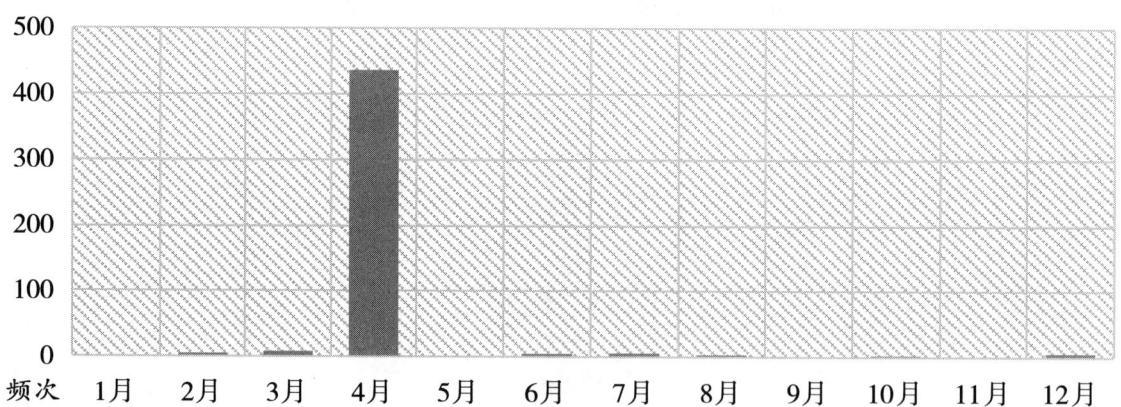

2017年最受媒体关注的"黄易"相关新闻

● 4月，黄易因中风在医院病逝，享年65岁。

2017年中国媒体关注度最高的十大体育人物

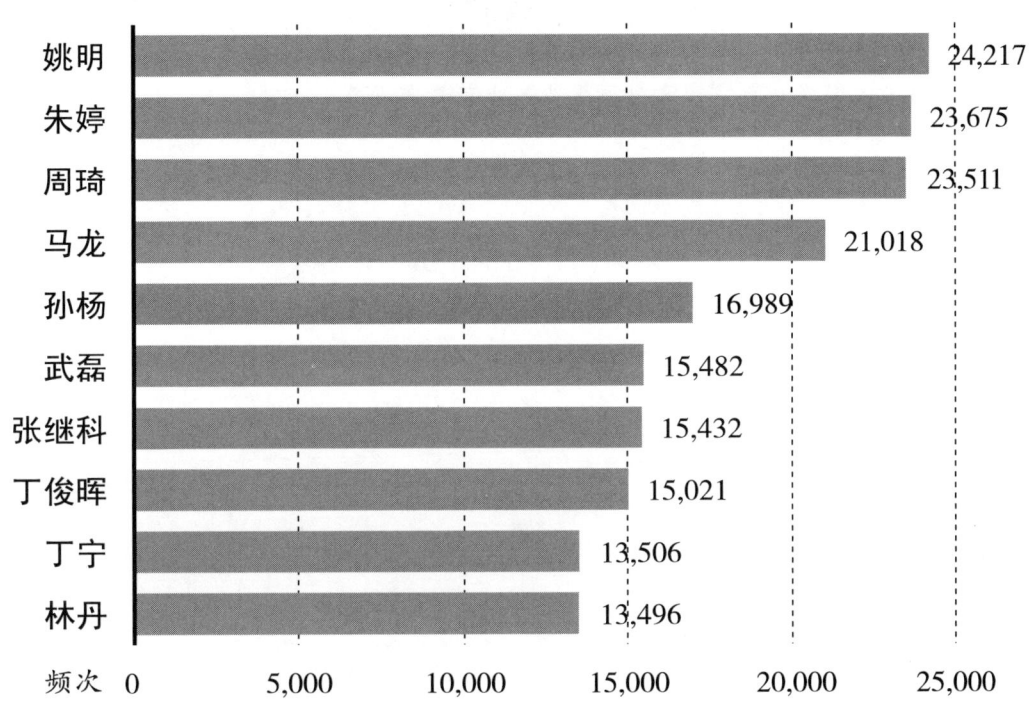

2017年中国媒体关注度最高的十大体育人物是指在2017年的中国媒体上出镜率最高的运动员、教练等体育领域的明星人物。

2017年对于中国篮球来说是不平凡的一年，姚明当选中国篮球协会主席以及CBA（中国男子篮球职业联赛）公司董事长，名列榜首。两个新身份，是姚明，也是中国篮球新征程的开始。位列榜单第3位的篮球天才周琦，拿下"CBA+全运会"双料冠军，并且加入休斯敦火箭队，有望书写中国人在篮球场上新的传奇。2017年对于中国乒乓球队可谓一波三折。作为乒乓球队的领军人物，位于榜单第4位的马龙和位于榜单第9位的丁宁依旧发挥稳定：马龙拿下世乒赛和全运会冠军，成为第一位超级"全满贯"男子选手；丁宁则实现了奥运会、世锦赛、世界杯、全运会"全满贯"。而位于榜单第7位的张继科，则度过了一个不太顺利的2017年：伤病、退赛、状态下滑、战绩惨淡，私下出席商业活动，这位国乒"网红"能否找回当年霸气，我们拭目以待。世锦赛200米、400米冠军，全运会6金1银，中国劳伦斯冠军奖最佳男运动员、最具人气男运动员，名列榜单第5位的孙杨的2017年刻满了荣耀与艰辛，这既是成就，也是动力。

位于榜单第6位的是上港前锋武磊，他凭借联赛射手榜第二，为国家队奉献了8粒进球的成绩，又一次杀进"亚洲足球先生"评选前三位；榜单上排名第2的朱婷依旧延续强势表现，从俱乐部到国家队，无往不胜，成为名副其实的"荣誉收割机"。排名第8位的丁俊晖2017年却不甚如意：失去亲人、眼角膜感染、比赛状态不佳，希望小丁走出阴霾、重振雄风。位列第10的林丹虽已不再年轻，但仍旧肩负中国羽毛球队前行的重任。

中国体育的2017年，让我们看到了更多的坚守、更多的不易，当他们为胸口的五星红旗拼搏时，请给他们多一点宽容和鼓励，少一点苛责与埋怨。

姚明

篮球"小巨人"变中国篮球掌舵人

姚明，1980年9月12日出生于上海市徐汇区，祖籍江苏省苏州市吴江区震泽镇，前中国职业篮球运动员，司职中锋，现任CBA公司董事长兼总经理。

姚明作为最成功的中国篮球运动员之一，在2002年以状元身份加入NBA休斯敦火箭队，成为在美国影响力最大的中国运动员。

2017年，休斯敦火箭队正式退役姚明的11号球衣。在中国篮球协会第九届全国代表大会上，姚明当选篮协主席。7月，经中国篮协提名，公司董事会表决通过任命姚明为CBA公司董事长。姚明作为中国篮球的掌舵人，将开启中国篮球的新篇章。

2017年"姚明"媒体关注度逐月分布

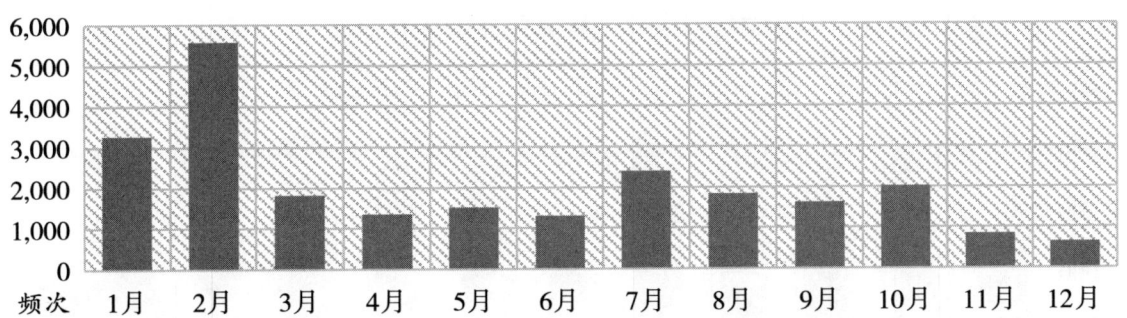

2017年最受媒体关注的"姚明"相关新闻

- 2月，姚明的11号球衣在火箭主场对公牛的中场休息时退役。
- 2月，在中国篮球协会第九届全国代表大会上，姚明当选篮协主席。
- 7月，经中国篮协提名，公司董事会表决通过任命姚明为CBA公司董事长。
- 10月，姚明将上海哔哩哔哩俱乐部全部股权转让。

朱婷

"MVP收割机"传奇继续

朱婷，中国著名女子排球运动员，1994年11月29日出生于河南省周口市郸城县，2013年正式入选郎平执教的中国国家女子排球队，现为中国女排队长，披2号球衣，司职主攻。

2017年，朱婷领衔的土耳其瓦基弗银行队接连夺得欧洲女排冠军联赛世俱杯、土耳其超级杯的冠军。朱婷夺得两次"MVP"，成为名副其实的"MVP收割机"，也成为世界排坛首屈一指的运动员。而朱婷的巅峰仍值得期待，这位女排主攻必将书写新的传奇。

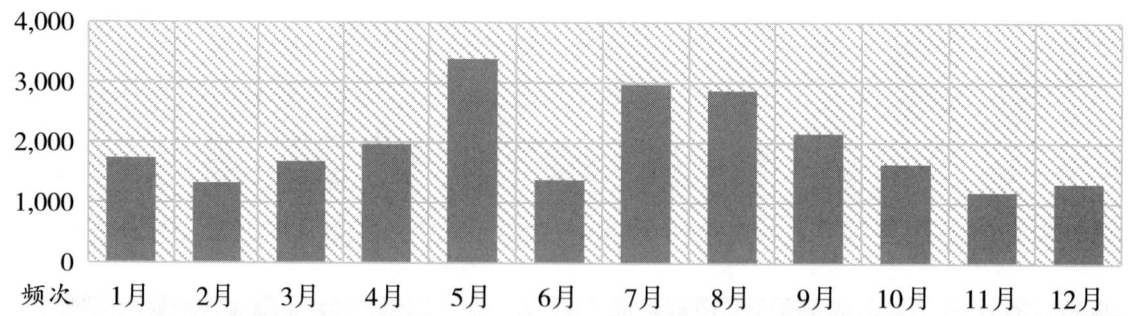

2017年"朱婷"媒体关注度逐月分布

2017年最受媒体关注的"朱婷"相关新闻

- 5月，土耳其瓦基弗银行队荣获2017年女排世俱杯冠军，朱婷获"最佳主攻+MVP"。
- 7月，朱婷正式回归中国女排。此次回归朱婷接替惠若琪，成为中国女排的新任队长。
- 8月，朱婷以第一主攻的身份入围上赛季土超联赛的最佳阵容。

周琦

"大魔王"亮相NBA

周琦，1996年1月16日出生于河南新乡，中国篮球运动员，司职中锋，效力于NBA休斯敦火箭队。

在CBA联赛经历一年的磨炼，周琦带领新疆男篮夺得2016—2017赛季CBA联赛总决赛冠军，并荣膺2016—2017赛季CBA年度最佳防守球员。

7月，周琦正式与NBA休斯敦火箭队签约，成为继姚明之后，第二位效力该队的中国球员。

2017年"周琦"媒体关注度逐月分布

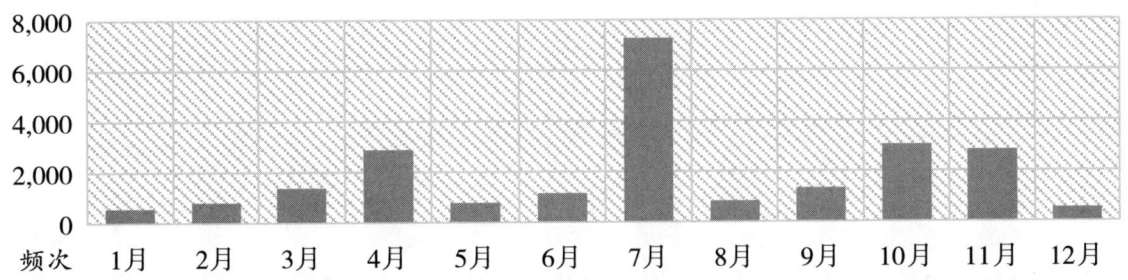

2017年最受媒体关注的"周琦"相关新闻

- 4月，周琦帮助新疆队以总分4∶0击败广东队，获得2016—2017赛季CBA联赛总决赛冠军。周琦荣膺2016—2017赛季CBA年度最佳防守球员。
- 7月，周琦正式签约NBA休斯敦火箭队，成为继姚明之后第二位效力该队的中国球员。
- 10月，周琦迎来NBA常规赛首秀，登场7分钟。

马龙

国乒"野兽"继续碾压

马龙,1988年10月20日出生于辽宁省鞍山市,中国男子乒乓球队运动员,乒乓球奥运冠军。2014年任中国男子乒乓球队队长,是首位集奥运会、世锦赛、世界杯、亚运会、亚锦赛、亚洲杯、巡回赛总决赛、全运会单打冠军于一身的超级全满贯男子选手。

2017年,马龙依旧保持着强劲的势头,拿下德国杜塞尔多夫世乒赛和全国运动会的冠军。

2017年"马龙"媒体关注度逐月分布

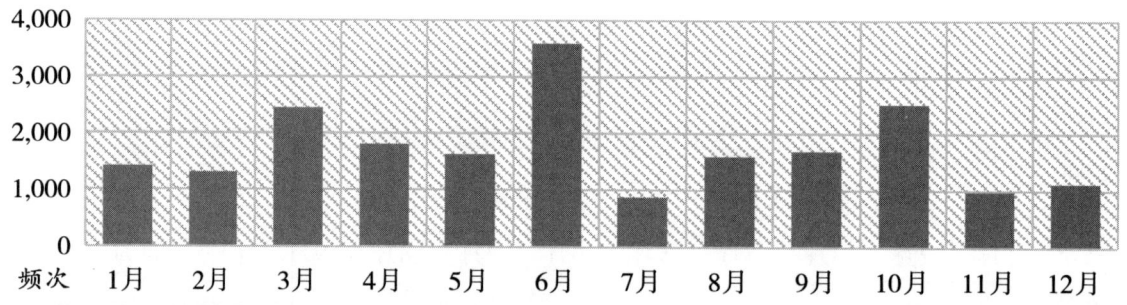

2017年最受媒体关注的"马龙"相关新闻

- 3月,马龙获得2017年"地表最强12人"国乒直通选拔赛"地表最强人气王"称号。
- 6月,马龙获得德国杜塞尔多夫世乒赛冠军。
- 10月,马龙获得2017年大本钟奖体育类(赫拉特勒斯奖)"十佳华裔运动员"称号。

孙杨

"大白杨"老骥伏枥，志在千里

孙杨，1991年12月1日出生于浙江杭州，中国国家游泳队队长，男子1,500米自由泳世界纪录保持者、男子400米自由泳奥运会纪录保持者。

在2017布达佩斯世锦赛上，孙杨夺得男子400米自由泳冠军，实现三连冠；并夺得男子200米自由泳冠军。在全运会上，孙杨惊人地拿下400米自由泳、200米自由泳、4×200米自由泳接力、800米自由泳、1,500米自由泳、4×100米混合泳接力6枚金牌。

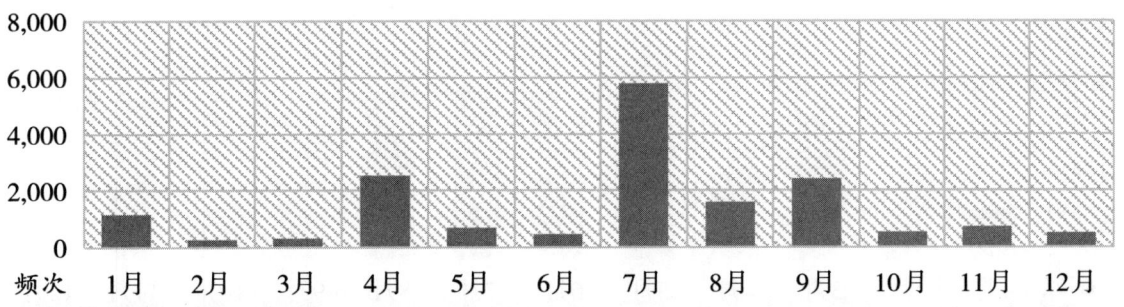

2017年"孙杨"媒体关注度逐月分布

2017年最受媒体关注的"孙杨"相关新闻

- 4月，孙杨包揽全国冠军赛从100米到1,500米所有自由泳项目金牌。
- 7月，孙杨获得2017布达佩斯世锦赛200米、400米自由泳冠军。
- 9月，孙杨获得全运会400米自由泳、200米自由泳、4×200米自由泳接力、800米自由泳、1,500米自由泳、4×100米混合泳接力6枚金牌。

武磊

国产"核武7"的爆发之路

武磊，1991年11月19日出生于中国南京，中国足球运动员，司职前锋。2006年在中乙联赛登场时，吴磊仅有14岁零10个月，是中国职业足球赛场史上最年轻的球员。

2017年，武磊再创新高，他连续两年入选"亚洲足球先生"三甲候选名单。中超联赛中，武磊打进20球，创造个人新高，位列射手榜第二，成为中超射手榜前20的唯一国内球员。国家队比赛中，武磊也在12强赛上收获进球。虽然最终无缘"亚洲足球先生"，但武磊已然成为中国足坛最闪耀的明星。

2017年"武磊"媒体关注度逐月分布

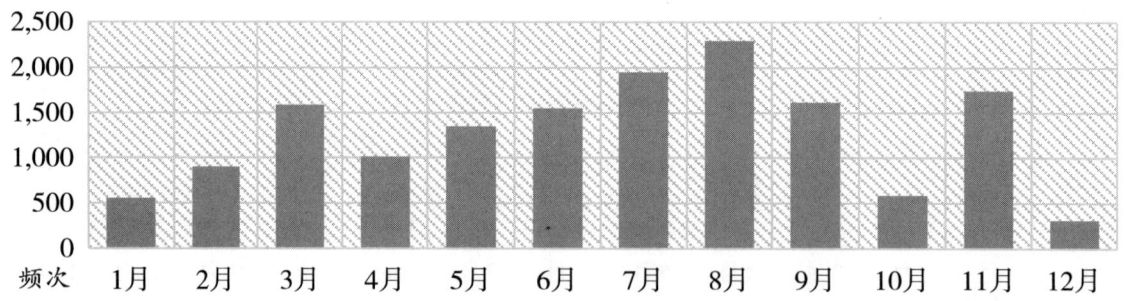

2017年最受媒体关注的"武磊"相关新闻

- 7月，中超联赛第18轮，武磊梅开二度，帮助上港2∶2战平恒大。
- 8月，亚冠比赛，武磊梅开二度，帮助上港4∶0横扫恒大。

张继科

沉寂的"大魔王"

张继科，1988年2月16日出生于山东省青岛市，中国男子乒乓球队运动员。他是乒坛历史上第7位大满贯选手，也是继刘国梁、孔令辉后的中国男乒史上第3位大满贯选手。

2017年对张继科来说并不顺利。奥运会后缺乏系统训练的他在卡塔尔公开赛和中国公开赛相继退赛。在杜塞尔多夫世乒赛上止步于32强。张继科没有输给别人，能战胜他的只有他自己。期待"大魔王"的涅槃重生。

2017年"张继科"媒体关注度逐月分布

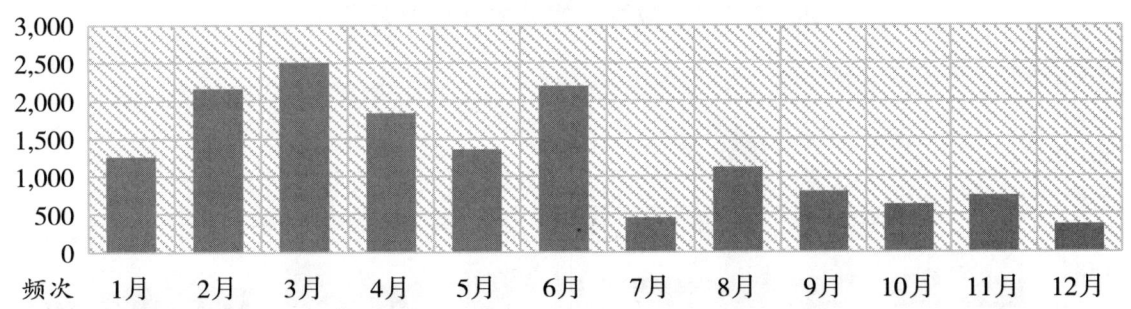

2017年最受媒体关注的"张继科"相关新闻

- 2月，张继科在卡塔尔公开赛第二轮因伤病退赛。
- 3月，张继科因伤正式宣告退出"地表最强12人赛"。
- 4月，在亚洲乒乓球锦标赛上，张继科战胜林高远获得季军。
- 6月，张继科在中国公开赛上选择退赛。

丁俊晖

挫折打不倒"小晖"

丁俊晖，1987年4月1日出生于江苏省宜兴市，中国男子台球队运动员，斯诺克球手。

丁俊晖职业生涯中共获得11次排名赛冠军、2次PTC分站赛冠军以及1次温布利大师赛冠军，共打出6次单杆147。越发成熟的"神童"凭借稳定的发挥已然成为世界一流斯诺克选手。

2017年对丁俊晖来说充满了磨难：母亲的去世让他悲痛万分，状态也不甚理想，上半年无冠军入账。第三季度他在邀请赛和排名赛各收获一冠，世界排名一度升到第2位。不幸的是随后他感染眼疾，在后面的比赛中再无优异发挥。虽然历经波折，但小晖从没有放弃努力，成熟的丁俊晖更值得我们尊敬。

2017年"丁俊晖"媒体关注度逐月分布

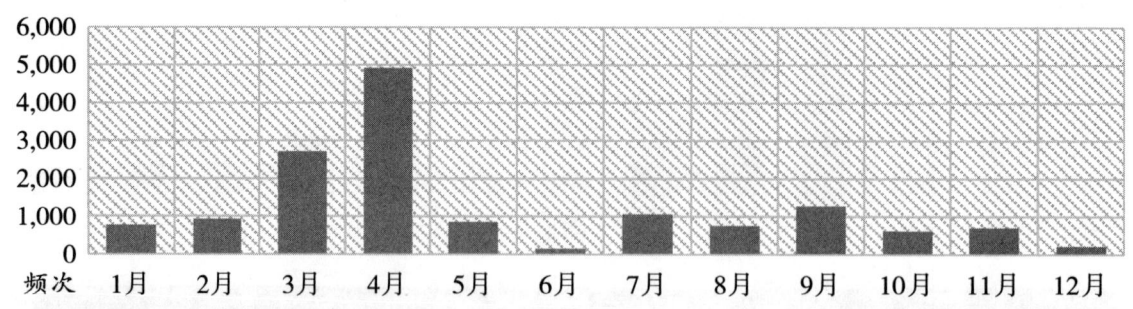

2017年最受媒体关注的"丁俊晖"相关新闻

- 3月，在2017赛季斯诺克球员锦标赛中，丁俊晖惊天逆转连救5赛点，5:4绝杀约翰-希金斯。
- 4月，在世界斯诺克锦标赛半决赛中，丁俊晖以15:17不敌马克·塞尔比，无缘决赛。

丁宁

不断追求完美的"全满贯"

丁宁，1990年6月20日出生于黑龙江省大庆市。中国女子乒乓球队主力队员。

丁宁1996年开始练习乒乓球，2003年进入国家青年队，2005年进入国家一队。2009年，丁宁获得职业生涯首个世界冠军，2012年获得伦敦奥运会女单亚军、女团冠军，2016年获得里约奥运会女单冠军。

2017年是丁宁的"封王之年"。6月，在杜塞尔多夫世乒赛中，丁宁成功卫冕女单冠军，与刘诗雯合作获得女双冠军。在全运会上，丁宁以4∶2战胜刘诗雯夺冠，成为中国乒坛第6位包揽奥运会、世乒赛、世界杯、全运会的"全满贯"选手。

2017年"丁宁"媒体关注度逐月分布

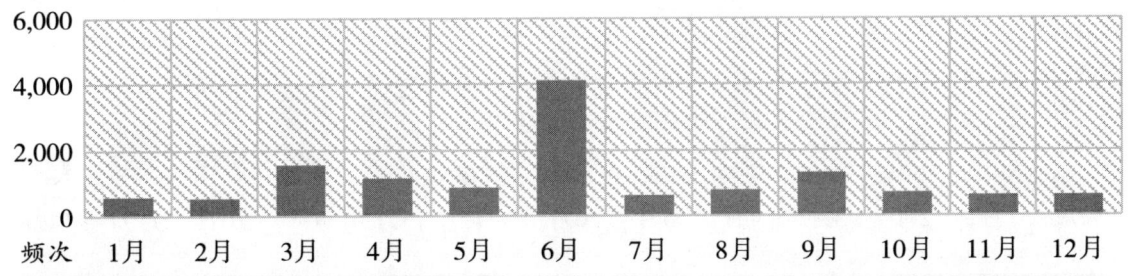

2017年最受媒体关注的"丁宁"相关新闻

- 3月，"地表最强12人赛"刘诗雯以2∶0击败丁宁。
- 6月，在杜塞尔多夫世乒赛中，丁宁成功卫冕女单冠军，与刘诗雯搭档获得女双冠军。

林丹

老而弥坚的"超级丹"

林丹，1983年10月14日生于福建省龙岩市上杭县临江镇。中国羽毛球男子单打项目运动员。2008年北京奥运会、2012年伦敦奥运会羽毛球男单冠军。羽毛球运动历史上第一位集奥运会、世锦赛、世界杯、亚运会、亚锦赛、全英赛、全运会以及多座世界羽联超级系列赛冠军于一身的"双圈全满贯"球员。

2017年林丹获得马来西亚公开赛男单冠军，全运会上获得男单"四连冠"并夺得个人首个全运会男团冠军。

2017年"林丹"媒体关注度逐月分布

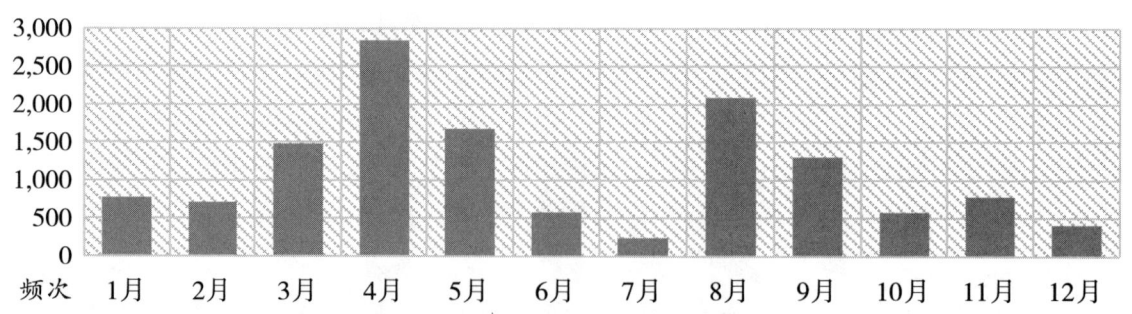

2017年最受媒体关注的"林丹"相关新闻

- 4月，林丹获得马来西亚公开赛男单冠军，终结东南亚赛事生涯无冠纪录。
- 5月，林丹微博发表声明讨薪维权，称俱乐部拖欠薪金。
- 8月，34岁的林丹时隔4年再次打进世锦赛男单决赛，但决赛中0:2不敌安赛龙获得亚军。

2017年中国媒体关注度最高的十大娱乐人物

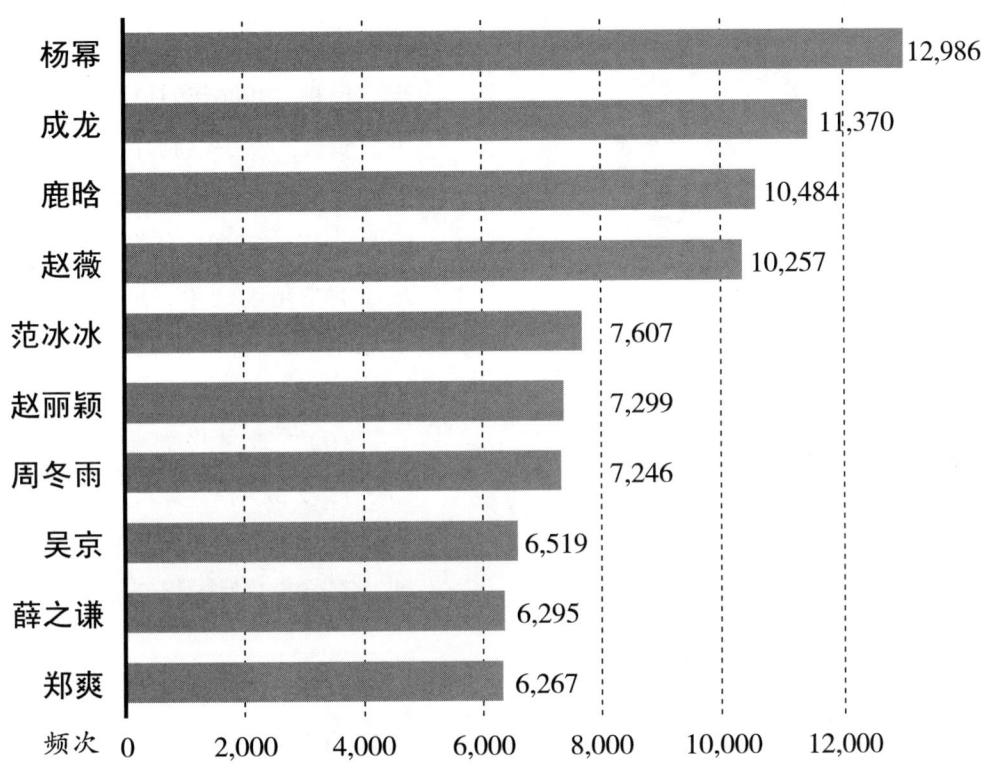

2017年中国媒体关注度最高的十大娱乐人物是指在2017年的中国媒体上出镜率最高的歌手、演员等娱乐领域的明星人物。

娱乐需要人气，"吸睛"离不开流量，2017年媒体聚焦的明星既有成名已久之辈，也有新生代势力。在10位上榜的娱乐明星中，6位是女性。杨幂凭借高产的影视作品和"网络热搜体质"频频成为焦点，"女版巴菲特"赵薇则被禁止进入证券市场，范冰冰成为戛纳电影节评委，赵丽颖携《楚乔传》成为收视女王，周冬雨凭借《喜欢你》获得第九届中国电影导演协会年度女演员奖，郑爽再次出演两部青春偶像剧，可谓"微微一笑很倾城"。4位男星中，成龙大哥的《英伦对决》再次展示出不老硬汉的如山父爱，吴京的《战狼2》更是以绝对的诚意点燃了我们的爱国热情，成为2017年娱乐圈最大赢家。薛之谦个人情感生活引人关注，"小鲜肉"鹿晗的突然"认爱"则成为2017年最受围观的恋情。

2017年，我们围观了娱乐人物的爱情，也激发了自己心中的爱国情怀，见证了风雨之后的彩虹，也目睹了行为失范的代价。

杨幂

宁可你误解，也不要你了解

杨幂，1986年9月12日出生于北京市，演员、歌手、制片人。

2017年4月29日，杨幂凭借《逆时营救》获评第50届休斯敦国际电影节最佳女主角。同年，搭档赵又廷出演《三生三世十里桃花》，获得广泛关注。

2017年，杨幂参演了《绣春刀·修罗战场》《人鱼帝国》等电影，在《真正男子汉》《王牌对王牌》等综艺节目中担任嘉宾。

2017年"杨幂"媒体关注度逐月分布

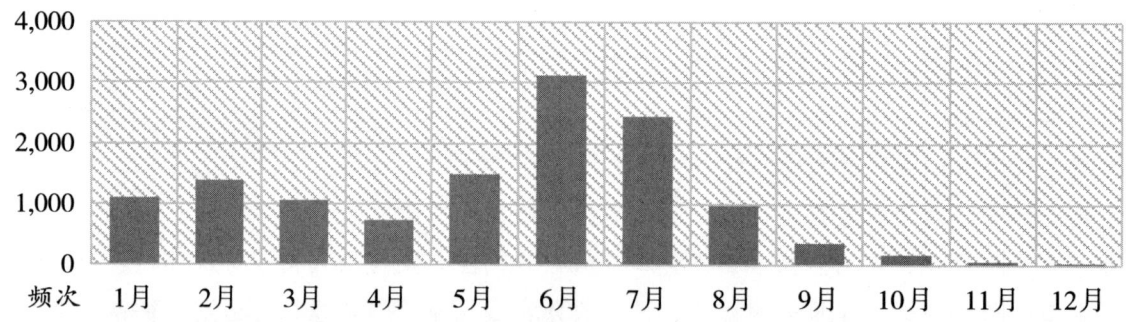

2017年最受媒体关注的"杨幂"相关新闻

- 2月，杨幂主演的电视剧《三生三世十里桃花》收视率高居榜首。
- 5月，杨幂主演的电视剧《扶摇皇后》开拍。
- 6月，杨幂因主演电视剧《三生三世十里桃花》登上2017年上半年艺人电视剧商业价值榜榜首。
- 7月，杨幂主演的电影《绣春刀·修罗战场》上映。

成龙

华语明星唯一的"活传奇"

成龙，1954年4月7日出生于中国香港，演员。

1971年，成龙以武师身份进入电影圈；1978年，他主演的电影《蛇形刁手》《醉拳》上映，成为功夫喜剧片的开端；1995年，成龙凭借动作片《红番区》正式进入美国好莱坞；1998年，他主演的动作片《尖峰时刻》奠定其在好莱坞的地位。

2012年，成龙被美国《纽约时报》评选为"史上20位最伟大的动作影星第一位"；2016年，获得奥斯卡金像奖终身成就奖；2017年11月，参演电影《神探蒲松龄之兰若仙踪》。

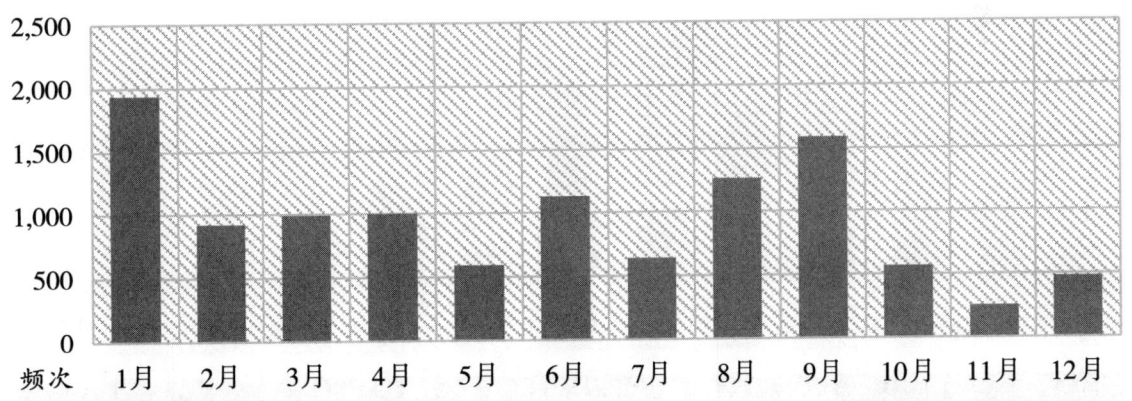

2017年"成龙"媒体关注度逐月分布

2017年最受媒体关注的"成龙"相关新闻

- 1月，成龙登上2017年央视春晚，后参加《王牌对王牌》第二季。
- 6月，成龙监制的《逆时营救》首映，22日举办"成龙动作电影周之夜"。
- 8月，成龙七夕录制MV献唱妻子林凤娇。
- 9月，成龙主演的《英伦对决》重返好莱坞。

鹿晗

打破吉尼斯纪录的"流量王"

鹿晗，1990年4月20日出生于北京市，演员、歌手。

2017年1月首次登上中央电视台春节联欢晚会演唱歌曲《爱你一万年》；同年4月17日，其主演的古装玄幻剧《择天记》播出。

2017年10月8日，鹿晗公布与"国民闺女"关晓彤恋爱，引发热议。

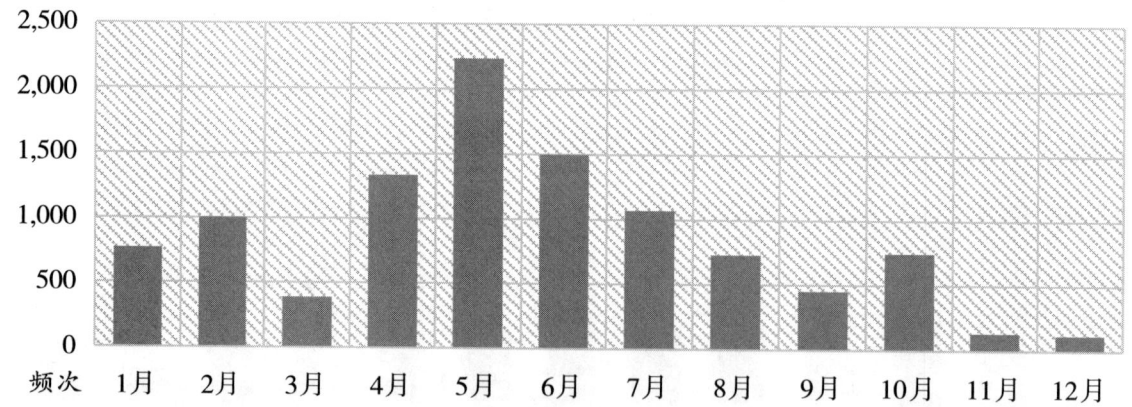

2017年"鹿晗"媒体关注度逐月分布

2017年最受媒体关注的"鹿晗"相关新闻

- 4月，鹿晗《时差》MV发布。
- 5月，鹿晗主演的《择天记》在湖南卫视十点档播出。
- 6月，鹿晗录制《奔跑吧》和《约吧大明星》。
- 7月，鹿晗主演的电视剧《甜蜜暴击》广受关注。

赵薇

女版巴菲特也被开罚单

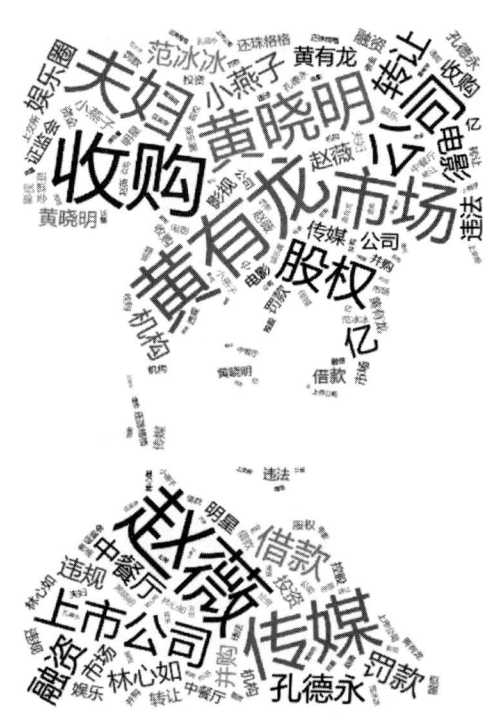

赵薇，1976年3月12日出生于中国安徽，演员、歌手、导演。

2017年，赵薇夫妇试图通过高杠杆入主万家文化，最终遭遇监管。部分投资者因上市公司披露虚假信息导致投资损失，决定起诉万家文化、赵薇夫妇及其控股的龙薇传媒。

11月8日，浙江祥源文化股份有限公司收到中国证监会《行政处罚及市场禁入事先告知书》（处罚字【2017】123号）。

2017年"赵薇"媒体关注度逐月分布

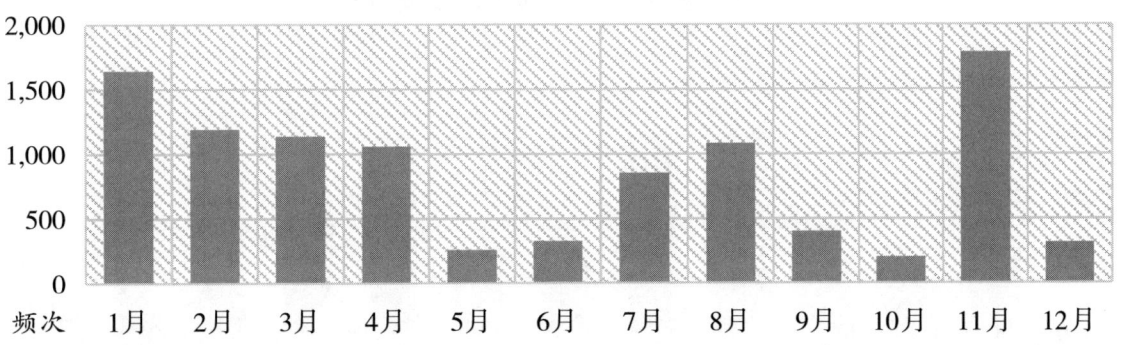

2017年最受媒体关注的"赵薇"相关新闻

- 1月，截止到11日，赵薇夫妇减持4亿阿里影业。
- 11月，赵薇夫妇因以空壳公司收购上市公司被证监会禁入市场5年。

范冰冰

范冰冰，1981年9月16日出生于山东青岛，后跟随父母定居山东烟台，演员、制片人。

2017年2月登上美国《时代周刊》亚洲版封面。同年9月凭借《我不是潘金莲》获评第31届中国电影金鸡奖最佳女主角。

2018年10月，国家税务总局称范冰冰"阴阳合同"涉税问题一案的事实已核查清楚。范冰冰刊登致歉信，并被处罚款8.84亿元。

2017年"范冰冰"媒体关注度逐月分布

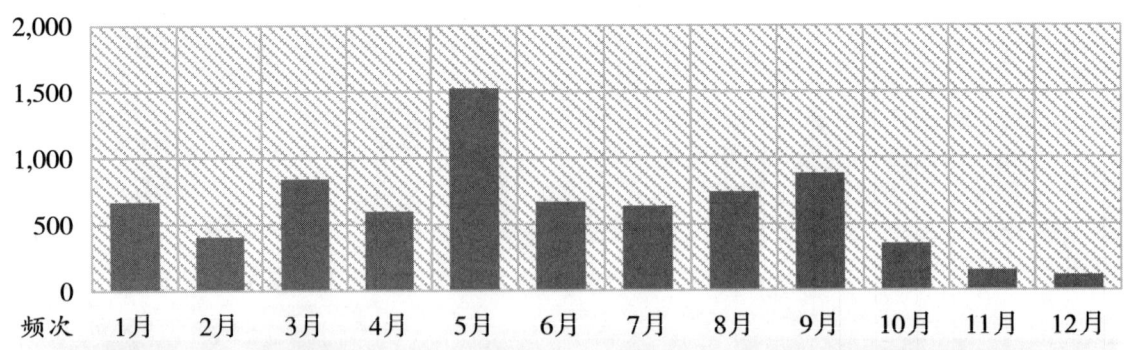

2017年最受媒体关注的"范冰冰"相关新闻
● 2月，范冰冰登上《时代周刊》亚洲版封面。
● 5月，范冰冰担任戛纳电影节评委。

赵丽颖

实力"补刀王",爱拼才会赢

赵丽颖,1987年10月16日出生于河北省廊坊市,演员。

2017年,赵丽颖主演电视剧《楚乔传》,因角色特点和其本身的性格特点相契合而引起广大观众的共鸣,获评中国电视剧品质盛典年度实力演技剧星。

据统计,在2017年明星代言品牌数量榜单中,排在榜首的是赵丽颖,一共代言18个品牌。

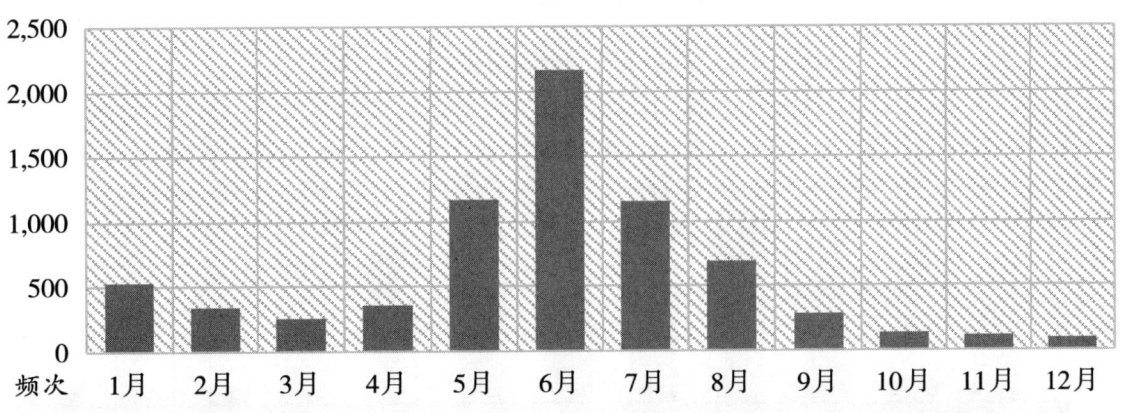

2017年"赵丽颖"媒体关注度逐月分布

2017年最受媒体关注的"赵丽颖"相关新闻

- 5月,赵丽颖加盟《七十二层奇楼》。
- 6月,赵丽颖主演的《楚乔传》热播,Vinkage当月艺人新媒体指数TOP50出炉,赵丽颖位居第一。

周冬雨

鬼马精灵的金马影后

周冬雨，1992年1月31日出生于河北省石家庄市，演员。2010年，因主演张艺谋执导电影《山楂树之恋》被观众熟知。

2017年，周冬雨携手金城武主演的爱情电影《喜欢你》内地票房超2亿。周冬雨凭借该电影获评第14届广州大学生电影节最受大学生欢迎的女演员；同年，主演古装奇幻电影《奇门遁甲》。

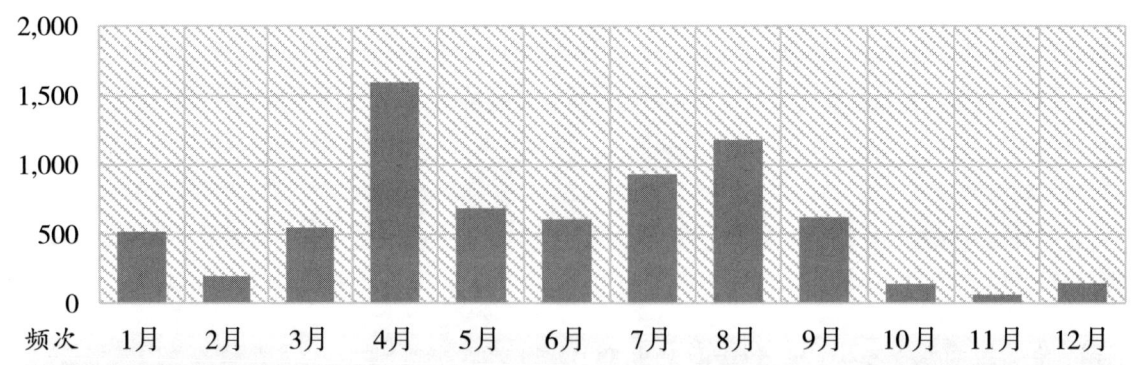

2017年"周冬雨"媒体关注度逐月分布

2017年最受媒体关注的"周冬雨"相关新闻

- 4月，周冬雨、金城武主演的电影《喜欢你》上映。
- 7月，周冬雨携手黄晓明、赵薇、张亮担任真人秀节目《中餐厅》明星嘉宾。
- 8月，周冬雨、张一山主演的网剧《春风十里不如你》播放量高居榜首。

吴京

武术冠军，最佳导演

吴京，1974年4月3日出生于北京，演员、导演。

2017年，由吴京自导自演的动作片《战狼2》打破中国内地票房纪录以及全球单一市场单片票房纪录。在2017年《第一财经周刊》评选出的最具商业价值明星榜中，吴京的排名跃居第七。

之后，吴京登上中央电视台《开奖啦》舞台，发表了《一切不怕从零开始》的励志演讲。

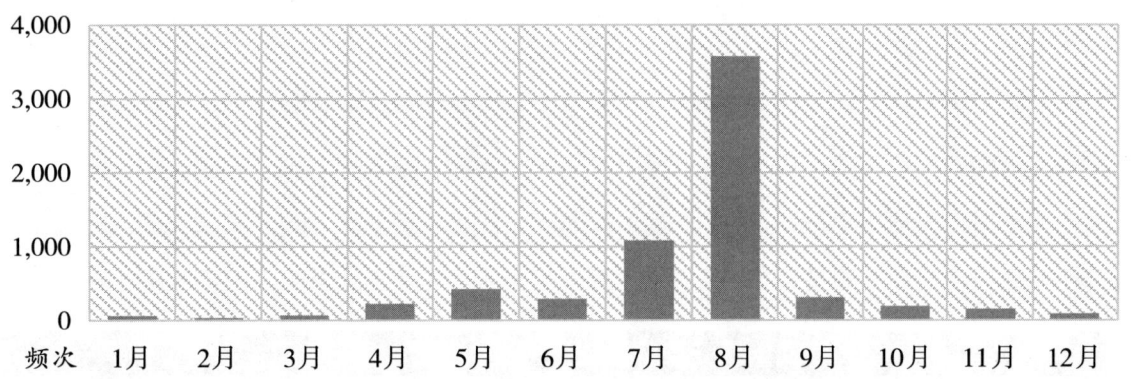

2017年"吴京"媒体关注度逐月分布

2017年最受媒体关注的"吴京"相关新闻

- 7月，由吴京自导自演的《战狼2》上映。
- 10月，《战狼2》以56.83亿的票房刷新中国影史票房纪录。

2017年中国媒体关注度十大榜单解读

薛之谦

面具背后的"深情病人"

薛之谦，1983年7月17日出生于上海，歌手、主持人、演员。代表作品有《绅士》《我好像在哪见过你》《演员》《丑八怪》等。

2017年3月，薛之谦推出新单曲《高尚》。其个人感情生活引发社会关注。

2017年"薛之谦"媒体关注度逐月分布

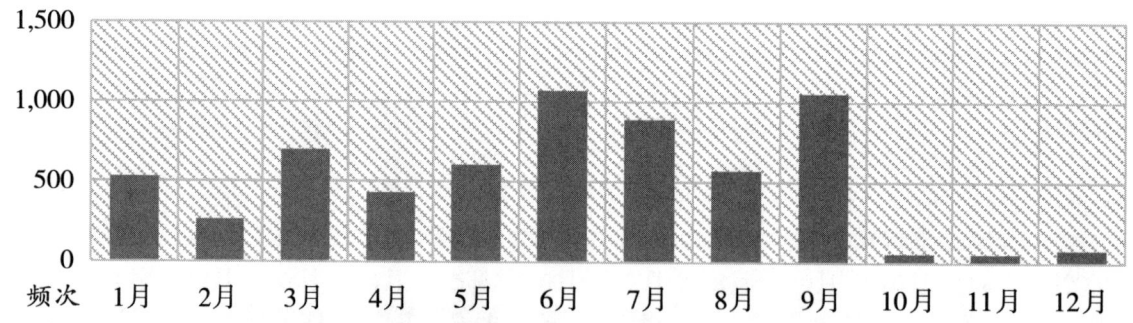

2017年最受媒体关注的"薛之谦"相关新闻

- 6月，薛之谦2017全国巡回演唱会先后在各地举行。
- 9月，薛之谦前女友李雨桐微博回应并放出录音，薛之谦痴情"人设"崩塌。

郑爽

放飞自我，微微一笑很倾城

郑爽，1991年8月22日出生于辽宁省沈阳市，演员。

2017年，郑爽主演的青春剧《夏至未至》《翡翠恋人》以及魔幻片《悟空传》相继播映。

2月15日，郑爽被拍到独自一人落寞在街头抽烟，与平时清纯形象形成鲜明对比，引起大众一片哗然。

6月13日，郑爽开设微博小号彻底"放飞自我"。微博小号事件之后，郑爽屡次被拍到不顾形象，随意吃喝，被圈中好友称为"耿直girl"。

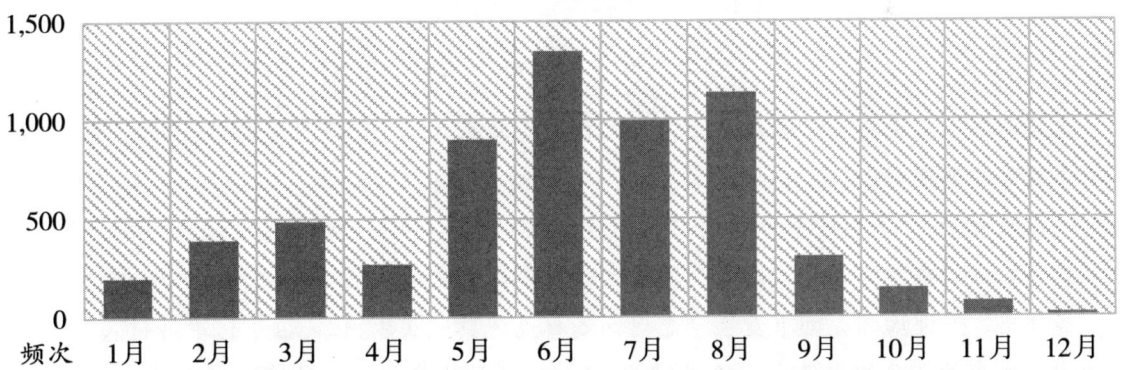

2017年"郑爽"媒体关注度逐月分布

2017年最受媒体关注的"郑爽"相关新闻

- 6月，郑爽、陈学冬主演的《夏至未至》在湖南卫视首播。
- 7月，郑爽参演的电影《悟空传》上映，再次饰演仙女的郑爽引起粉丝欢呼。
- 8月，郑爽创作《郑爽的书》全网上线。

2017年中国媒体关注度最高的十大电视剧

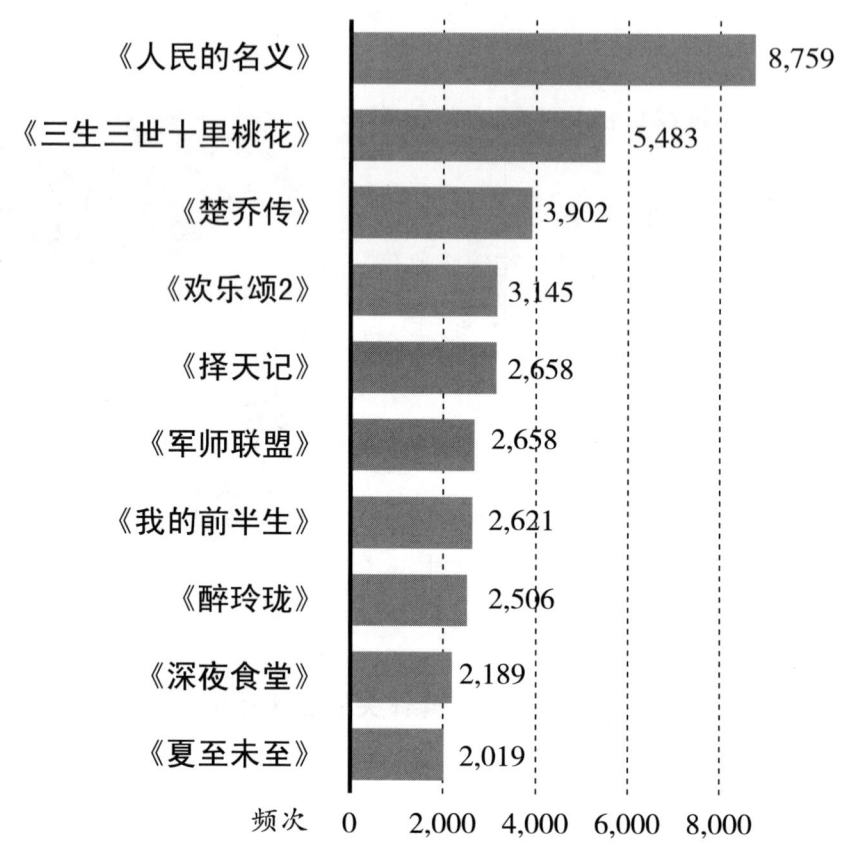

2017年中国媒体关注度最高的十大电视剧是指在2017年的中国媒体上出现次数最多的本年播出的电视剧。

纵观榜单，IP剧（基于原创内容的改编剧）占据绝对地位，现代题材和古装题材平分秋色。高居榜首的是有"史上尺度最大的反腐剧"之称的电视剧《人民的名义》，该剧一经播出，好评如潮。都市女性励志时尚题材电视剧《欢乐颂2》位居榜单第4位，讲述女性成长故事的《我的前半生》位居榜单第7位，讲述小市民人生故事的《深夜食堂》和根据郭敬明同名小说改编的青春偶像剧《夏至未至》分列第9位和第10位。两部古装历史题材剧表现不俗，改编自潇湘冬儿小说的"大女主剧"《楚乔传》高居榜单第3位。以三国时期魏国为故事主线展开的王侯将相"大男主剧"《军师联盟》居于榜单第6位。三部上榜的古装玄幻剧依然是景美人亦美，位居第2的是改编自唐七公子同名小说的《三生三世十里桃花》，位居第5的是根据猫腻同名小说改编的《择天记》，位居第8的是改编自十四夜同名小说的《醉玲珑》。

《人民的名义》

现代版《官场现形记》

《人民的名义》是由最高人民检察院影视中心组织，最高人民检察院政治部、最高人民检察院反贪总局、湖南卫视、天娱传媒、弘道影业有限公司等联手制作的检察题材反腐电视剧。由著名编剧周梅森创作，国家一级导演李路执导，陆毅、张丰毅、吴刚、许亚军、张志坚、柯蓝、徐光宇、胡静、张凯丽等联袂主演。该剧以检察官侯亮平的调查行动为叙事主线，讲述了检察官维护公平正义和法制统一、查办贪腐案件的故事。

2017年4月27日，该剧在GMIC X 2017非凡盛典上获得"互联网时代最具影响力影视作品"奖。4月24日，央视索福瑞CMS 35城和CMS 52城收视率调查数据显示，《人民的名义》最高实时收视均破7，创造了近十年国内电视剧史最高纪录。

2017年《人民的名义》媒体关注度逐月分布

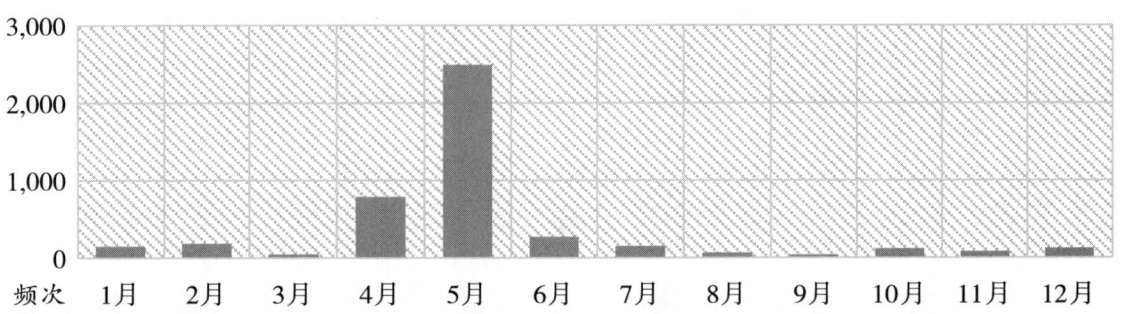

2017年最受媒体关注的《人民的名义》相关新闻

- 4月，《人民的名义》热播，成为2017年的现象级电视剧。
- 5月，随着电视剧《人民的名义》热播，其纸质书的销售量、电子书的阅读量剧增。

《三生三世十里桃花》

缘定三生的旷世奇恋

改编自唐七公子同名小说的《三生三世十里桃花》是一部讲述青丘帝姬白浅和九重天太子夜华的三生三世爱恨纠葛故事的古装玄幻剧。该剧由华策影视集团上海剧酷文化传播有限公司、海宁嘉行天下影视文化有限公司、上海三味火文化传播有限公司共同出品。由林玉芬执导，杨幂、赵又廷、张智尧、迪丽热巴领衔主演，于2017年1月30日在东方卫视、浙江卫视首播。该剧上线仅12小时，全网播放量便达到6亿；3月1日，全网播放量超过295亿。《三生三世十里桃花》极具东方意境的视觉画面和精神传承让观众感受到久违的中国式想象力。

2017年《三生三世十里桃花》媒体关注度逐月分布

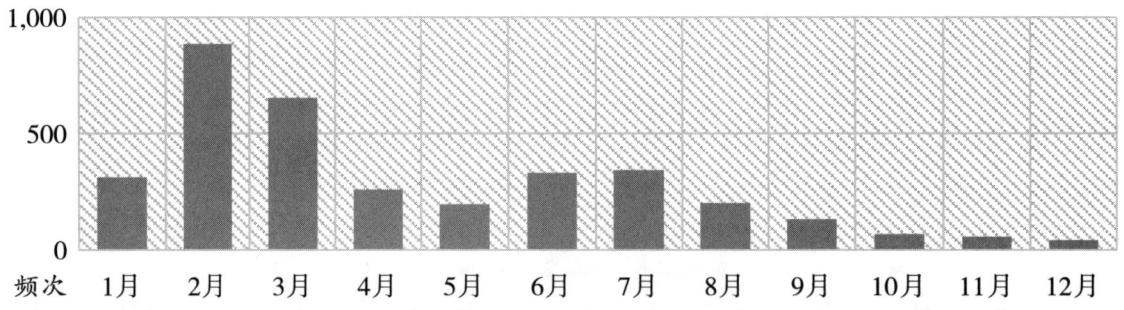

2017年最受媒体关注的《三生三世十里桃花》相关新闻

- 2月，《三生三世十里桃花》开播不久，主话题讨论量攀升至20亿，全网播放量48小时内突破10亿，堪称名副其实的"开年大剧"。
- 3月，《三生三世十里桃花》迎来大结局。

《楚乔传》

风华绝代的"女战神"

改编自潇湘冬儿小说《11处特工皇妃》的《楚乔传》是一部女性励志传奇古装剧。该剧由慈文传媒、蜜淘影业、克顿传媒联合出品,由吴锦源执导,嘉纹、杨涛、陈岚编剧,赵丽颖、林更新、窦骁、李沁领衔主演。该剧讲述了西魏乱世中,一个特立独行的女奴楚乔,在协助建立新政权过程中关于守护、背叛、信仰、爱情的故事。该剧于2017年6月5日在湖南卫视播出;9月,夺得"2017微博电视影响力盛典年度剧王";10月,荣获2017美国亚洲影视联盟"金橡树奖"优秀电视剧奖。

2017年《楚乔传》媒体关注度逐月分布

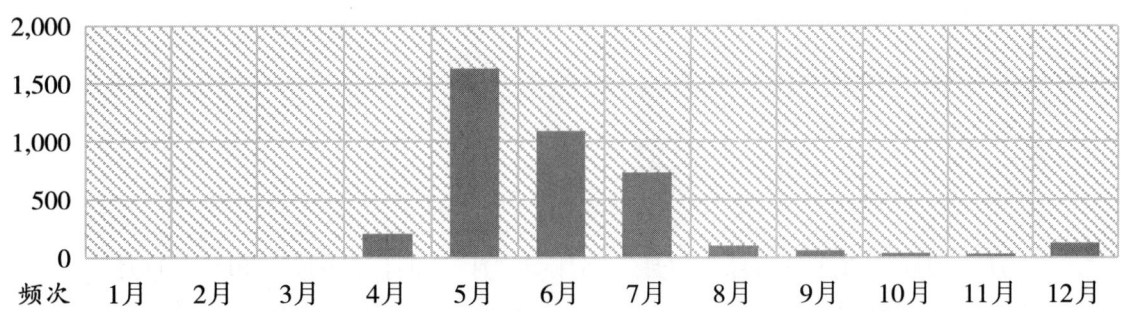

2017年最受媒体关注的《楚乔传》相关新闻

- 5月,《楚乔传》正剧开播前,就以大量充满现代热血风的近身格斗与搏击吸引了广泛注意。
- 6月,《楚乔传》全网播放量突破100亿。

《欢乐颂2》

"五个女人一台戏"

《欢乐颂2》改编自阿耐的同名小说《欢乐颂》，是由东阳正午阳光影视有限公司出品发行，侯鸿亮制片，孔笙、简川訸执导，刘涛、王子文、蒋欣、杨紫、乔欣、杨烁、王凯、靳东等主演的都市女性励志时尚题材电视剧。该剧紧跟时代节奏，从婚恋、职场等方面传递出独立、自主、坚强的女性价值观。该剧于2017年5月11日在浙江卫视首播。

2017年《欢乐颂2》媒体关注度逐月分布

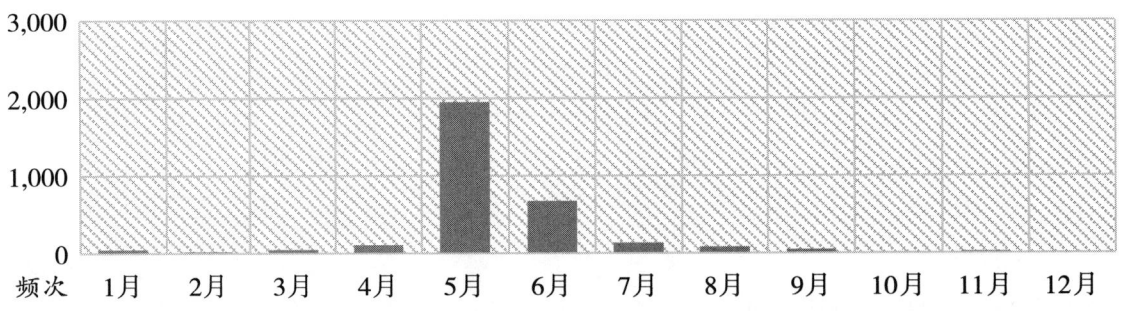

2017年最受媒体关注的《欢乐颂2》相关新闻

● 5月，《欢乐颂2》盛大回归，再次引起观看潮。但评分低于第一季，剧情也较受争议。

《择天记》
逆天改命的高颜值电视剧

《择天记》是根据猫腻同名小说改编的古装玄幻剧,由腾讯影业、企鹅影业、柠萌影业、柠萌悦心、芒果TV、阅文集团联合出品,由钟澍佳执导,鹿晗、古力娜扎、吴倩、曾舜晞等联袂主演,陈数、曾志伟等特别出演。

该剧讲述了在人妖魔共存的架空世界里,陈长生为了逆天改命,带着一纸婚书来到神都,结识了一群志同道合的小伙伴,在国教学院打开一片新天地的故事。该剧画风唯美清新,布景、造型清秀灵气,主要演员阵容青春洋溢,让观众有赏心悦目之感。该剧于2017年4月17日在湖南卫视首播。

2017年《择天记》媒体关注度逐月分布

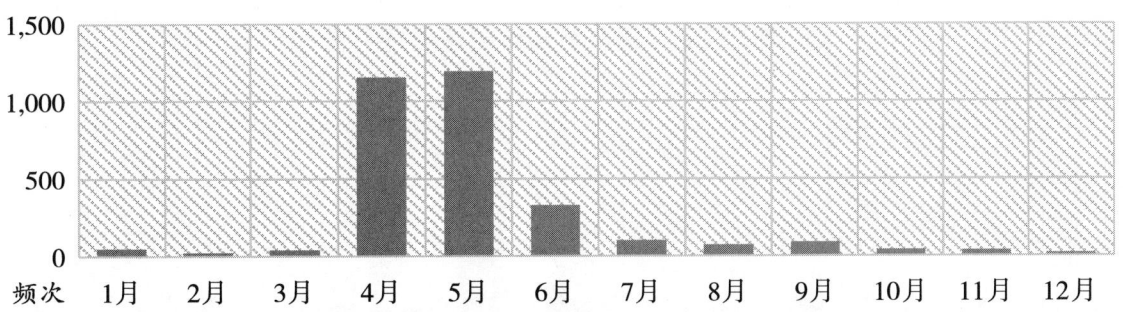

2017年最受媒体关注的《择天记》相关新闻

- 4月,《择天记》播出后,收视与口碑出现严重分化,点击量超高然而豆瓣评分仅4.7分。
- 5月,由于《择天记》的热播,"逆天改命"这四个字已然变成各种场合的"热血宣言"。

《军师联盟》

功过两奇伟，智谋冠天下

　　《军师联盟》是由DMG娱乐传媒股份有限公司、霍尔果斯不二文化传媒有限公司、东阳盟将威影视文化有限公司、江苏华利文化传媒有限公司出品，张永新执导，吴秀波、刘涛、李晨、于和伟、张钧甯等主演的历史题材古装剧。

　　该剧以三国时期魏国为故事主线，抒写魏国大军师司马懿如履薄冰、机智传奇、谋冠天下的人生故事。该剧于2017年6月22日在江苏卫视、安徽卫视、优酷播出。强大的演员阵容、考究的细节制作成为该剧的看点。

2017年《军师联盟》媒体关注度逐月分布

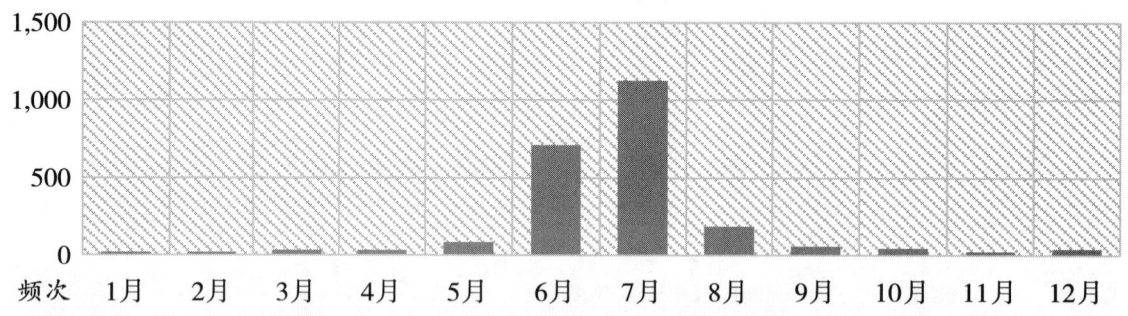

2017年最受媒体关注的《军师联盟》相关新闻

- 6月，《军师联盟》与《三国演义》相比，人物"自私"反而更真实可信。
- 7月，专家盛赞《军师联盟》在荧屏历史剧的风向标作用，认为该剧实现了"艺术性和商业性的完美统一"。

《我的前半生》

水晶球破裂那刻

《我的前半生》是由新丽电视文化投资有限公司出品的都市情感剧,沈严执导,靳东、马伊琍、袁泉、雷佳音、吴越领衔主演。该剧讲述了生活优越安逸的全职太太罗子君与丈夫陈俊生离婚后一切归零,在闺蜜唐晶及其男友贺涵的帮助下打破困境,进入职场,在自我成长中走向人生下一程的故事。该剧于2017年7月4日在东方卫视、北京卫视首播。

2017年《我的前半生》媒体关注度逐月分布

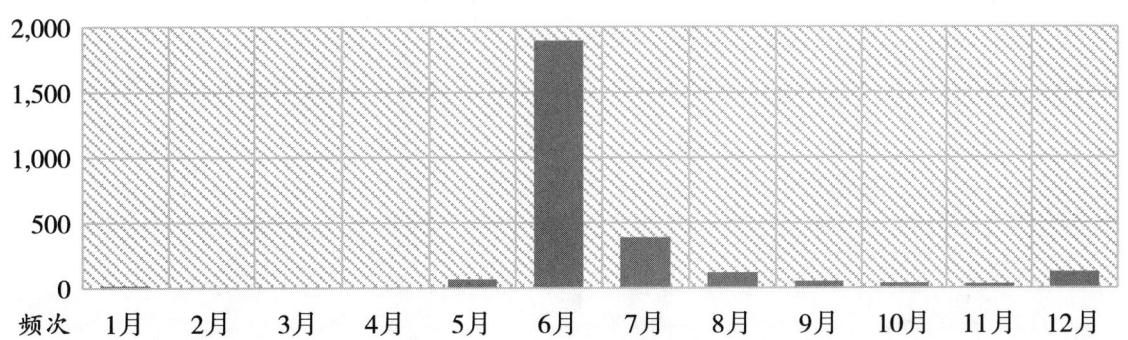

2017年最受媒体关注的《我的前半生》相关新闻

- 6月,靳东、马伊琍亮相暑期档,《我的前半生》未播先热。
- 7月,《我的前半生》热播,收视、评分双丰收。

《醉玲珑》

双时空烈恋

《醉玲珑》改编自十四夜同名小说,是一部古装奇幻权谋剧。该剧由林玉芬、梁胜权、余翠华和任海涛联合执导,新派系文化传媒、江苏稻草熊影业有限公司、毅凯资本和巨鲸资产联合出品,饶俊、十四夜、陈文娟、董欣如编剧,刘诗诗、陈伟霆、徐海乔、韩雪领衔主演。

该剧讲述了巫族圣巫女凤卿尘与明君元凌在双时空中的皇子夺嫡时,二人出生入死、相爱相伴的故事,于2017年7月13日在东方卫视播出。

2017年《醉玲珑》媒体关注度逐月分布

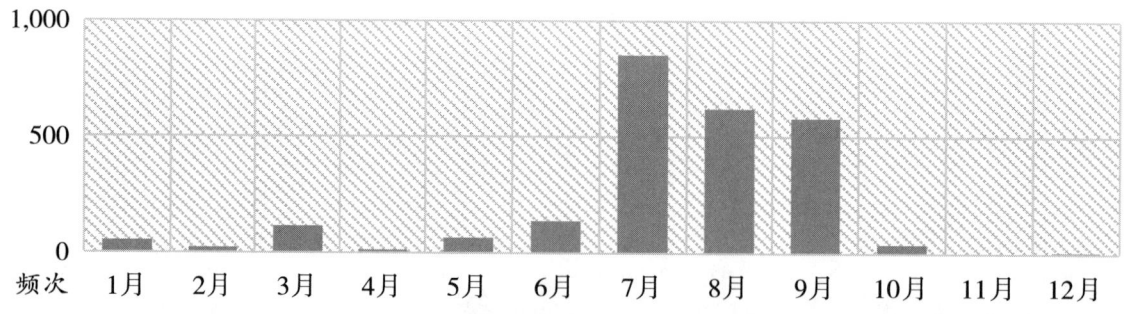

2017年最受媒体关注的《醉玲珑》相关新闻

- 7月,《醉玲珑》于东方卫视首播,"双时空"的全新概念以及毫不拖泥带水的剧情引发观众热议。
- 8月,《醉玲珑》热播,扑朔迷离、跌宕起伏的情节引发网友关注。
- 9月,《醉玲珑》收官,"玲珑夫妇"大婚又遇生离死别。

《深夜食堂》

一饭，一世界

　　《深夜食堂》是由华录百纳影视有限公司出品，普拉嘉国际意像影艺股份有限公司、北京影行天下文化传播有限公司联合摄制的都市情感剧。蔡岳勋执导，黄磊、张钧甯等主演。该剧以都市小巷里深夜才营业的食堂为舞台，从老板料理的食物中引出一段段关于市井百姓的人生故事。该剧于2017年6月12日在北京卫视、浙江卫视首播。

2017年《深夜食堂》媒体关注度逐月分布

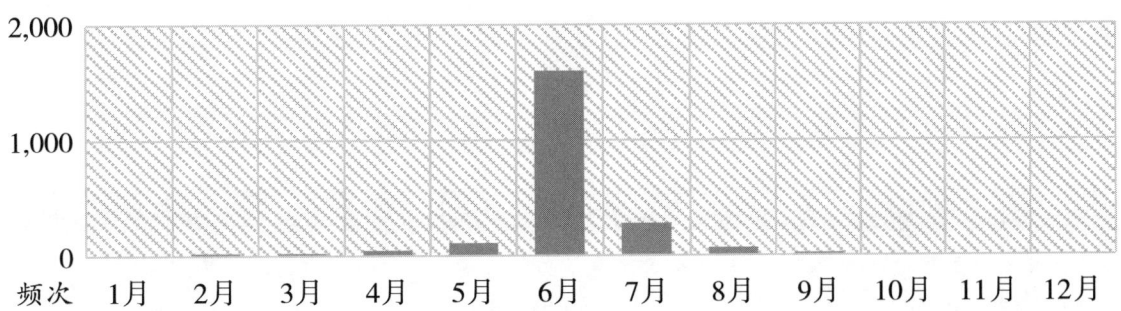

2017年最受媒体关注的《深夜食堂》相关新闻

- 6月，中国版《深夜食堂》开播，该剧热度很高，然而豆瓣评分仅有2.4分，网友吐槽不断。

《夏至未至》
从童话到现实的青春进行式

《夏至未至》是由上海辛迪加影视有限公司、湖南卫视等联合出品，根据郭敬明同名小说改编的青春偶像剧。陈学冬、郑爽、白敬亭、夏梓桐、柴碧云、庞瀚辰、王玉雯等联袂主演，张超和郑合惠子友情主演。该剧以成长、爱情和梦想为主题，讲述了傅小司、立夏、陆之昂等人追逐梦想、守护爱情的故事。除去青春的美好甜蜜，也有梦想破碎、社会残酷、友情变质这些青春中的伤痛。该剧于2017年6月11日在湖南卫视首播。

2017年《夏至未至》媒体关注度逐月分布

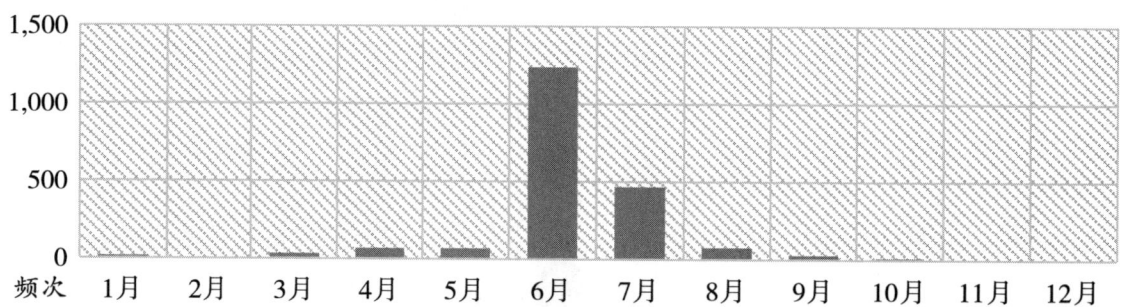

2017年最受媒体关注的《夏至未至》相关新闻

- 6月，《夏至未至》开播，豆瓣评分虽不高，但网络点击率、热议度多向开花，一度引起"全民青春"的热潮。
- 7月，《夏至未至》双网（全国网和城市网）收视再次破1，居省级卫视黄金档第一。

2017年中国媒体关注度最高的十大电影

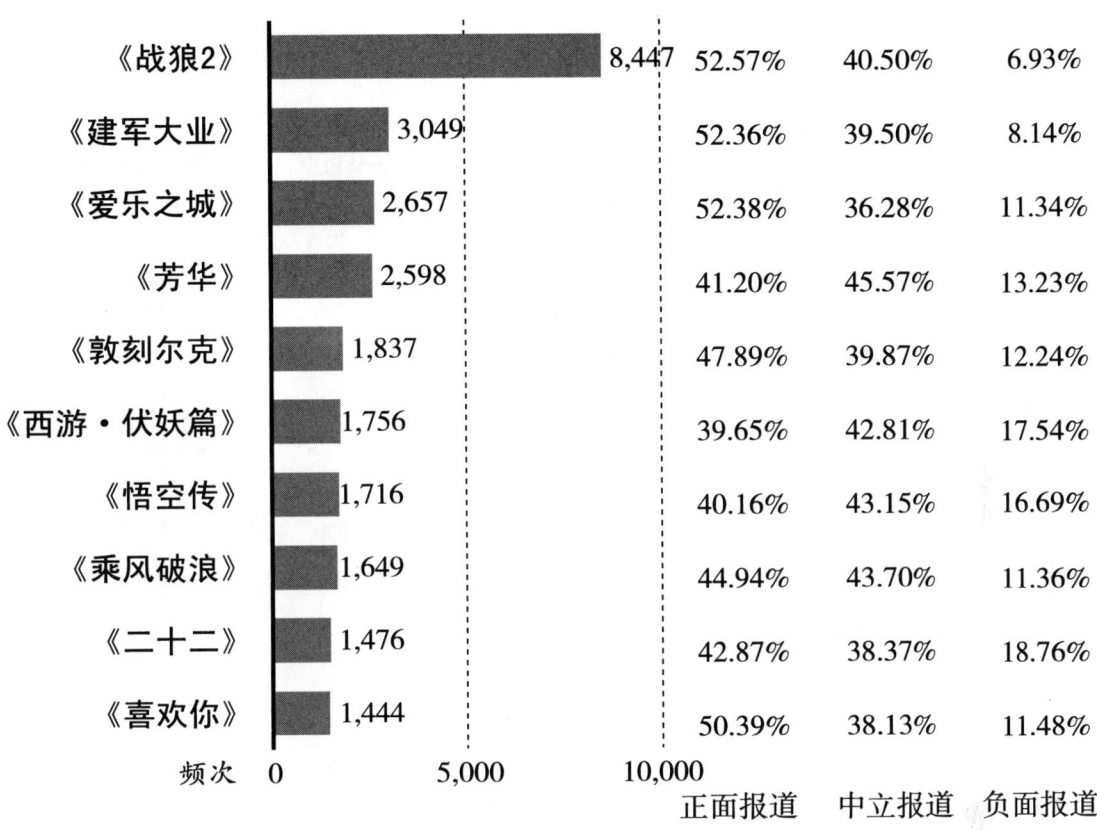

2017年中国媒体关注度最高的十大电影是指在2017年的中国媒体上出现次数最多的本年上映影片。

　　2017年，中国电影在经历2016年低谷后呈现爆发式增长，全年电影总票房增长13.45%。位列榜单首位的国产片《战狼2》以56.83亿的票房打破国产电影最高票房纪录，受到媒体的高度关注。榜单上的亚军和季军分别由《建军大业》和《爱乐之城》获得，这两部电影分别获得超过4亿和2亿的票房。第4位的《芳华》和第5位的《敦刻尔克》分别获得超过14亿元和3亿元的票房，称得上"叫好又叫座"。相比之下，榜单上第6位的《西游·伏妖篇》虽票房位列年度亚军，但口碑远逊《西游·降魔篇》，看来这个电影IP有终止的可能。位列榜单第7位的《悟空传》虽取得6.94亿票房，但与原著小说的口碑相差甚远。韩寒极具个人风格的《乘风破浪》以10.49亿的票房在春节档出尽风头。第9位的纪录片《二十二》和第10位的《喜欢你》虽然没有获得高票房，但仍然得到了媒体的高度关注。总体来说，2017年的电影在票房上呈现一枝独大（《战狼2》）的现象，但在类型上则出现商业片与艺术片并驾齐驱的景观。

《战狼2》
孤胆英雄的爱国情怀

《战狼2》是由吴京执导,吴京、弗兰克·格里罗、吴刚、张翰、卢靖姗等领衔主演的战争片。该片于2017年7月27日在中国内地上映,10月28日正式收官,累计票房超过56.83亿,成为华语影史票房新冠军。

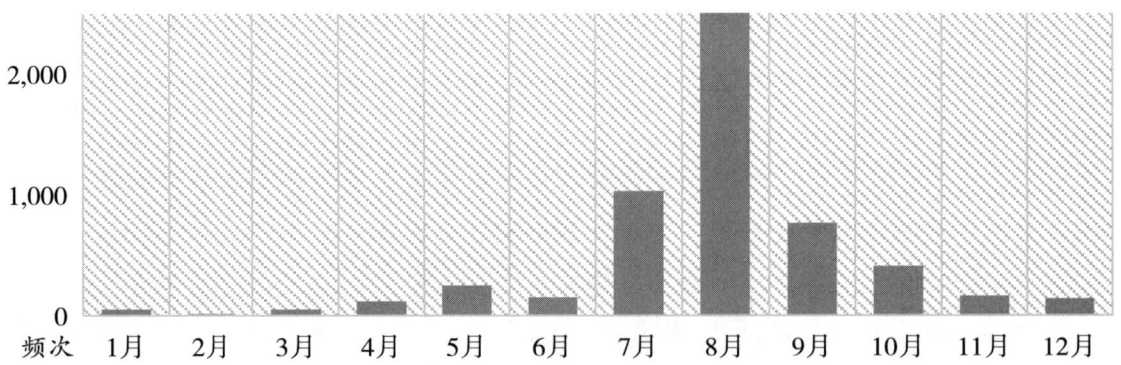

2017年《战狼2》媒体关注度逐月分布

2017年最受媒体关注的《战狼2》相关新闻

- 7月,《战狼2》仅用83小时票房便突破10亿,创造华语影史"破10"新纪录。
- 8月,《战狼2》突破54亿票房,刷新国产影片票房多项纪录。

《建军大业》

充满青春激情的革命史诗

  《建军大业》是由刘伟强执导，韩三平总策划，黄建新监制，刘烨、朱亚文、黄志忠、王景春等领衔主演的献礼建军90周年历史大片。该片于2017年7月27日在中国内地上映，8月3日在中国香港及澳门地区上映，10月31日正式收官。作为主旋律类型片，该片累计票房超过4.03亿，成绩亮眼。

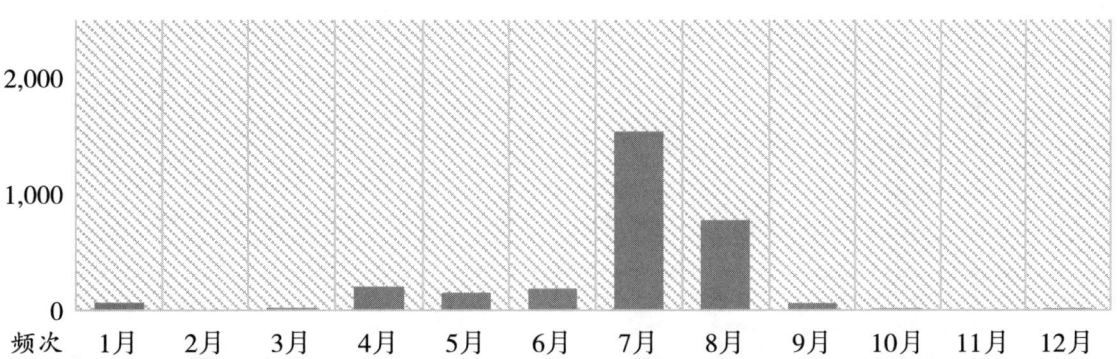

2017年《建军大业》媒体关注度逐月分布

2017年最受媒体关注的《建军大业》相关新闻

- 4月，在《建军大业》发布会上，总策划兼艺术总监韩三平表示，选择年轻演员出演革命先烈，是为了更好地展现革命先烈当年的"历史面貌"。
- 7月28日12时，《建军大业》上映22个小时后的观众满意度得分为88.8分，刷新中国电影观众满意度调查的最高得分纪录。
- 8月，《建军大业》票房突破4亿，影片中历史事件、历史人物、"小鲜肉"扮演者等均引起观众热议。

《爱乐之城》

小人物梦想成真的音乐童话

《爱乐之城》是由达米恩·查泽雷执导，艾玛·斯通、瑞恩·高斯林、J.K.西蒙斯等主演的喜剧歌舞片。该片于2017年2月14日在中国内地上映，4月8日正式收官，累计票房超过2.4亿，并在情人节当天创造了歌舞类型片在中国内地的最高首日票房纪录。

2017年《爱乐之城》媒体关注度逐月分布

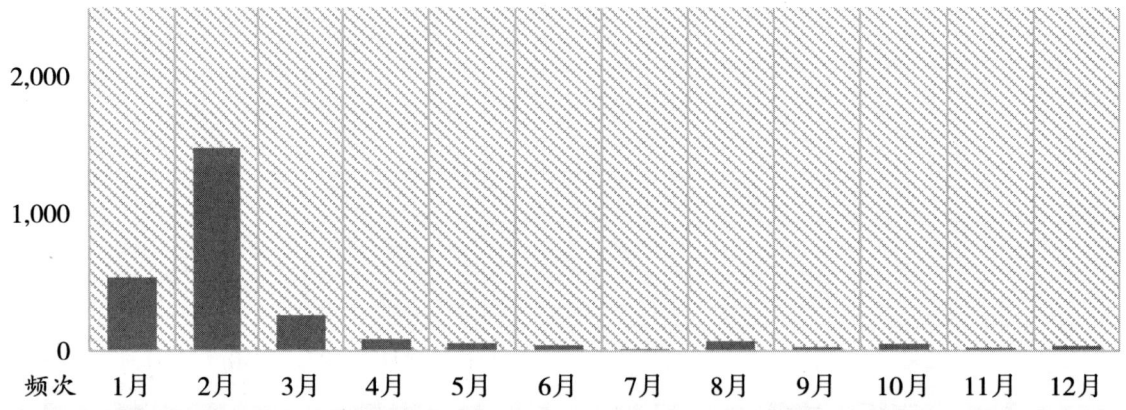

2017年最受媒体关注的《爱乐之城》相关新闻
● 1月，《爱乐之城》斩获7项金球奖，并获得14项奥斯卡提名。
● 2月，《爱乐之城》斩获包括最佳导演在内的6项奥斯卡大奖。

《芳华》

包含了激情与残酷的青春岁月

《芳华》是由冯小刚执导，严歌苓编剧，黄轩、苗苗、钟楚曦等领衔主演的剧情片。该片于2017年12月15日在中国、北美地区同步上映，2018年2月15日正式收官，累计票房14.2亿，成为冯小刚导演作品中票房最高的，同时也是中国电影历史上最卖座的文艺电影。

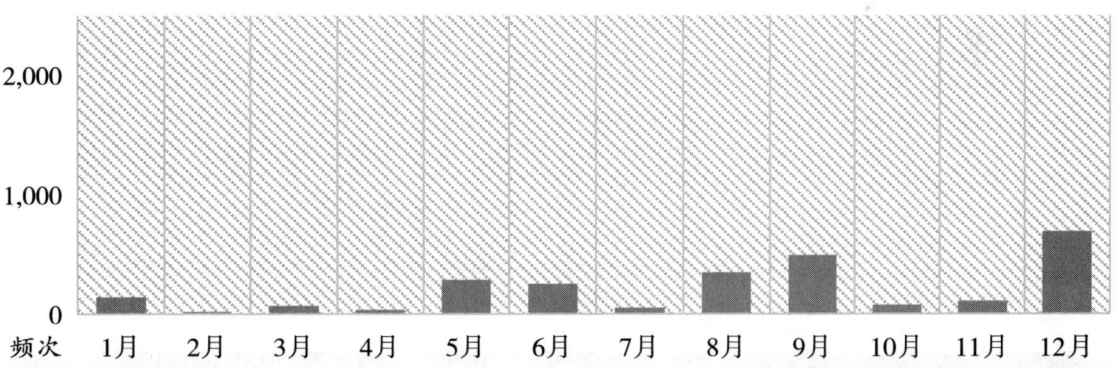

2017年《芳华》媒体关注度逐月分布

2017年最受媒体关注的《芳华》相关新闻

- 8月15日，多伦多电影节组委会宣布冯小刚导演新作《芳华》入围特别展映单元。
- 9月24日，原定9月29日上映的《芳华》档期延后，并向观众致歉。
- 12月，《芳华》上映14天票房突破10亿，并以7.8分跃居2017年国产电影豆瓣评分冠军。

《敦刻尔克》

三个时空中的战争史诗

《敦刻尔克》是由辛克匹影业出品，美国华纳兄弟影业发行的战争悬疑片，由克里斯托弗·诺兰执导，菲恩·怀特海德、汤姆·格林-卡尼、杰克·劳登、哈里·斯泰尔斯、阿纽林·巴纳德、詹姆斯·达西等领衔主演。该片于2017年9月1日在中国内地上映，9月30日正式收官，累计票房3.9亿。该片在上映首周以绝对优势荣膺当周票房冠军。

2017年《敦刻尔克》媒体关注度逐月分布

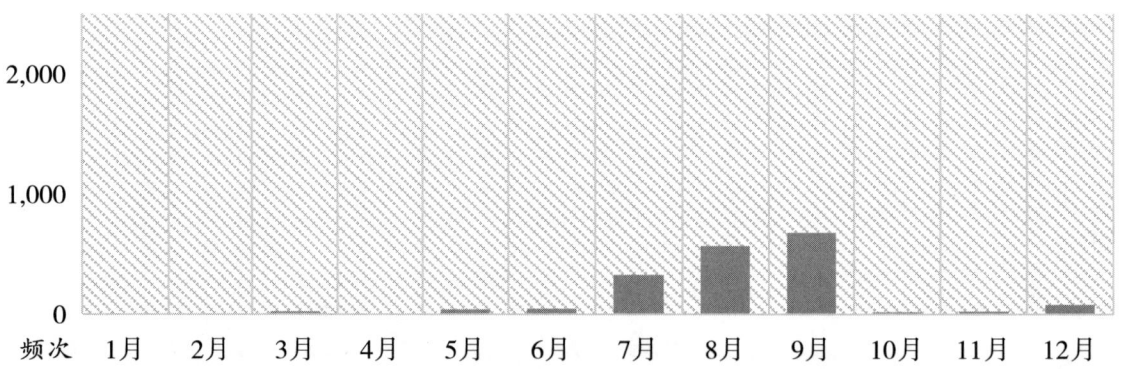

2017年最受媒体关注的《敦刻尔克》相关新闻

- 7月，《敦刻尔克》正式定档于9月1日内地公映，观众齐呼："等不及了！"
- 8月22日，《敦刻尔克》在京举行新闻发布会，导演克里斯托弗·诺兰和制片人艾玛·托马斯夫妻二人到场，这是诺兰第一次来北京。
- 9月1日，《敦刻尔克》在内地公映，连续一周蝉联单日票房冠军。

《西游·伏妖篇》
酷炫特效中的另类西游记

　　《西游·伏妖篇》作为《西游·降魔篇》的后继故事，是由周星驰监制，徐克执导，吴亦凡、林更新、姚晨、林允儿等领衔主演的古装魔幻喜剧片。于2017年1月28日在中国内地上映，2017年2月23日，该片正式收官，累计票房16.56亿，位居2017年票房亚军。

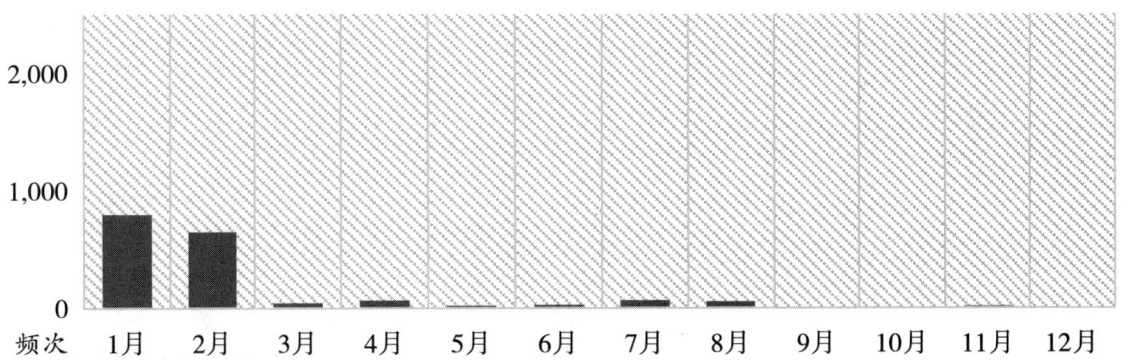

2017年《西游·伏妖篇》媒体关注度逐月分布

2017年最受媒体关注的《西游·伏妖篇》相关新闻

- 1月，《西游·伏妖篇》上映首日以3.56亿票房成为当日票房冠军，打破2016年同期上映的《美人鱼》两项纪录，不仅成为华语影片首日票房冠军，更成为华语影片单日票房冠军。
- 2月，《西游·伏妖篇》的票房突破16亿，但电影也受到颇多质疑，被认为技术大于内容，远不及《西游·降魔篇》。
- 4月，官方数据显示，《西游·伏妖篇》票房一半来自上映开始两天，豆瓣评分仅为5.8分。

《悟空传》

最具颠覆性的西游前传

　　《悟空传》是新丽传媒股份有限公司、天津磨铁娱乐有限公司和上海三次元影业联合出品的奇幻电影,由郭子健执导,彭于晏、倪妮、欧豪、余文乐、郑爽、乔杉、杨迪联袂主演,俞飞鸿特别出演。该片于2017年7月13日在中国内地上映,2017年8月8日,该片正式收官,累计票房超过6.94亿。

2017年《悟空传》媒体关注度逐月分布

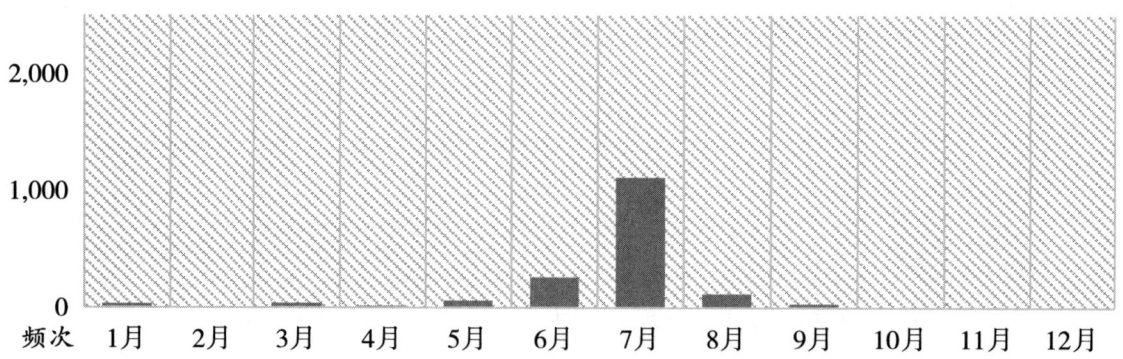

2017年最受媒体关注的《悟空传》相关新闻

- 6月,电影《悟空传》举办发布会,向原著小说致敬。小说《悟空传》正式出版15年来,累计销量接近千万册。
- 7月,《悟空传》上映一周票房超4亿,但在豆瓣的评分只有5.5分,大批原著党不满剧情被大幅改动,甚至怒打一星。
- 8月,《悟空传》《盗墓笔记》《三生三世十里桃花》一同陷入知名IP改编的差评洪流中。

《乘风破浪》

穿越剧外表下的小镇青年奋斗史

　　《乘风破浪》是由上海亭东影业有限公司出品的文艺轻喜剧，由韩寒执导兼编剧，邓超、彭于晏、赵丽颖领衔主演。该片于2017年1月28日在中国内地上映，2017年3月30日，该片正式收官，累计票房超过10.49亿。韩寒以极具个人风格的作品又一次获得市场的认可。

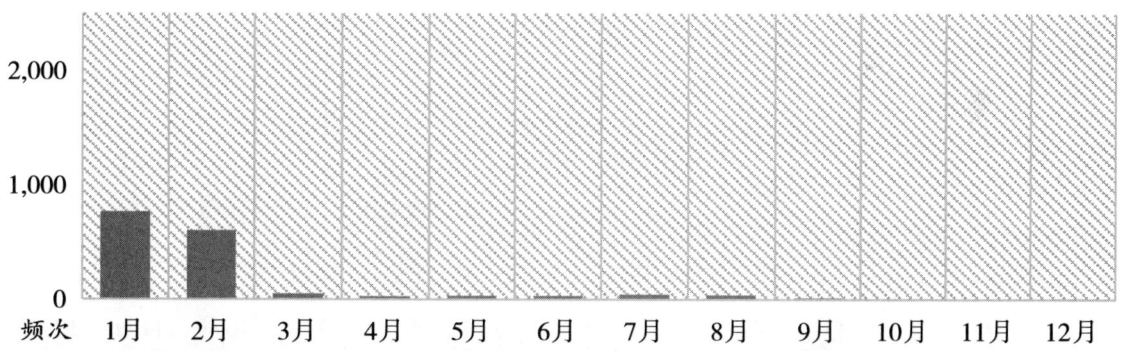

2017年《乘风破浪》媒体关注度逐月分布

2017年最受媒体关注的《乘风破浪》相关新闻

- 1月，韩寒第二部电影作品《乘风破浪》宣布定档2017年大年初一，人气话题飙升至微博榜首，热度居高不下。
- 2月，豆瓣6.9分让《乘风破浪》成为春节档口碑冠军，票房也随之一路走高。
- 3月，《乘风破浪》中引用的歌曲《在雨中》涉及侵权，作者刘家昌与韩寒沟通后发现是代理商出现问题。

《二十二》

日常生活掩盖下的悲恸往事

　　《二十二》是由郭柯执导，二十二位"慰安妇"参与拍摄，中国首部获得公映许可的"慰安妇纪录片"。该片于2017年8月14日在中国内地公映。2017年9月8日，该片正式收官，累计票房超过1.7亿，创下长篇纪录片在中国内地的最高票房纪录。

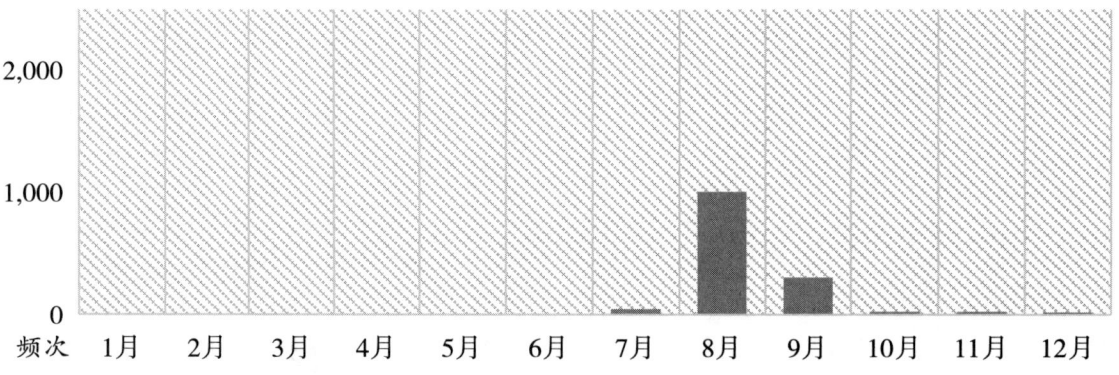

2017年《二十二》媒体关注度逐月分布

2017年最受媒体关注的《二十二》相关新闻

- 7月7日起，纪录电影《二十二》在全国38个城市陆续展开大规模点映活动。
- 8月，《二十二》成为第一部票房过亿的国产纪录片。张歆艺、冯小刚等演艺人士发文力挺。
- 9月，《二十二》在国内上映后，引发社会各界对"慰安妇"问题的广泛关注。

《喜欢你》

"霸道总裁爱上我"的美食版

　　《喜欢你》是由许宏宇执导，陈可辛监制，金城武、周冬雨等主演的爱情电影，于2017年4月27日在中国内地公映。2017年6月4日，该片正式收官，累计票房超过2.1亿，首周高居同期上映电影票房榜首。

2017年《喜欢你》媒体关注度逐月分布

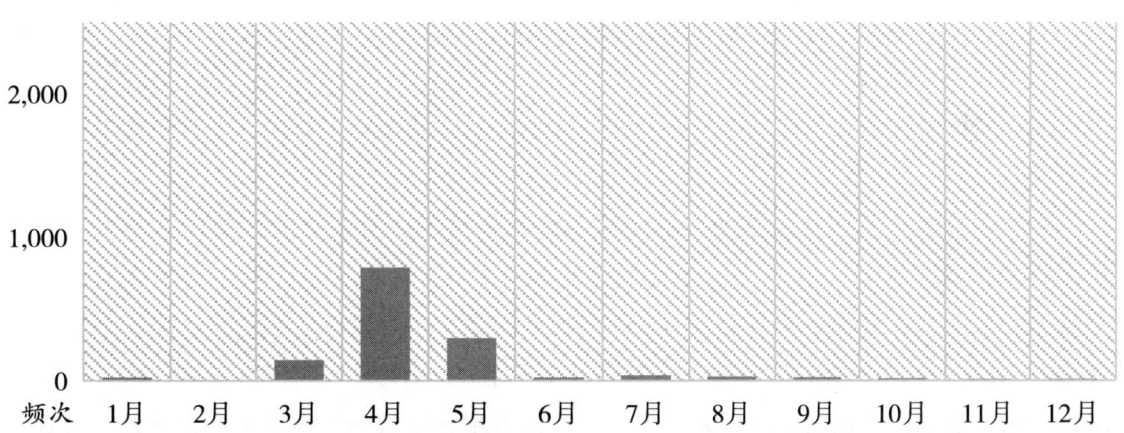

2017年最受媒体关注的《喜欢你》相关新闻

- 3月，《喜欢你》被选定为第24届北京大学生电影节的开幕片。
- 4月，《喜欢你》凭借踏实精良的制作赢得一片赞许，受到年轻观众的热烈欢迎，被赞为"年度最甜爱情片"。
- 5月，《喜欢你》票房破两亿，周冬雨完美演绎创意厨师好评如潮。

2017年中国媒体关注度最高的十大综艺

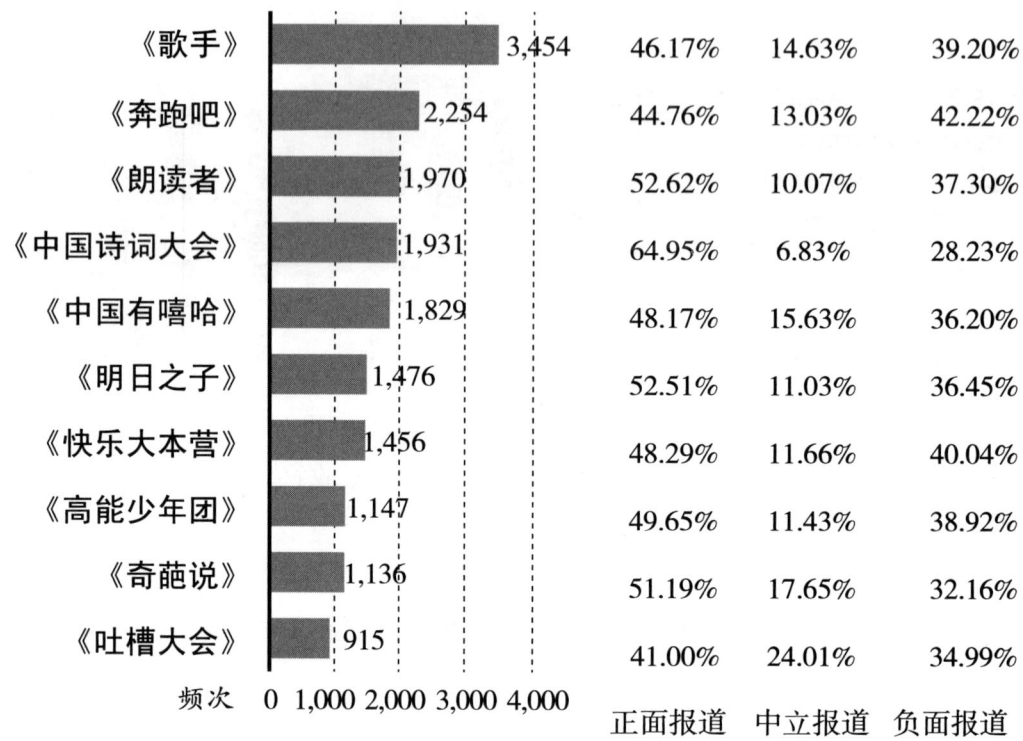

2017年中国媒体关注度最高的十大综艺是指在2017年的中国媒体上出现次数最多的综艺节目。

2017年，被比作"清流"的《朗读者》《中国诗词大会》等文化类综艺节目开始走红，打破了音乐选秀、明星竞技真人秀"霸屏"的格局。两个文化类综艺节目虽然位居榜单三、四名，但它们分别以52.62%、64.95%的好评率引人注意。在国内本是小众文化的嘻哈音乐因《中国有嘻哈》而被大众熟知，"你有freestyle吗？"也因此蹿红网络。致力于以音乐为载体，用创新互联网形式从95后、00后中选出引领下一个十年偶像的《明日之子》位列好评榜第六位。

《歌手》《奔跑吧》高居榜单前两位，说明音乐竞技和明星竞技类综艺仍然占据着综艺市场的主要阵地。值得一提的是，更名后的《奔跑吧》第五季是榜单中差评率最高的综艺节目，这不禁让人猜测是大众已经失去兴致还是节目制作水准下滑？作为国内娱乐综艺的"常青树"，《快乐大本营》迎来播出20周年。《吐槽大会》作为爆款脱口秀节目代表，为网络综艺市场探索了新的方向。

《歌手》

让中国的音乐走出去，让世界的优秀声音走进来

《歌手》是由湖南卫视推出的音乐竞技节目，由《我是歌手》更名而来。更名后的《歌手》虽然依旧主打专业实力歌手间的同台比拼，但在整体面貌上有所革新。比如赛制方面就变为期期有淘汰；前四期《我是歌手》的实力唱将回归；邀请嘉宾的标准从此前的"立足华语乐坛，放眼全亚洲"拓宽到世界范围，并邀请国际知名唱将加入。

2017年《歌手》媒体关注度逐月分布

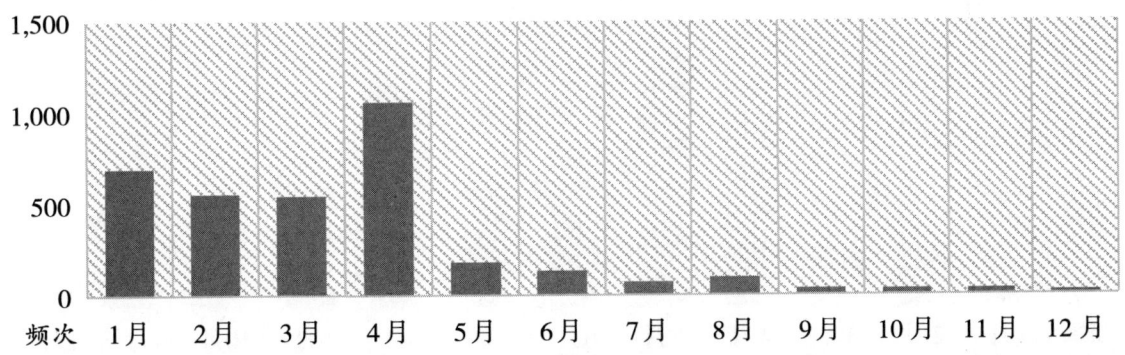

2017年最受媒体关注的《歌手》相关新闻

- 1月，湖南卫视由《我是歌手》全新改版的《歌手》本月迎来新一季首播。
- 2月，《歌手》又侵权，高晓松斥其不尊重作者权益。
- 4月，《歌手》决赛圆满收官，林忆莲问鼎"歌王"。

《奔跑吧》

与时代一起奔跑

《奔跑吧》是浙江卫视推出的大型户外竞技真人秀节目，由《奔跑吧兄弟》更名而来。节目八位固定主持是邓超、Angelababy（杨颖）、李晨、陈赫、郑恺、王祖蓝、鹿晗、迪丽热巴。节目采用主题模式，在设置上融入具有时代感和地区意义的主线。明星嘉宾分为不同的队伍进行比赛，最后获胜一方将获得称号或奖品。

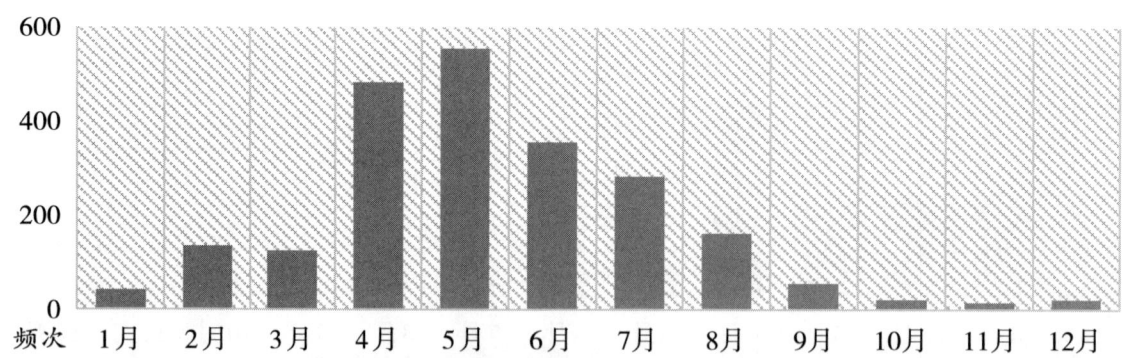

2017年《奔跑吧》媒体关注度逐月分布

2017年最受媒体关注的《奔跑吧》相关新闻

- 4月，全新《奔跑吧》欢乐回归，演绎义乌30年变迁。
- 5月，《奔跑吧》乐视联合独播。
- 6月，Angelababy回归《奔跑吧》。

《朗读者》

传播文化的又一股"清流"

　　《朗读者》是中央电视台推出的大型文化情感类节目,由著名主持人董卿担当制作人,于中央电视台综合频道与综艺频道黄金时间联合播出。节目邀请各个领域具有影响力的嘉宾来到现场,分享自己的人生故事,并倾情演绎由朗读者文学顾问团的国家顶级文学家、出版人、学者精心挑选的经典美文。

2017年《朗读者》媒体关注度逐月分布

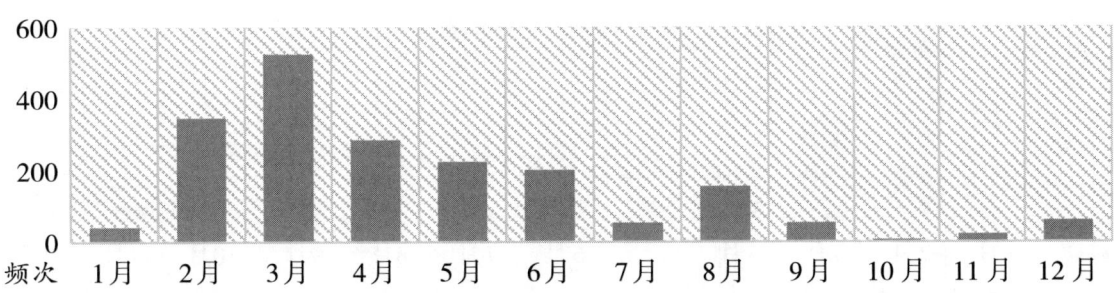

2017年最受媒体关注的《朗读者》相关新闻
● 2月,中央电视台推出情感文化类节目《朗读者》。
● 3月,倪萍登《朗读者》,为儿子求医退出舞台往事曝光。
● 4月,李宁录制《朗读者》,笑言操着负分普通话就敢上中央电视台。

《中国诗词大会》

中华文化基因的苏醒

《中国诗词大会》是继《中国汉字听写大会》《中国成语大会》《中国谜语大会》之后,由中央电视台科教频道(CCTV-10)自主研发的一档大型文化益智节目,也是中央电视台首档全民参与的诗词节目。节目以"赏中华诗词,寻文化基因,品生活之美"为基本宗旨,力求通过对诗词知识的比拼及赏析,带动全民重温那些经典古诗词,感受诗词之趣,从古人的智慧和情怀中汲取营养,滋养心灵。

2017年《中国诗词大会》媒体关注度逐月分布

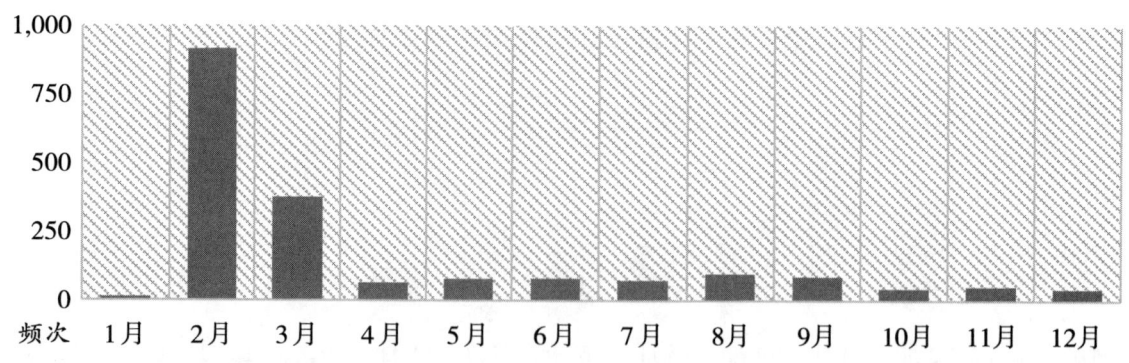

2017年最受媒体关注的《中国诗词大会》相关新闻

- 2月,复旦附中女生武亦姝在《中国诗词大会》登顶。
- 3月,《中国诗词大会》《见字如面》《朗读者》等文化类电视节目热播。

《中国有嘻哈》

中国掀起嘻哈热潮

《中国有嘻哈》是由爱奇艺自制的中国首档hip-hop音乐选秀节目，由吴亦凡、张震岳&热狗、潘玮柏三组hip-hop音乐人担纲明星制作人，于2017年6月24日开始在爱奇艺独家播出。2017年9月9日，《中国有嘻哈》正式收官，GAI与PG One并列双冠军，艾福杰尼拿下季军，Jony J则为第四名。

2017年《中国有嘻哈》媒体关注度逐月分布

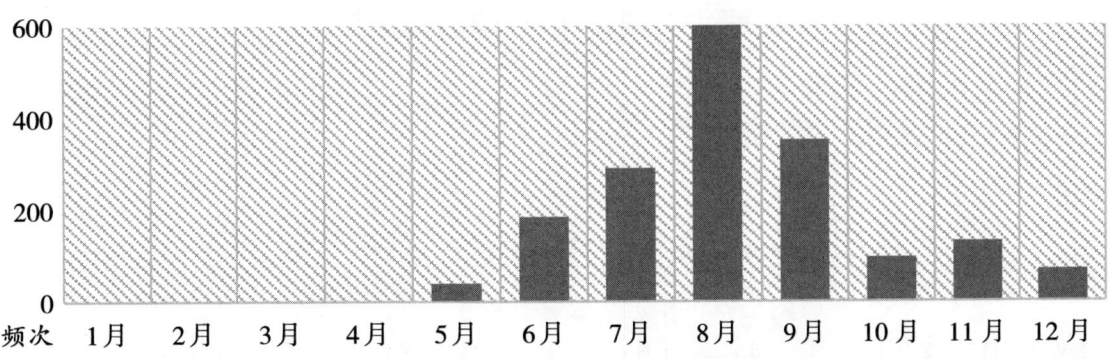

2017年最受媒体关注的《中国有嘻哈》相关新闻

- 7月，《中国有嘻哈》上演70人众的乐章Rapper。
- 8月，《中国有嘻哈》高强赛制引崩溃，吴亦凡艰难选择现场泪目。
- 9月，《中国有嘻哈》冠军爆出"双黄蛋"，GAI和PG One拿到双冠军。

2017年中国媒体关注度十大榜单解读

《明日之子》

互联网手法打造极致的互联网偶像

《明日之子》是由腾讯视频推出的一档音乐偶像养成节目。它开创了"盛世美颜""盛世独秀""盛世魔音"三大赛道，并分别由"首席星推官"杨幂、"才华星推官"薛之谦和"实力星推官"华晨宇坐镇。节目面向95后、00后人群，致力于以音乐为载体，用创新互联网形式来养成偶像，开启偶像诞生的新纪元。

2017年《明日之子》媒体关注度逐月分布

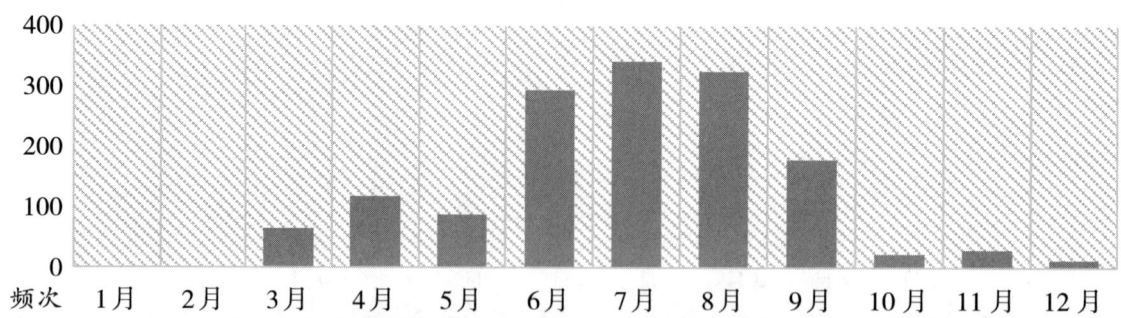

2017年最受媒体关注的《明日之子》相关新闻

- 6月，《明日之子》用"就这样唱"打造下一个十年偶像。
- 7月，《明日之子》虚拟选手荷兹引发"次元大战"。
- 8月，《明日之子》薛之谦护选手中断直播，荷兹晋级资格被撤。

《快乐大本营》

寿命最长综艺

  《快乐大本营》是湖南卫视推出的嘉宾访谈游戏类节目，由何炅、谢娜、李维嘉、吴昕、杜海涛五人担任主持。2017年，《快乐大本营》推出20周年庆典特别节目，前8期加入特别版块"不好意思让一让"，嘉宾们分为两个团队进行才艺比拼，后4期则以"表白季"形式呈现。

2017年《快乐大本营》媒体关注度逐月分布

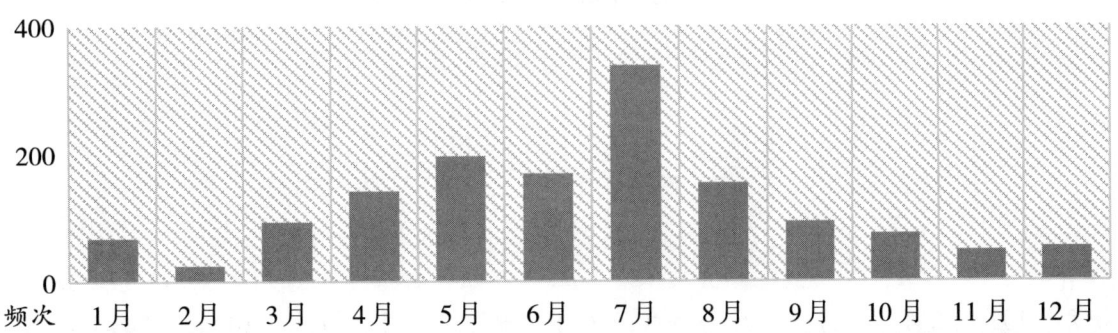

2017年最受媒体关注的《快乐大本营》相关新闻

- 5月，《快乐大本营》中马思纯、鹿晗上演互怼大战。
- 6月，《快乐大本营》可能退出周六湖南卫视黄金档，或者进行节目整改。
- 7月，《快乐大本营》迎来第1,000期录制。

《高能少年团》

聚焦90后群体的真人秀

《高能少年团》是浙江卫视与厚海文化、北文传媒等联合出品的大型偶像对抗挑战真人秀节目，五位固定主持是王俊凯、刘昊然、董子健、张一山、王大陆。节目以"成长十二课"为主题，通过一次次贴近生活的课程，让少年团在学习、历练的过程中，得到德、智、体、美、劳全方位的锻炼。

2017年《高能少年团》媒体关注度逐月分布

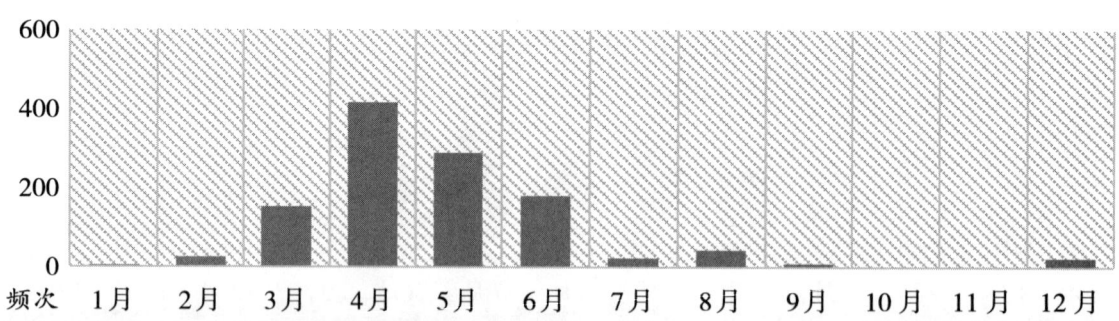

2017年最受媒体关注的《高能少年团》相关新闻
● 4月，《高能少年团》首播，张一山综艺感爆棚。
● 5月，《高能少年团》王俊凯、张一山助董子健战胜恐高。
● 6月，《高能少年团》收官，取得第二季度周六收视冠军的成绩。

《奇葩说》

奇葩分子用奇葩方式传递奇葩观点

《奇葩说》是2014年爱奇艺打造的中国首档说话达人秀节目，仅靠蔡康永、高晓松、马东以及18位"奇葩"辩手的三寸不烂之舌，便吸引了大批80后、90后拥趸。旨在寻找华人华语世界中，观点独特、口才出众的"最会说话的人"的《奇葩说》现已经迎来第四季。《奇葩说》（第四季）由马东、蔡康永、罗振宇、张泉灵担任导师，何炅担任节目主持人。

2017年《奇葩说》媒体关注度逐月分布

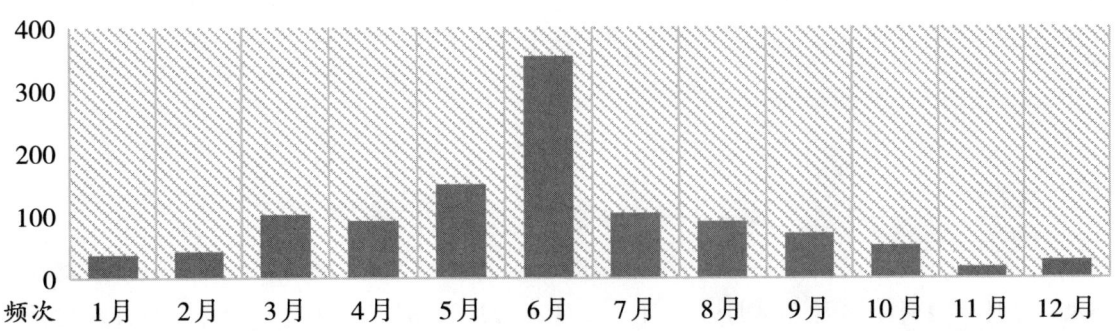

2017年最受媒体关注的《奇葩说》相关新闻
● 5月，雷军在《奇葩说》秀英文，何炅挖坑喊"干爹"求表扬。
● 6月，高晓松回归《奇葩说》，回忆1999年初次约见女网友经历。

《吐槽大会》

吐槽是门手艺，笑对需要勇气

《吐槽大会》是由腾讯视频、上海笑果文化传媒有限公司联合出品的喜剧脱口秀节目。节目以网络独有的"吐槽文化"为切入点，每一期节目都会邀请一位话题名人，让他们接受吐槽。节目中"优雅的吐槽"实为一种别致的交流方式，对于生活压力巨大的现代人来说，更不失为一种独特的解压方法。

2017年《吐槽大会》媒体关注度逐月分布

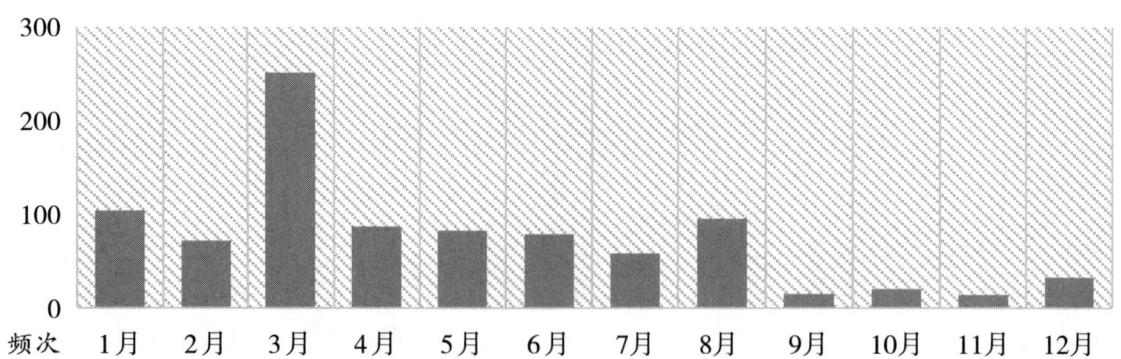

2017年最受媒体关注的《吐槽大会》相关新闻

- 1月，经过漫长的整改，《吐槽大会》又"重见天日"。
- 3月，《吐槽大会》（第一季）收官。
- 8月，《吐槽大会》原班人马打造《脱口秀大会》。

2017年《新闻联播》《人民日报》最关注的十大话题

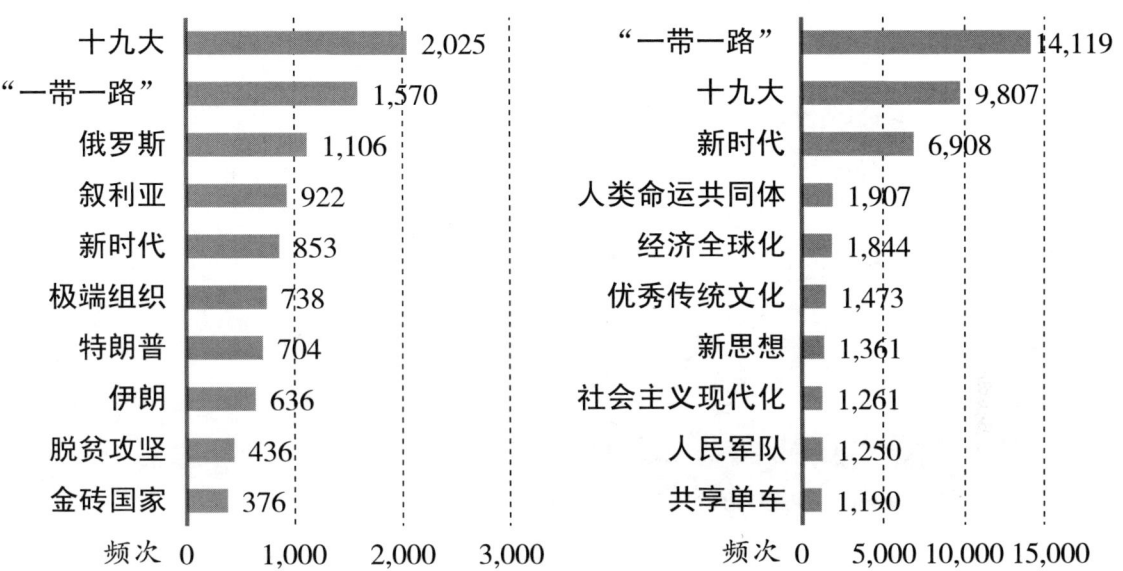

2017年《新闻联播》《人民日报》最关注的十大话题是指在2017年的《新闻联播》和《人民日报》上分别出现最多的十个话题。

《新闻联播》和《人民日报》共同关注的话题有"十九大""一带一路""新时代"。如果给今天的中国共产党画个像,"十九大"无疑是最好的落笔之处。中国共产党正自信地走向未来,中国的"新时代"已经到来。"一带一路"倡议来自中国,但成效惠及世界。两相比较,《新闻联播》更关注国际动态:"俄罗斯"深陷干预美国大选余波,特朗普声称美俄关系已经处在"非常危险的历史最低点";"叙利亚"因"化武疑云"遭受美国袭击,且境内"极端组织"横行;"伊朗"试射弹道导弹被美国制裁,中东和平始终是一个愿景。将目光转到国内,"脱贫攻坚"大数据催人奋进、"金砖国家"携手步入第二个金色十年。《人民日报》更关注国内发展:"优秀传统文化"是中华民族的精神命脉,传统文化还需现代淬火;"新思想"开始引领中国走向"社会主义现代化";"人民军队"建军90周年,这支人民军队与万千中华儿女一同经历风雨,更将与我们一起再创辉煌;"共享单车"解决了市民"最后一公里"的出行难题,但乱停乱放问题严重,要想骑好,必须管好;"构建人类命运共同体,实现共赢共享"的中国方案,为困惑中的世界提供了中国主张;"经济全球化"开始受到质疑,但我国持续为它注入正能量,中国提出"一带一路"倡议迎接全球化发展。

十九大

不忘初心，牢记使命

《新闻联播》中的"十九大"

- 十九大报告指出：经过长期努力，中国特色社会主义进入了新时代，这是我国发展新的历史方位。
- 要认真学习贯彻党的十九大精神，尤其是要深入学习贯彻习近平新时代中国特色社会主义思想。

《人民日报》中的"十九大"

- 习近平总书记在党的十九大报告中强调，中国特色社会主义进入新时代，我国社会主要矛盾已经转化为人民日益增长的美好生活需要和不平衡不充分的发展之间的矛盾。
- 要把学习贯彻党的十九大精神作为首要政治任务。

"一带一路"

合作之路、希望之路、共赢之路

《新闻联播》中的"一带一路"

- "一带一路"倡议来自中国,但成效惠及世界。
- 在5月14日上午举行的"一带一路"国际合作高峰论坛开幕式上,国家主席习近平发表了题为《携手推进"一带一路"建设》的主旨演讲,赢得了与会嘉宾的高度评价。

《人民日报》中的"一带一路"

- "一带一路"建设逐渐从理念转化为行动,从愿景变为现实,成果丰硕,前景光明。
- "一带一路"国际合作高峰论坛成功举办。

新时代

昂首迈向"新时代"

《新闻联播》中的"新时代"

- 我们要全面贯彻党的十九大精神，特别是习近平新时代中国特色社会主义思想，树牢"四个意识"，坚定"四个自信"，坚决做到"两个维护"，勇于担当作为。
- 十九大报告指出：经过长期努力，中国特色社会主义进入了新时代，这是我国发展新的历史方位。

《人民日报》中的"新时代"

- 习近平在十九大报告中对新时代坚持和发展中国特色社会主义的基本方略进行了阐述。
- 十九大报告作出了"中国特色社会主义进入新时代"的重大判断，具有划时代的里程碑意义。

俄罗斯

"一带一路"重要合作伙伴

《新闻联播》中的"俄罗斯"

- 白宫否认美国选举被俄罗斯干预。
- 国家主席习近平在钓鱼台国宾馆会见来华出席"一带一路"国际合作高峰论坛的俄罗斯总统普京。

叙利亚

冲突不断,战火连绵

《新闻联播》中的"叙利亚"

- 俄罗斯常驻联合国副代表萨夫龙科夫说,在"化武疑云"调查结论还没有得出之前,美国就对叙利亚发动袭击,正是因为美国害怕、不愿接受调查真相。
- 关于叙利亚问题,阿斯塔纳会谈取得进展。

极端组织

世界和平的破坏者

《新闻联播》中的"极端组织"

- 极端组织宣称制造了2017年3月22日发生在伦敦的袭击事件。
- 叙利亚军方26日说,叙政府军近日发起代号为"伟大黎明"的军事行动,以打击极端组织。

特朗普

气候治理问题上"开倒车"

《新闻联播》中的"特朗普"

- 美国总统特朗普宣布退出《巴黎协定》,多国领导人对这一决定表示失望。
- 美国总统特朗普2号说,他的竞选团队和俄罗斯方面"绝对没有勾结"。

伊朗

天灾与人祸

《新闻联播》中的"伊朗"

- 美国财政部3日宣布对一批个人和实体实施制裁,以回应伊朗近期试射弹道导弹及所谓"支持恐怖主义"的行为。
- 伊拉克和伊朗边境地区发生的强震,在伊朗造成至少432人死亡,近9,400人受伤。

脱贫攻坚

确保如期脱贫

《新闻联播》中的"脱贫攻坚"

- 为确保实现脱贫攻坚目标,中央出台一系列含金量高的政策和举措,打出组合拳。
- 中国脱贫攻坚战取得决定性进展,过去5年,6,000多万贫困人口稳定脱贫。

金砖国家

金砖机制的中国年

《新闻联播》中的"金砖国家"

- 习近平指出,10年来,金砖国家开辟出一条平等互利、合作共赢的新路子,取得了一批实实在在的成果。
- 金砖国家领导人第九次会晤和新兴市场国家与发展中国家对话会取得丰硕成果。

人类命运共同体

着眼全球的中国方案

《人民日报》中的"人类命运共同体"

- 习近平主席在联合国日内瓦总部发表演讲,提出"构建人类命运共同体,实现共赢共享"的中国方案,为困惑中的世界提供了中国主张。
- 构建人类命运共同体,最需要的是踏实的行动。

经济全球化

开放、包容、普惠、平衡、共赢

《人民日报》中的"经济全球化"

- 当前关于经济全球化的诸多迷思之中,最根本的问题,无疑是经济全球化究竟能否持续。
- 中国为经济全球化注入正能量。

优秀传统文化

中华民族的文化根脉

《人民日报》中的"优秀传统文化"

- 弘扬中华优秀传统文化,目的是让这些传统文化适应现代社会,而不是让现代社会迁就传统文化,这是常识,却又是必须反复强调的。
- 中共中央办公厅、国务院办公厅印发了《关于实施中华优秀传统文化传承发展工程的意见》,指明了中华优秀传统文化传承发展的方向。

新思想

引领新时代，开启新征程

《人民日报》中的"新思想"

- 习近平总书记提出并形成了一系列治国理政新理念新思想新战略，推动党和国家事业开创了新局面。
- 党的十九大不仅以新思想引领中国特色社会主义新时代，也为解决人类问题贡献着中国智慧和中国方案。

社会主义现代化

富强、民主、文明、和谐、美丽

《人民日报》中的"社会主义现代化"

- 习近平同志强调：中国特色社会主义道路是实现社会主义现代化、创造人民美好生活的必由之路。
- 党的十九大报告提出，要把我国建成富强民主文明和谐美丽的社会主义现代化强国。

人民军队

能打胜仗、作风优良

《人民日报》中的"人民军队"

- 建设一支听党指挥、能打胜仗、作风优良的人民军队,是党在新形势下的强军目标。
- 2017年8月1日,中国人民解放军迎来建军90周年,这支人民军队与万千中华儿女一同经历风雨,更与天下百姓一起创建辉煌。

共享单车

要想骑好,必须管好

《人民日报》中的"共享单车"

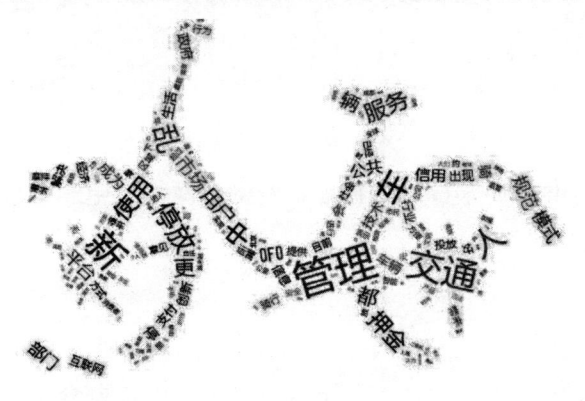

- 作为一种新兴的交通出行服务产品,共享单车有效解决了市民出行"最后一公里"的难题,但也带来乱停乱放问题。
- 共享单车的异军突起,让社会治理有点措手不及。

附 录

2016年中国媒体关注度十大榜单

1. 十大新闻热点

特朗普、供给侧、G20杭州峰会、人工智能、里约奥运会、欧洲杯、南海仲裁、"脱欧"、天宫二号、"萨德"

2. 十大精神

工匠精神、长征精神、企业家精神、女排精神、奥运精神、伙伴精神、钉钉子精神、丝路精神、井冈山精神、航天精神

3. 十大中国骄傲

G20杭州峰会、天宫二号、神舟十一号、女排奥运夺冠、人民币正式"入篮"、歼-20、长征七号、长征五号、"中国天眼"、"墨子号"量子卫星、

4. 十大新经济

共享经济、循环经济、数字经济、网红经济、粉丝经济、虚拟经济、低碳经济、知识经济、创新经济、平台经济

5. 十大亮科技

虚拟现实、无人驾驶、区块链、石墨烯、引力波、阿尔法围棋、深度学习、摩拜单车、基因编辑、120帧/4K/3D

6. 十大"网事"

网约车、网贷、网红、跨境电商、网络诈骗、网络直播、网剧、网络大电影、打赏、竞价排名

7. 十大潮语

套路、撩、迷妹、洪荒之力、老司机、小目标、一言不合就××、吃瓜群众、友谊的小船、蓝瘦香菇

8.十大围观事件

Note7爆炸、魏则西事件、王宝强离婚、乔任梁去世、裸条事件、曹云金郭德纲"互撕"、哈尔滨天价鱼、和颐酒店女生遇袭、万宝之争、八达岭老虎伤人

9.十大案

问题疫苗案、聂树斌案、快播案、徐玉玉案、陈满案、白银连环杀人案、雷洋案、徐翔案、辽宁拉票贿选案、白恩培案

10.十大电影

《美人鱼》《盗墓笔记》《魔兽》《我不是潘金莲》《叶问3》《百鸟朝凤》《爵迹》《疯狂动物城》《荒野猎人》《湄公河行动》

11.十大电视剧

《青云志》《欢乐颂》《九州天空城》《小别离》《麻雀》《微微一笑很倾城》《老九门》《女医明妃传》《亲爱的翻译官》《锦绣未央》

12.十大网综

《奇葩说3》《爸爸去哪儿4》《拜托了冰箱2》《作战吧偶像》《饭局的诱惑1》《火星情报局1》《Hello!女神》《你正常吗3》《偶滴歌神啊3》《国民美少女》

13.十大永别

菲德尔·卡斯特罗、杨绛、陈忠实、乔任梁、梅葆玖、阎肃、申亮亮、普密蓬、葛存壮、余旭

14.十大女性人物

希拉里、朴槿惠、蔡英文、郎平、耶伦、董明珠、默克尔、罗塞夫、洪秀柱、昂山素季

15.十大国际人物

特朗普、奥巴马、希拉里、朴槿惠、普京、杜特尔特、卡梅伦、菲德尔·卡斯特罗、安倍晋三、埃尔多安

16. 十大经济人物

马云、王石、王健林、董明珠、巴菲特、雷军、刘士余、马斯克、周小川、贾跃亭

17. 十大文化人物

郭敬明、金庸、六小龄童、曹文轩、刘震云、韩寒、鲍勃·迪伦、贾樟柯、刘慈欣、莫言

18. 十大体育人物

周琦、郎平、高洪波、姚明、丁俊晖、朱婷、孙杨、柯洁、林丹、张继科

19. 十大娱乐人物

王宝强、范冰冰、林心如、李易峰、成龙、黄晓明、冯小刚、周杰伦、郭德纲、刘诗诗

20. 《新闻联播》《人民日报》最关注的十大话题

《新闻联播》："一带一路"、极端组织、伙伴关系、领域合作、从严治党、五大发展理念、世界经济、小康社会、脱贫攻坚、"两学一做"

《人民日报》："一带一路"、世界经济、供给侧、五大发展理念、从严治党、小康社会、绿色发展、精准扶贫、党的建设、"两学一做"

图书在版编目(CIP)数据

中国媒体关注度报告.2018/国家语言资源监测与研究有声媒体中心组编. ——北京：中国传媒大学出版社,2019.6
　　ISBN 978-7-5657-2493-0

Ⅰ.①中… Ⅱ.①国… Ⅲ.①媒体(新闻)—新闻事业—研究报告—中国—2018 Ⅳ.①G219.2

中国版本图书馆 CIP 数据核字(2019)第 105699 号

中国媒体关注度报告 2018
ZHONGGUO MEITI GUANZHUDU BAOGAO 2018

组　　编	国家语言资源监测与研究有声媒体中心
策划编辑	赵　欣
责任编辑	张　笛　赵　欣
特约编辑	高卓毓
封面设计	创意源文化艺术
责任印制	阳金洲
出版发行	中国传媒大学出版社
社　　址	北京市朝阳区定福庄东街 1 号　邮编:100024
电　　话	86-10-65450528　65450532　传真:65779405
网　　址	http://cucp.cuc.edu.cn
经　　销	全国新华书店
印　　刷	北京玺诚印务有限公司
开　　本	787mm×1092mm　1/16
印　　张	15
字　　数	320 千字
版　　次	2019 年 6 月第 1 版
印　　次	2019 年 6 月第 1 次印刷
书　　号	ISBN 978-7-5657-2493-0/G・2493　定　价　69.00 元

版权所有　　翻印必究　　印装错误　　负责调换